Economic Development in
Historical Perspective

経済発展の曼荼羅

浅沼信爾・小浜裕久
by Shinji Asanuma and Hirohisa Kohama

勁草書房

まえがき

　この本は，経済発展論，開発政策論を，われわれが比較的よく知っている国の歴史的事実を参照しながら，考えようとするものだ．

　『経済発展の曼荼羅』と，書名に「曼荼羅」が入っているが，この本で経済発展のすべてを解き明かしているとわれわれが考えているわけではない．「曼荼羅」は仏教の言葉で，「本質を図解したもの」といった意味だ．われわれは経済発展の本質をすべて理解している，などと思っているわけではない．これまでの勉強のなかで，われわれが理解した経済発展の大切な要因を図解したものを「曼荼羅」と表現した．

　学校を出てからかれこれ半世紀．一所懸命勉強したかどうかはともかく，発展途上国の経済や開発政策について考えてきた．とはいえ，途上国に住んだこともなく，それどころか，日本以外に住んだこともない．その時々，たまたまいくつかの国の調査研究をしてきた．パンナム1便で羽田からニューヨークに行ったのは1970年代半ばだった[1]．その2,3年後，マニラやクアラルンプールに出張したのが，途上国出張の始まりだったと思う．世界には200くらいの国があるらしいが，行ったことがあるのは，5分の1くらいだろうか．小浜が教えたことがある商社マンはサブサハラ・アフリカの国全部に行ったと言っていた．外務省のある友人は，若くして死んでしまったが，95か国に行ったと言っていた[2]．

　1980年代に入るとメキシコに対する日本の経済協力に関する調査をやった．1982年7月，1か月メキシコにいて，7月31日にメキシコを発って帰国，そのあと10日くらいして銀行閉鎖，デフォルト．金融危機はマクロではよく書

---

1)　むかしパンアメリカン航空という飛行機会社がありました．当時はアメリカのフラッグシップ・キャリアで，マンハッタンの真ん中にパンナム・ビルという大きなビルもあったが，1991年12月に経営破綻した．
2)　彼のことは，小浜（2005）の「序章」に書いた．

いていたが，カードでホテル代などを払って帰国したので，ミクロでも儲かった．その後，アルゼンチンの経済開発の調査や[3]，1990 年代後半にはヨルダン，21 世紀に入って，バルカンによく行ったり，内戦終結後のスリランカにもよく行った．

　忖度しないし，気配りもしないし，どこに行っても本音で誤解なく自分の意見を相手にぶつける．日本語も乱暴だし，英語もターザン・イングリッシュ．1980 年代半ばのブエノスアイレス．ホンダが，マナウスにあったオートバイ工場をベースに，ブエノスアイレス近郊に進出するという計画があった[4]．アルゼンチン政府は，外国企業による直接投資を求めていたが，多くの国内のオートバイ・メーカーは，ホンダの進出に反対していた．小浜は工業庁長官（日本でいえば通商産業大臣，経済産業大臣）にも工業庁次官にも，「ホンダは，日本企業のなかでも海外進出に積極的な会社で，ほかの日本企業はホンダがアルゼンチンに進出してうまくいくか見ている．なんとしてもホンダの進出をアルゼンチン政府は支援して実現すべきだ」と何回も議論した．でも，工業庁長官も次官も言を左右にして決断しない．「国を発展させたいと思わないのかっ！」と机をたたいて迫ったが，結局，ホンダの進出計画は実現しなかった[5]．戦後，日本のオートバイ業界でも同じような議論があった．でも，寡占だが国際競争力のある企業が生き残った[6]．

　ヨルダンでも最初は喧嘩．計画大臣が，あまりにも新古典派的な経済政策の考え方を主張したので，「国の発展局面，国の類型的特徴・差異（typological difference）によっては，市場に対する政府の介入も経済合理的な場合もあるんじゃないか」と反論したら，計画大臣は，「でも，IMF がそう言ってる」と言うので，「IMF の言うことが常に正しいわけじゃないっ！」と言い返した．

3）　アルゼンチンの調査については，浅沼・小浜（2013，第 5 章）などを参照．

4）　マナウスはブラジル北西部，アマゾナス州の州都．アマゾン河とその支流ネグロ川との合流点付近にある河港都市で，数千トン級の外洋船が入る．1967 年マナウス・フリーゾーンが設置され，40 社くらいの日系企業が進出している．

5）　その後，メルコスール（南米南部共同市場）ができてから，トヨタがピックアップトラックでアルゼンチンに進出した（生産開始は 1997 年）．

6）　当時の日本での議論に関心の向きは，小浜（2001，終章），特に，204-206 頁参照．英語版では，Kohama（2007, Chapter 10），特に，pp. 197-199 参照．

彼女は計画大臣のあと経済担当副首相を経て，しばらくして UNDP のアラブ地域担当局長に転出した．ニューヨークに行ったとき，えらく暑い日だったが，マンハッタンのきれいなレストランで彼女とランチをして，楽しい時間を過ごした．

　経済発展を考えるとき，基本的経済のメカニズムは大事だけど，それだけで個々の国の経済発展を理解できるわけではない．基本的経済のメカニズムと各国の類型的特徴を組み合わせて考えなくてはならない．大きい国もあれば小さい国もある．たとえ国際環境も国内の経済環境が似ていても，インドのような大きい国とシンガポールのような都市国家では異なる経済発展経路を辿るだろう．自然資源の賦存度も国によって違う．産油国や鉱物資源豊富な国もあれば，アルゼンチンのように小麦，トウモロコシ，大豆，牛肉などの食糧輸出国もある[7]．このように天然資源が豊かな国もあれば，日本や韓国のように資源稀少の国もある．天然資源の豊富さ稀少さといった類型的特徴以外にも，植民地支配を経験したかどうかといった歴史も国によって違うし，政治体制の違いも経済発展経路に影響する．

　本文でも書くが，「ペティ・クラークの法則」は，経済発展のメカニズムをわかりやすいデータで説明したものだ．「ペティ・クラークの法則」は高校の教科書にも出てくるように，経済の重心が，「第1次産業」から「第2次産業」へ，さらに「第3次産業」へ移っていくという経験法則だ[8]．産業分類の議論はともかく，工業化の議論では製造業にピンポイントして考えるべきだ．でも第7章で見るように，台湾のデータでは，「第2次産業」の付加価値シェアが低下した後[9]，再び上昇している．半導体工業の発展によると考えられる．経済発展を実証的（empirical）に考えるのは，なかなか難しい．

　経済発展というのは庶民の暮らしが良くなることだ．貧しい国にとって所得が上がることは絶対的「善」だ．でも同じことを繰り返せば経済発展が持続す

---

7) アルゼンチンのビーフステーキは世界一だと思う．昔のラ・カバーニャで食べたロモ・エンテーロ（円錐形のヒレを一本まるごと焼いて数人で食べる）は，忘れられない．

8) 「鉱業」は「工業」に分類されることが多いが（日本標準産業分類，世界銀行データベースなど），「ペティ・クラークの法則」の議論では，「鉱業」が「第1次産業」に分類されることも多い．

9) 「ペティ・クラークの法則」の議論は，もともと労働力のシェアの変化に着目したものだ．

るというわけにはいかない．不断の構造変化によって所得水準を高めることが開発政策の肝だ．1960 年代から 70 年代にかけての韓国の経験は，わかりやすい構造変化だ．1950 年代は朝鮮戦争後の混乱期で，朴正熙のクーデター後，1962 年から第 1 次 5 か年経済開発計画がスタート．1960 年代は低賃金を活用した軽工業主体の工業化を目指した．1970 年頃，韓国は労働市場の転換点を超えると予想されていて，1972 年からの第 3 次 5 か年計画では重工業化を指向したのである．

　上で書いたように，経済発展の分析には，歴史も政治体制も考えなくてはならない．1989 年，2 つの大きな出来事があった．6 月 4 日には天安門事件が起こり，11 月 9 日にはベルリンの壁が崩壊した．あれだけ世界中から批判されて中国はもうあからさまな民主化運動弾圧はしないだろうと思ったが，甘かった．

　中東欧における民主化運動の高まり，ベルリンの壁崩壊で，世界は自由で民主的な体制が主流になるという楽観論があったが，これまたそれほど簡単ではなかった．その頃の雰囲気を知ろうと Fukuyama（1989）を読み直した[10]．前もそうだったが，なにしろカント，ヘーゲル，ニーチェ，マルクス，マックス・ウェーバーたちの議論がたくさん．もう 50 年くらい読んでいない哲学者，思想家たちのオンパレード．フクヤマは，考え方が変わっているようだが[11]，1989 年の論文の初めの方には，以下のような記述がある．

The triumph of the West, of the Western *idea*, is evident first of all in the total exhaustion of viable systematic alternatives to Western liberalism.

　ベルリンの壁が崩壊し，1991 年 12 月にはソ連が崩壊して，雪崩を打って自

10）　Fukuyama（1989）はインターネットでとることができる．「The End of History?」で検索すると，全文はすぐには見つからないが，「the end of history pdf」で検索したらどうかと言ってくるので，それをクリックすると論文全文がとれる．

11）　フクヤマは「歴史の終わり」について一書にまとめており（Fukuyama 1992, 2006），日本語訳も出ている．訳者の渡部昇一による「これからの日本人にきわめて貴重な「指導原理」を与えてくれる歴史的名著」という 15 頁にわたる訳者解説がついている．さらに佐々木毅「「歴史の終わり」と現代政治」という 11 頁にわたる「新版解説」もついている．

由で民主的な資本主義経済中心の世界になっていくという楽観論はあえなく潰え去った．その危機感がマーチン・ウルフに *The Crisis of Democratic Capitalism*（Wolf 2023）を書かせたのだろう．

2024 年 6 月

小浜裕久

目　　次

まえがき

序　章　経済発展とアジアの世紀 ……………………………………………3

序-1　パクス・アメリカーナとグローバリゼーション　3

　1. 経済発展と「平和」：歴史を考える　3

　2. 「パクス・ブリタニカ」から「パクス・アメリカーナ」へ　4

　3. グローバリゼーションと生産ネットワーク　6

序-2　アジアの世紀：その到来と行方　7

　1. はじめに　7

　2. アジアの世紀の到来　8

　3. アジア経済発展の物語　9

　4. アジア経済発展の条件　10

　5. アジアの世紀到来のドラマ　11

　6. アジア経済成長の課題　16

　7. アジアの世紀の行方　20

序-3　経済発展とは　21

　1. 経済発展と貧困　21

　2. 経済成長が貧困削減をもたらす　22

　3. 時代・制度・人間　25

序-4　経済発展と所得分配　27

　1. クズネッツの逆U字仮説　27

　2. 不平等と経済発展　30

序-5　経済発展の曼荼羅　31

　1. 新古典派の経済成長理論　32

　2. 構造主義的発展論　34

viii　　　　　　　　　　　　目　次

　　3.　産業革命，都市化，大量消費革命，グローバリゼーション　34
　　4.　「地理」と「歴史」：多様な経済発展の軌跡　35
　　5.　経済発展と制度経済学　36
序-6　投資とアニマル・スピリッツ　37
序-7　あの頃，日本も元気だった　39
序-8　構造変化と人々の思い　41
　　1.　貧しい国，貧しい人々　41
　　2.　成長する国，成長しない国　44
序-9　「Profit-seeking」と「Rent-seeking」　50
　　1.　「ウォール・ストリート」と「メイン・ストリート」　50
　　2.　プロフィット・シーキング（profit-seeking）　52
　　3.　縁故主義・クローニー資本主義　52
　　4.　産業政策は「レント・シーキング（rent-seeking）」か　52
　　5.　信義と信頼　53

第1章　戦後日本の経済復興 ……………………………………………55
1-1　昭和20年8月16日と大来佐武郎　55
1-2　両大戦間の世界と終戦前後の日本　60
　　1.　激動の世界　60
　　2.　日本経済の戦前戦後　66
1-3　経済安定本部と戦後復興　73
　　1.　戦後経済復興のスタート　73
　　2.　経済安定本部のスタート　77
1-4　吉田茂の昼飯会：傾斜生産方式と石炭委員会　79
　　1.　「傾斜生産方式」と「石炭委員会」　79
　　2.　吉田総理の昼飯会　80
1-5　戦争直後の物資不足：傾斜生産と資源集中　81
　　1.　戦争直後の日本　81
　　2.　傾斜生産方式による生産復興　82
　　3.　傾斜生産の構想　83

目　次　　　　　　　　ix

　1-6　戦後インフレと復金融資　84
　　1.　戦後インフレと物価・物資統制　85
　　2.　復金融資　91
　1-7　ドッジ・ラインと 360 円レート　94
　1-8　戦後復興の始動と朝鮮特需　99
　　1.　戦後復興の始動とアメリカの対日政策転換　99
　　2.　朝鮮特需　102
　　3.　産業合理化　105

第 2 章　戦後日本の経済民主化 ·· 109
　2-1　経済民主化政策　109
　2-2　財閥解体　111
　2-3　農地改革　116
　2-4　労働の民主化　119

第 3 章　戦後日本の高度成長とその後遺症 ························· 127
　3-1　国民共通の「想い」と政策哲学　127
　　1.　国民共通の「想い」　127
　　2.　国際社会への復帰　127
　　3.　戦後復興の政策哲学：効率と公正の追求（growth and equity）　128
　3-2　戦後日本の経済計画　129
　　1.　計画は「悪者」？　129
　　2.　日本の経済計画　129
　　3.　これまでのマクロ経済計画　130
　　4.　経済計画の役割　136
　3-3　高度成長と構造変化　140
　　1.　日本は発展途上国だった　140
　　2.　世界銀行借款　144
　　3.　貿易自由化と産業政策　145
　　　(1)「輸出主導型成長」と「産業政策」　145

（2）産業政策とは何か　150

（3）復興・自立期の産業政策　151

（4）高度成長期の産業政策　152

（5）貿易自由化と新産業体制　154

（6）資本自由化と産業再編成　160

3-4　戦後日本経済の構造変化　164

1．経済成長と長生き　164

2．経済発展と構造変化　166

3．工業構造・輸出構造　169

4．二重構造　173

3-5　バブル崩壊と失われた30年　176

1．元気のない日本経済とさまざまな経済危機　176

2．バブル崩壊と「失われた40年？」　178

3．元気を取り戻すには　181

第4章　戦後日本経済の成功と失敗 ……………………………… 183

4-1　成功体験の罠　183

4-2　戦後日本における電気・電子工業の盛衰　186

第5章　「官業払下げ」は「クローニー・キャピタリズム」か ……… 191

5-1　クローニー・キャピタリズム　191

5-2　官業払下げ　192

5-3　殖産興業政策　194

第6章　産業政策をどう考えるか ……………………………… 197

6-1　産業政策と工業化政策　197

6-2　ワシントン・コンセンサスと産業政策　198

1．ワシントン・コンセンサス　198

2．「ポスト・ワシントン・コンセンサス」の時代　201

3．IMFと産業政策　202

目　　次　　　　　xi

6-3　個別産業振興と経済政策　203
　1.　「Picking-the-Winner」　203
　2.　為替レートは産業政策か　205
6-4　戦後日本の産業政策　206
　1.　産業政策は脇役だ　206
　2.　民間のダイナミズムと企業家精神　212

第7章　経済発展と構造変化：東・東南アジア経済の高度化 ………213
7-1　所得水準のキャッチアップ　213
7-2　工業化の進展　216
　1.　「経済発展は工業化である」か　216
　2.　日本と台湾の工業化率　217
　3.　台湾製造業の構造変化　220
　4.　From Brain Drain to Brain Circulation　222
　5.　マレーシア経済の多角化と高度化　225

第8章　政治の腐敗と経済発展 ……………………………………229
8-1　腐敗・汚職：洋の東西を問わず，時代を問わず　229
8-2　「Corruption」のタイプ　231
8-3　Corruption 指標・Governance 指標　232
8-4　Corruption の現実　235
　1.　トルコ大地震と違法建築　235
　2.　インドネシアの社会　236
8-5　利益誘導型政治は「Corruption」か　237
8-6　経済政策の目標と手段　237

第9章　不思議の国アルゼンチン，そして日本 ……………………241
9-1　不思議の国アルゼンチン　241
9-2　日本も不思議の国か　243
9-3　日本とは違うアルゼンチン　245

xii　　　　　　　　　　目　次

　9-4　経済危機の繰り返し　246
　　1.　元祖ポピュリズム　247
　　2.　ハイパーインフレ退治　248
　　3.　饂飩屋の釜　249

参考文献　251
あとがき：経済発展の謎——終わりなき探求　267
索　　引　279

経済発展の曼荼羅

序　章　経済発展とアジアの世紀

序-1　パクス・アメリカーナとグローバリゼーション

1. 経済発展と「平和」：歴史を考える

　いつの時代にあっても，人々は「平和で」「豊かな」社会を，世界を求めている．しかし，残念ながら「愚かな」人類は戦争を繰り返してきた．前著（浅沼・小浜 2021）にも書いたように，われわれは，発展途上国の現場に足を運び，途上国経済や開発政策について考えてきた．そういう意味で，われわれのことを開発経済学の専門家という人もいるだろう．しかしわれわれは，歴史にも大いに関心があるけれど，歴史の専門家ではない．

　先のことを考えるには，過去・歴史を振り返ることが大切だ．将来を見通すには，その何倍もの過去を振り返らなくてはならない．岡崎久彦は「今後一週間の国際情勢を予知するもっとも地道な正攻法は，過去一か月の情勢の流れをしっかり把握しておくことである．一か月先なら過去一年の流れ，半年先ならば過去十年間の流れである．それは，相当な経験と労力と洞察力を要する作業である．……数十年先の見通しとなると，数世紀遡らねばならない．ところが，ここまでの長期となると物事の枝葉末節が落ちて大局だけになるので，かえってわかりやすくなる」と書いている（岡崎 2002）．その通りだと思う．

　宗教がからんでくるので歴史も国際政治も難しい．八百万の神がいると思う日本人と違って，「西欧・キリスト教史観」だけの人にとって，「十字軍は正義の味方，イェルサレムはキリスト教徒の聖地」かもしれない．しかし，「イェルサレムはイスラム教徒の聖地」でもあるのだ．難しい歴史の本を読まなくても塩野七生の『ルネサンスとは何であったのか』を読めばその歴史がとてもよ

くわかる（塩野 2008）.

　さらに言えば，神聖ローマ帝国皇帝フリードリッヒ 2 世とイスラム帝国アイ
ユーブ朝君主アル・カミールが，たとえ 10 年でも，イェルサレムに「話し合
いで共存・平和」を実現したという史実は感動的だ（NHK「文明の道」プロジ
ェクト 2004，119-133 頁）.

　経済発展がうまくいくには「平和」でなければならない.　何をもって「平
和」と言うかは難しいが，ドンパチやってる内戦状態の国では，持続的経済発
展は望めない.

　「パクス・ロマーナ（Pax Romana：ローマによる平和）」[1] は 2,000 年前の話
だ[2].　紀元前 1 世紀末に帝政を確立したアウグストゥス帝の時代から五賢帝の
時代までの約 200 年，ローマで平和が続き，各地にローマ風の都市が建設され，
属州民にも次第にローマ市民権が与えられていった（「世界の歴史」編集委員会
2009，26 頁）.

　「パクス・ロマーナ」という言葉に引かれて，「パクス・ブリタニカ（Pax
Britannica：イギリスによる平和）」，そして「パクス・アメリカーナ（Pax Amer-
icana：アメリカによる平和）」という言葉が，人口に膾炙した.

2. 「パクス・ブリタニカ」から「パクス・アメリカーナ」へ

　「パクス・ブリタニカ」は 100 年くらい続いたが，「パクス・アメリカーナ」
は 20～30 年間であった（Gilpin 1987，p. 344）.

　「パクス・ブリタニカ」は 1814-15 年のウイーン会議から第 1 次世界大戦の
頃までの期間だ.　産業革命によって工業化を進めたイギリスは，強大な海軍力
を背景に，自国に有利な「自由貿易」を各国に強制した.　1840-42 年の「アヘ
ン戦争」[3] を見ればわかるように，現代人の目で見た自由貿易ではなく，イギ
リスは「強制した自由貿易」を押しつけたのである.

　「パクス・アメリカーナ」はいつ頃からどれくらい続いたのか.　諸説あるよ
うだが，われわれは第 2 次世界大戦後の 20～30 年間が「パクス・アメリカー

　1）　「パクス」は，ローマ神話に出てくる「平和の女神」.
　2）　塩野七生の『ローマ人の物語　第 6 巻』は，「パクス・ロマーナ」だ.
　3）　アヘン戦争については，陳（1985）がわかりやすい.

序-1　パクス・アメリカーナとグローバリゼーション　　　　　5

図序-1　一人当たり GDP の推移

（2011 年ドル）

資料：Maddison Project Database 2020.

ナ」の時代だと考えている（Gilpin 1987, p. 343）.

　所得水準や経済規模では，きれいに「パクス・アメリカーナ」の時代がいつ
からかは見ることはできないが，念のため，マディソンのデータベース（Mad-
dison Project Database 2020）でイギリスとアメリカを比べてみよう[4]．図序-1
は 2011 年ドル表示の一人当たり GDP の推移を，図序-2 は人口の推移を見た
ものだ．図序-3 は，図序-1 と図序-2 の数字から計算した 2011 年ドル表示の
GDP の推移を見たものである．

　一人当たり GDP はすでに 19 世紀のうちにアメリカの所得水準がイギリス
を上回っている．人口も 19 世紀半ばまではイギリスの方が多かったが，その
後，アメリカの人口はどんどん多くなっていることがわかる．GDP の規模で
も 1860 年頃まではイギリスの GDP がアメリカを上回っていた．

　一方，第 1 次世界大戦で金本位制が停止されるまで世界の基軸通貨はポン
ド・スターリングであった．しかし，2 度の世界大戦を経て国際通貨ポンドは

────────────

4)　昔のデータの推計はさまざまな難しさがあるので注意が必要だ．この点については，例えば，
　Parthasarathi and Pomeranz（2018）参照．

図序-2　人口の推移

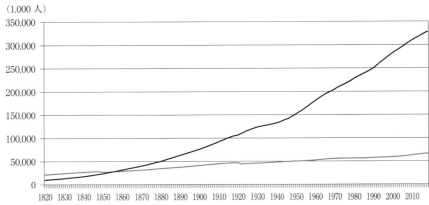

資料：Maddison Project Database 2020.

衰退し，米ドルが基軸通貨になっていく．対外投資残高を見ても，第2次世界大戦前はイギリスが4割以上を占めていたが，戦後は2割を割り，代わって戦前は2割くらいのシェアだったアメリカの対外投資残高シェアが4割を超えるようになった（猪木2009，7頁）．

3．グローバリゼーションと生産ネットワーク

いつから世界経済の中でグローバリゼーションが始まったかということにはあまり関心がない．外国貿易が拡大すればグローバリゼーションの進展といえるだろう．第2次世界大戦後，グローバリゼーションが進んだことは異論がないだろう．モノや資本の移動が盛んになっただけでなく，人も動き，生産ネットワークも緊密化した．

例えばiPhone 13の部品の3割は韓国製だといわれる．コロナ禍で半導体の供給が滞ると自動車の生産が影響を受ける．例えば，ホンダは2021年8月9月の国内生産は6割減，10月上旬は3割減と報道されている[5]．新車の納入が1年を超えるケースもあるという[6]．

図序-3　2011 年ドル表示の GDP の推移

（100 万ドル）

資料：Maddison Project Database 2020.

序-2　アジアの世紀：その到来と行方[7]

1.　はじめに

　「ある朝目覚めたらアジアの世紀になっていた」……ということはありえない．歴史的には，19 世紀のイギリスの世紀から 20 世紀のアメリカの世紀への移行期間も長く，移行期に生きた人にとっては白黒のはっきりしない混沌とした時代に思えたに違いない．だから，すでにアジアの世紀は到来したとする論者がいる一方で，いまだアメリカの世紀が存続していると主張する人々がいてもおかしくない．しかも，アメリカの世紀にしろアジアの世紀にしろ，その 2 つが全く別個の出自を持っているかというとそうではない．アメリカの世紀が

---

5)　「ホンダが国内 6 割減産　8〜9 月，半導体不足響く　10 月上旬は 3 割減」『日本経済新聞』2021 年 9 月 18 日電子版．

6)　「ホンダ，新車納期 1 年超えも　半導体不足が販売にも影」『日本経済新聞』2021 年 9 月 19 日電子版．

7)　この節の初出は，浅沼信爾「アジアの世紀の到来と行方」『SRID ジャーナル』20 号（2021），www.sridonline.org/j/doc/j202201s03a02. pdf＃200＝100．

いろいろな意味でイギリスの世紀の産物であったように，アジアの世紀もまたアメリカの世紀の産物だからだ．

アメリカはもともとイギリスの植民地として誕生したのだから，両者の間に文明的な共通項が多く存在するのは自明だが，アメリカとアジアははっきりと異なる文化的・文明的な起源をもっている．その両者の間に継続性は存在しないという主張があることは承知しているが，われわれはアジアの世紀は多分にアメリカの世紀の産物で，アジアの世紀の行方はその理解のうえにしか見通すことができないのではないかと思う．この節の目的はアメリカの世紀とアジアの世紀との継続性の性格と構造を解明することだといってもよい．

2．アジアの世紀の到来

21世紀に入って世界におけるアジアの地位や影響力が格段に大きくなってきたのは明らかだ．その影響力は経済的，地政学的，軍事的，文化的等々の多面的なものだが，それを数字で示せと言われると大変な作業になるうえに，世間一般に通用する指標を創り上げることは難しい．もともと，ここでいうアジアさえ厳密に定義しようとするといろいろな議論が出てくる．

しかし，明治日本の「富国強兵」や中国鄧小平の「先富論」のスローガンが示唆するように，国家の経済力はすべての基盤だから，GDPを包括的な国力の指標とするのはあながち的外れではない．そこで，いちばん簡便な指標として世界全体のGDPに占めるアジア諸国のシェアを示したのが図序-4だ．この図はアジア開発銀行の最近の出版物からの引用なので，アジアの定義は当然ADBの定義による（Asian Development Bank 2020）．図から明らかなように，1960年時点での日本を含むアジア（ここではアジアは太平洋諸島を含むが，オーストラリア，ニュージーランドはアジアに含まれていない）のGDPの全世界に占める割合は11％で，しかもその11％のうち，日本の割合が7％を占めていた．対するアメリカを含む北米全体のGDPは世界の31％と，全体のほぼ3分の1近くを占めていた．それから60年近くたった今日の状況はというと，2018年ベースでアジアの割合は32％──そのうち日本は8％──で，一方の北米は60年の昔に比較して24％まで減少している．この数字を見る限りわれわれはすでにアジアの世紀に生きているといってもよいだろう．

図序-4　世界の GDP シェア：1960−2018 年比較

1960 年

- アジア開発途上国 4.1%
- 日本 7.0%
- オーストラリアおよびニュージーランド 2.2%
- ラテンアメリカおよびカリブ海諸国 7.1%
- 中東および北アフリカ 3.9%
- サブサハラ・アフリカ 2.2%
- 北米 30.6%
- 欧州連合 36.2%
- 世界のその他の地域 6.6%

2018 年

- 世界のその他の地域 5.6%
- 日本 7.5%
- オーストラリアおよびニュージーランド 1.9%
- ラテンアメリカおよびカリブ海諸国 7.4%
- 中東および北アフリカ 4.3%
- サブサハラ・アフリカ 2.2%
- 北米 23.9%
- 欧州連合 23.2%
- アジア開発途上国 24.0%

出所：ADB (2020)．fig. 1.1.

3．アジア経済発展の物語

　アジアの経済発展の物語はいくつもの「高度経済成長の奇跡」の連なりだった．国から国に連続して起こる高度成長は，雁の群れが連なって飛んでいく姿（「雁行形態」）を，あるいは一地点に起こった爆発が連鎖反応を起こして次々に爆発を起こしていったようなイメージを想起させる[8]．

　最初は，1960 年代の戦後復興に続く日本の高度成長だ．日本は「アジアの巨人」(Patrick and Rosovsky 1976) になった．そして次がそれにほとんど時を同じくして現れ 1980 年代まで続いた「四小龍の奇跡」(Vogel 1991)，すなわち台湾，韓国，シンガポール，香港の輸出主導型工業化による持続的な高度成長だ．これらの国あるいは地域の高度成長には，国ごとに，例えば韓国の場合は「漢江の奇跡」のような渾名が付けられ人口に膾炙した．これらの国々を当時から間近に見てきた者にとっては，出口なしと思われた経済停滞から高度成長への展開はまさに奇跡だった．高度成長の出現は「アジアの巨人」と「四小龍

---

8)　赤松要はすでに戦前の論文で経済発展の「雁行形態論」を唱えていたが，国際的な注目を集めたのは，Kaname Akamatsu, "Historical Pattern of Economic Growth in Developing Countries", *Developing Economies, Preliminary Issue* (No. 1, 1962), The Institute of Developing Economies, pp. 3-25 における論考だった．

の奇跡」にとどまらず，時期的には多少前後するものの，タイ，マレーシア，インドネシア，フィリピンなどの東南アジア諸国に伝播していった．「東アジアの奇跡」（World Bank 1993）はこうして起こったのだ．

ソ連の崩壊は 1991 年末だが，社会主義経済はそれ以前にも深刻な状況が続いていた．中国もしかりで，文化大革命の大混乱を収めた鄧小平は 1970 年代末にはすでに「改革開放」政策（Vogel 2011）を始動している．ベトナムも 1980 年代後半には市場経済化と市場開放に舵を切り替え，いわゆる「ドイモイ（刷新）政策」をとった．そしてその結果両国とも「東アジアの奇跡」グループに仲間入りすることになった．中国はすでに 1970 年代に，ベトナムは遅れて 1990 年代に高度成長期に入った．南アジア諸国では，東アジア諸国に遅れて，今世紀に入ってからインドとバングラデシュが成長を加速させた．特にインドの場合は，1990 年代初めに始動した経済改革の成果だ（Ahluwalia 2020）．しかし，アジアにはまだここに挙げたような「高度成長クラブ」に入らない多数の中央アジア諸国や南アジア諸国がある．

ここ半世紀のアジア経済発展の物語の結果でき上がった現時点でのアジア世界を単純化して描いてみると，中国とインドという 2 つの巨人と，隣接する先進国なり成熟国の段階に達した日本，韓国，台湾というミドル・パワー，さらにタイ，マレーシア，フィリピン，インドネシア等の途上国を中心とする ASEAN に属するミドル・パワー，そしてそれらの周辺にあるいくつかの途上国群から成り立つ世界が立ち現れる．

4．アジア経済発展の条件

経済発展の研究は玉ねぎの皮をむく作業のようなものだ．どこまで行っても限りがないのだ．例えば，ある国の高度成長の原因が高水準の投資にあると検証したとすると，その次にはその原因は何かという問いが生まれる．だから，アジア経済発展の動因を突き詰めたとしても，しょせん近似的な答えしか出てこないし，玉ねぎの皮をどこまで剝くかによって，答えはいくつでもある．そのうえアジアといっても多様な国々の集まりだ．それぞれの国は固有の「地理と歴史」を抱えて発展の道をたどっているわけだから，発展と成長の条件はそれぞれの国よって違ってくる．

それにもかかわらず多くの研究者やポリシーメーカーは，アジア諸国の高度成長には何らかの共通項のようなものがあるはずだと考えてきた．今までの膨大な研究から導き出されたアジアの高度成長の条件を要約すると，次のような項目が現れる．

- 経済成長を志向する強い政府，いわゆる「開発国家（"Developmental State"）の存在，しかもその国家機構が良く機能する官僚組織に支えられていること．
- 国の制度・政策として開放経済体制をとっていること．
- 基礎的な教育を施された，よく訓練された，健康な労働力の存在．
- ハード，ソフト両面におけるインフラストラクチャーが整っていること．
- 政治的，社会的，そしてマクロ経済的な安定が確保されたうえで，国の発展のビジョンが国民の多数に共有されていること．
- 発展の初期に強固な農業基盤が確立されていること（例えば，「緑の革命（Green Revolution）」の成功），あるいは強固な天然資源のベースがあること．

さらにまた多くの研究者が指摘するのは，アジアの経済発展の成功には何らかのマジック・フォーミュラ（魔法のような手法）があったわけではなく，多くのアジア諸国がしてきたことは成長と発展を推進するために有効な制度や政策を，時間をかけて現実的な方法で実践的に実施してきた（"Doing the right things - taking time and pragmatically!"）ということだ．アジアの経済発展が成功した条件とは何かという問いに答えたこれらの研究者の解答はそれなりに説得的だ．

5. アジアの世紀到来のドラマ

しかし，このように成長の条件を羅列することで（そしてそれを改訂・修正したりすることで）アジアの経済発展の秘密を解明したことになるのだろうか．2008年に発表された（世界銀行が主催した）「成長と発展委員会」の報告書（Growth and Development Commission 2008）によると，1950年以来年率平均7％以上のGDP成長を25年以上にわたって維持してきた国（あるいは地域）は13か国あるが，その大多数の9か国はアジアの国々（あるいは地域）だ．

アルファベット順に中国，香港，インドネシア，日本，韓国，マレーシア，シンガポール，台湾，タイがこの9か国で，アジア圏の外ではボツワナ，ブラジル，マルタ，オマーンのわずか4か国だ．また報告書は，このグループへの参入が近づいている国としてインドとベトナムをあげている．

　この高度成長国リストを見れば，高度成長の条件に何かアジア特有の要因があるのではないかという疑問が沸く．それはこれらアジア諸国が発展してきた国際環境，より具体的には20世紀後半に進展したグローバリゼーション——これを20世紀型グローバリゼーションと名づけることにしよう——とアジアの世紀に先行したアメリカの世紀の性格だと思う．

　アメリカとアジアとそしてその2つの地域をグローバリゼーションの概念で結び付けて考えるためには，「貿易の重力理論（Gravity Theory of Trade）」を援用するのが便利だ．貿易の重力理論は理論としては簡単で，ニュートンの重力理論を貿易に応用したものだ．貿易の重力理論を最初に提唱したのは，地域経済学で有名なウォルター・アイサード（Isard 1954）だとかあるいはオランダのノーベル賞経済学者ヤン・ティンバーゲン（Tinbergen 1962）であるとかいろいろ言われている．国際経済学で，二国間でどのような商品が取引されるかという問いに対する答えが比較優位の理論であるのに対して，二国間の貿易量はどのように決定されるのかという問いに答えるのが重力理論だ．下に示した理論式を見ていただきたい．この式によると，任意のiとjという2か国の貿易量（F）はi国とj国のGDP（M）の積に比例し，この二国間の距離に反比例する．GDPで示される両国の市場規模が大きければ大きいほど，貿易量は大きくなる．また，両国間の距離で示される両国間の商取引が必要とする輸送費や保険料等の取引コスト（D）が小さければ小さいほど両国間の貿易量は増える．

$$F_{ij} = G \frac{M_i M_j}{D_{ij}}$$

$i, j = i$国とj国，$F =$貿易量，$M =$GDP，$D =$二国間の距離，$G =$定数

　貿易の重力理論はこれまで多くの実証研究に使われてきたが，その理論的な考えは貿易，すなわちモノとサービスの取引にだけ適用するのでなく，広くそ

の他の国際的な取引にも当てはまる．例えば，直接投資にも，また上に示した公式に含まれる変数を弾力的に解釈すればある国際関係における権力関係についてさえも応用できる概念だ．公式には D という二国間の距離を表す変数が現れる．これも，非常に広い意味での取引コストと解釈すれば（どのように数値化するかは別にして），民族，歴史的な宗主国・植民地関係，使用言語，文化的価値の共有等々を考慮することもできる．

　この重力理論を概念的に援用して，アメリカの 20 世紀とアジアの 21 世紀の歴史的な関係を考えてみよう．20 世紀にアメリカは巨大な経済に発展し，第 2 次世界大戦後には強力なグローバリゼーションを世界に引き起こした．アメリカ発のグローバリゼーションと 19 世紀のイギリス主導のグローバリゼーションとの最大の違いは，アメリカのそれがアジアにとっては東からの旋風だったことだ．東アジアにとっては，アメリカは太平洋の東側の隣国だ．しかし，経済的な意味で隣国になったのは 20 世紀に入ってからで，特に第 2 次世界大戦後だ．アメリカは独立当初は大西洋岸の国で，メキシコとの戦争を経てカリフォルニアが合衆国の一員になったのは 1850 年だ．また，東海岸と西海岸をつなぐ鉄道が開通したのは 1869 年だし，パナマ運河の開通は 20 世紀に入ってからの 1914 年だ．日本に開国を迫ったペリー提督の黒船は，実はアメリカの東海岸を出航して大西洋を横切り，アフリカの喜望峰を回ってインド洋経由で日本にやってきたのだ．20 世紀を通してアメリカ西海岸の経済的な発展は顕著で，アメリカは経済的にもまた地政学的にも太平洋国家に成長した．重力理論の公式を使えば，アメリカ経済の重心は西に移動し，パナマ運河と鉄道網の発展で D は飛躍的に短くなったのだ．そして結果として，東アジアはアメリカにとって「極東（Far East）」ではなく「太平洋を隔てた西の近隣国群」に変貌した．

　ここで次に示した表序-1 を見ていただきたい．この表から明らかなように，1960 年のアジア全域の GDP はアメリカの GDP の 10 分の 1，（日本を除く）東アジアの GDP はなんとアメリカの僅か 5% 未満だった．その当時「アメリカ経済がくしゃみをすると，日本経済は肺炎になる」と言われたがまさにその通りで，韓国経済に至っては ICU 入りになる状況だった．東アジアに対するアメリカ経済の比重は著しく高かった．そして同時に，そのアメリカ経済は大

表序-1　アメリカ対アジア（1960年と2018年）

	1960年	2018年
アメリカ	3,457	19,469
東アジア	162	13,030
南アジア	183	3,430

注：2010年価格，10億米ドル．
出所：ADB（2020），Appendix 2; World Bank, *World Development Indicators*, http://worldbank.org/world-development-indicators/

きく変貌していた．経済成長と生産性の研究で知られる経済学者ロバート・ゴードンが彼の研究の集大成の中で結論づけているように，1940年から2015年の75年は自動車，電子，抗生物質の分野で大躍進が起こり，アメリカ経済のまさに「黄金時代」だった（Gordon 2016）．高等教育が大衆に広がり，耐久消費財の需要が伸び，アメリカの成長を支えるミドル・クラスの生活水準は高くなった．

　そのアメリカ経済に大きな構造変化が起こっていた．先に指摘したように，アメリカ経済の重心は伝統的な工業地帯だった東海岸から西海岸に向かって移動していた．それは当時のカリフォルニアの発展にも現れている．ハリウッドに代表される新しい文化が芽生えていた．さらに大きな変化がアメリカのグローバリゼーションだ．浅沼は1964年に初めてアメリカに渡ったが，当時の一般庶民の生活で見られる衣料などの消費財も耐久消費財──テレビ，洗濯機，自動車，家具等々──もすべてアメリカ製だった．それが僅か数十年のうちに，アメリカ製が姿を消して外国製品が出回るようになった．アメリカの輸入対GDPの比率は1960年時点ではわずか4.3%だったのが，2018年では15.3%に上昇している．

　アメリカ経済の黄金時代とは，アジアにとって何だったのか．アメリカに花咲いた大衆消費社会の発展は，アジアにとっては太平洋をひと跨ぎした対岸の，ダイナミックに成長を続ける巨大な市場だったのだ．そして，その市場は近隣諸国に開かれていた．その市場には新しい産業技術も次々に現れ，その技術も近隣諸国に開かれていた．要するに，隣接するアジア諸国にとっては，アメリ

カ経済は「機会に満ちた国（Land of Opportunities）」で，しかもその機会は年々増大していた．

　先にアジア経済発展の物語を「奇跡の連鎖」と呼んだが，最初にアメリカ経済が提供する「機会」——爆発的に成長を続ける輸入需要——の恩恵を享受して高度成長を始動したのが戦後日本とそれに続く「四小龍」の国々だ．1950年代から1960年代にかけて，日本と四小龍は，最初は繊維縫製や玩具等の廉価な消費財を拡大するアメリカの消費財市場に売り込むことに成功した．それまでアメリカ製一色だった市場に，安い「香港シャツ」や「一ドルブラウス」が登場して話題になったのは1960年代だ．そしてその当時すでにアメリカの東海岸の古い繊維業者は輸入品との競争に勝てず，日本をはじめとするアジア諸国と，輸入規制のための繊維協定を結んでいる．しかし，日本と四小龍の経済発展が進み，今度はこれらの国々自身が，廉価な消費財における比較優位が失われ，今度はそれまで日本や四小龍に原材料を提供していたタイやマレーシアなどの東南アジア諸国が廉価な消費財輸出国として登場する．それはあたかも先頭に立つ雁に次々と後続する群れが海を渡るようだというので，「雁行形態的産業発展」と呼ばれるようになった．

　さらに，1980年代から1990年代にかけて，東アジア諸国間での輸送・通信インフラが整備されてくると，東アジアに多数の生産拠点を作り，それをネットワーク化する動きが出てきた．一つの製品の製造過程を1か国内で行うのではなく，比較優位に応じて生産拠点を分散させ，最後にどこかで製品として組み立てる生産方式が盛んになった．東アジア諸国にまたがるサプライチェーンの構築だ．この頃になると中国の開放政策も実を結び，中国あるいは東アジアは「世界の工場アジア（Factory Asia）」と呼ばれるようになった．

　「東アジアの四小龍」，「雁行形態的産業発展」，「産業ネットワーク」，「世界の工場アジア」等々の東アジア経済発展のキーワードの裏に，アメリカの消費財市場の拡大とグローバリゼーションのエネルギーが渦巻いていた．そうした意味で，東アジアの驚異的な経済発展はアメリカの世紀の副産物だと言ってもよい．そしてまたアジアの経済発展もまた自己完結的ではなく，アジアの外の世界に構造的な変化を引き起こした．「世界の工場アジア」の出現は，アメリカの東部や中西部の伝統的な産業の衰退をもたらした．アメリカの「黄金の時

代」の象徴だった鉄鋼，造船，自動車，テレビやその他の耐久消費財は，日本，韓国，台湾等々からの輸入との競争に敗れ，アメリカの製造業自体が縮小した．今日のラストベルト（rust belt）と称される地域の停滞は，アジアの経済発展の産物なのだ．

　もちろんアジアの経済発展の世界経済への影響はゼロサムではない．日本や四小龍だけでなく，中国やインドといった大国がアジアの経済発展の中心になり，しかも製造業がその発展の中核になると，アジア経済圏に膨大なエネルギー資源や鉱物資源といった原材料に対する膨大な需要が生じる．それが資源に対する輸入需要になって，ラテンアメリカ，太平洋諸国，中東，アフリカの各地の資源開発と資源開発を促す．20世紀末と21世紀初めに現れたいわゆる「スーパー・コモディティ・サイクル」はまさにアジアの経済発展の副産物だった．

6. アジア経済成長の課題

　このようにしてアジアの世紀は到来した．しかし，それで物語がハッピーエンドで幕が下りたわけではない．もちろん何世代にもわたる将来を見通せるわけではないが，アジアの世紀は到来した時点ですでに多くの問題を抱えていて，舵取りの難しい時代が予測される．

　現在時点でわれわれのレーダースクリーンが捉えている問題の一つは，アメリカ経済のアジアに対する需要圧力の相対的な減少だ．もう一度表序-1を見ていただきたい．1960年代にはアメリカ経済はアジアにとって見上げるような巨人だった．しかし，それから60年近く後にはアジアの経済規模はアメリカのそれに肩を並べるまでになっている．アジア経済に対するアメリカ経済の成長の源泉としての比重は，大きく低下した．ましてやいまのアメリカ経済は黄金の時代を過ぎて，往時のダイナミズムを持っていないし，今後当時のような活力が戻るとは期待できない．将来のアジアの経済成長のダイナミズムの源泉を何処に求めるのかは，今後のアジアにとって大きな課題になる．

　第2に，この課題に直面して，アジアの国々は国内需要を主軸とする成長戦略が必要になるが，海外の需要依存から国内の需要依存への戦略転換は誰もが思いつくが実現するのは容易ではない．例えば中国はその第14次5か年計画

（2021-2025 年）のなかで，「2つの循環（Dual Circulation）」という言葉を使って，総需要の重点を輸出から国内消費に移す政策を強化しようとしている．しかし，それがそう簡単ではないのはいくつかの理由がある．まず，アジアの人口動態の変化は経済成長にとって不利に働く．先進国の歴史的な事例でも，また途上国の多くの例を見ても，総人口に占める労働人口の割合が高ければ高いほど，経済成長率は高くなる．いわゆる「人口ボーナス」と呼ばれる現象で，労働年齢に達していない子供や労働市場から退出した老齢人口を扶養するコストが少なく，経済全体で見ればそれだけ貯蓄と投資に回せる所得が多くなる．すなわち，人口ボーナスは成長率を高める効果がある．現在のアジアの人口動態は，過去の成長が少子化を促した結果として老齢化が進み，全人口に占める労働人口の割合は低下傾向にある．「人口ボーナス」は消滅しただけでなく，逆に経済成長を抑制するような「人口オーナス（負担）」が増えている．もちろんアジア諸国の中でも例外はあって，概して南アジア諸国にはまだ少子化の波は押し寄せていない．しかし，これまでアジアの高度成長を牽引してきた多数の国が少子化を経験していることは，アジアの将来にとってはマイナス要因に違いない．

　第3に，問題は人口の老齢化だけではない．「世界の工場アジア」の実態はアジアの急激な工業化と都市化だ．その成長を維持するために膨大な資源が必要とされるし，必要とされる資源には輸入に頼れない水や空気といった「環境資源」が含まれる．現実の問題としての資源と環境が成長の限界として立ちふさがっている．過去にアメリカの世紀においては，アメリカ経済は豊かなフロンティアを次々と順に開発することによって持続的な発展をしてきた．まずアメリカ合衆国の原点である東部で産業が興り，それが中西部に拡大し，次いで西部が開け，その後長く未開発だった南部のサンベルトが発展した．アジアの場合には，人口と資源のアンバランスはすでに顕著で，残されたフロンティアは少ない．そして，都市における大気汚染，内陸での水資源の枯渇，そして沿海部での気候変動による悪影響は，将来のアジアの経済成長に難しい課題を突き付けている．

　これらの問題点から出てくる結論は，アジアの経済成長は21世紀半ばにかけて減速するに違いないということだ．これまでの高度成長の歴史的な事例を

見ると，高度成長が四半世紀以上持続した例は稀有だ．高度成長を年率7%以上のGDPの増加と定義すれば，GDPで測った経済の規模は10年で2倍になる．そんな倍々ゲームを続けるには急激な経済の構造変化が必要で，その変化に応じた政治・経済・社会の制度・政策の変化・発展が必要だ．しかし，そのような急激な社会変化が簡単に国民に受け入れられるとは限らない．すでに東アジアの先進国——日本と四小龍——は，低成長の時代に入っているし，東南アジア諸国の中でも成長が減速し，いわゆる「中所得国の罠」に陥っている国が多数ある．さらに重要なのは，アジアの世紀の到来を牽引してきた中国経済にも成長減速の兆しが見られることだ．インドを中核とした南アジア諸国の経済は，まだ工業部門における成長ポテンシャルを残しているが，アジア全体の成長を牽引していくだけのダイナミズムがあるかどうかは疑問だ．アジア全体で見れば，これからの数十年は高度成長から低成長に向かう移行期だと考えてよい．

　もちろんアジアが今後長期にわたって高度成長を必要としているわけではない．高度成長から適度な安定成長に移行できればよい．しかし，アジアはどのようにして経済的，政治的，さらに社会的に，そのような移行に対応していくのだろうか．アジアの勃興が議論されるときに，経済的な発展に多くの視点が注がれる．アジアの政治指導者自身が，国家目的を経済発展と貧困削減において政府の政策を正当化してきた．権力の正当性（レジティマシー）自体が経済成長目的と成果によって支えられてきた．東アジアの国の多くが「開発国家（Developmental State）」と呼ばれるのはそのためだ．しかし，低成長への移行が始まった場合には，国家の存立基盤を何に置くのだろう．

　アジアが高度成長を遂げてきた過程ではその経済構造は大きな変化を遂げてきた．当然その過程で繁栄する部門があると同時に，衰退や停滞を経験する産業部門が出てくるのは避けられない．そして，それぞれの部門に従事する人たちの間に経済成長のウィナー（勝者）とルーザー（敗者）のグループが現れる．ここから社会の不平等や格差の問題が生じる．そのうえアジアの多くの国は，多民族国家でありまた多文化国家だ．このような国家の分断を防ぎ同時にすべてのグループを包摂する開放された社会を創り上げるためには，経済発展を超えた「国の形」を深く議論していく必要がある．これがアジアの世紀を迎える

にあたっての最重要な課題ではなかろうか．すでにタイ，マレーシア，フィリピン等の中所得国では国家体制が大きな政治問題になっていて，その行方は他のアジア諸国にとっても示唆に富む．インドネシアの国家の標語は，「多様性の中の統一」（サンスクリットで Bhinneka Tunggal Ika）だが，その意味はアメリカ合衆国の標語（ラテン語で，E Pluribus Unum）とほとんど同義だ．しかし，それが国家体制の構築と国家運営の思想にまで深められているかどうかは疑問だ．

いま一つの大きな課題がある．ここでは一括りにアジアとして議論してきたが，これらの国の中には国の規模からして今後国際社会でヘゲモン（覇権国）となる可能性がある国がある．いうまでもなく中国のことだし，より将来の話になるがインドもその可能性を秘めている．最近年の中国の政治指導者のスピーチには，「中国の夢（Chinese Dream）」という言葉が頻出する．「百年にわたる屈辱を払拭し，世界の中の偉大なる国としての中国を復興する」という意味だが，それだけではアメリカのトランプ前大統領の「アメリカ・ファースト」とほとんど変わらない．他の国々との関わりの中で，自国の国際的な地位と名誉を高め，自国の国家的利益を主張する以上には何も言っていないからだ．その主張が正当かどうかを問題にしているのではない．多数の主権国家で構成される世界では，主権と主権の接点で各種の対立や衝突や紛争が起きる．それをどのようにして収めるか，また国家を超えた世界的に共通の問題にどう協力して対処するかといった国際社会の統治体制をどのように進化させていくかについての思想，構想，計画，政策等々を持たない国は世界の指導者にはなれないのではなかろうか．アメリカの世紀を繁栄に導いたのは，一つには第2次世界大戦後にアメリカが他の連合国と協力して，国際連合，IMF・世界銀行，WHO 等々の国際機関を設立し，主権国家間で生じる可能性のある対立・衝突・紛争を解決するルールと機関を創り上げたことにある．これらの制度の基盤は少なくとも形式的にはすべての主権国家の参加に開かれていたことだ．もし中国やインドが世界のヘゲモンとなるのであれば，国際社会の統治体制の発展に寄与するようなアイデアとアジェンダが必要だ．

中国は，2014 年に北京で開催されたアジア太平洋経済協力会議で「一帯一路」構想と称するユーラシア経済圏構想を発表した．歴史的に中国とヨーロッ

パの間にあった陸路・海路のシルクロードを再建・拡大・発展させて，広大な中国市場とヨーロッパ市場をつなぎ，大ユーラシア経済圏を統合しようという壮大なビジョンだ．しかし，そのビジョンやそれを構成するプロジェクト群は，国際経済社会を統治する体制の構想とはなっていない．国連機関や IMF・世界銀行や WTO が構成する国際機関とその基礎にある国際社会のガバナンス体制に対する種々の不満は理解できるが，それに代わるようなアイデアやイニシアティブは出ていないのが現状だ．

7. アジアの世紀の行方

アジアの世紀は到来した．それは 20 世紀のアメリカの世紀の産物として現れた．そしてそのアジアには経済規模で測って世界の最上位に位置する中国，日本，インド，インドネシアの 4 か国を含む．またそのうち中国とインドは将来的にもヘゲモンとしてアジアだけでなく世界全体に大きな経済的，地政学的，文化的な影響力を行使するポテンシャルがある．

しかし，これから先の数十年を考えると，この地域に特有の問題から地球規模の問題までさまざまな困難が予測される．アジアを特徴づけた高度成長の時代は次第に過去のものになり低成長の時代への移行が始まるのではないかという懸念がある．アジア全体を安定成長に導くためには，それぞれの国における相当の覚悟と政策努力が必要とされるに違いない．

アジアの多くの国はこれまで高度成長と貧困削減を国家目的としてきた．それは決して間違っていなかったが，それを超えた将来の「国の形」を国家戦略や政策策定の場で真剣に議論してこなかったのではなかろうか．それが今のアジアにとって最優先，最重要な国民的政治課題だ．

このように考えてくると，アジアの世紀の到来を素直に寿ぐ気持ちになれない．一つには，アジアの経済発展の先頭を 1 世紀以上にわたって走ってきた日本自体に 30 年間続いている経済停滞と政治的・社会的な停滞感が漂っているからだ．日本はアジアの「炭鉱のカナリア（先行指標）」ではないとしても，アジアの将来に横たわる数々の問題と困難を考えるとアジアの世紀の到来の高揚感よりは将来に対する危惧の念が強くなる．

序-3 経済発展とは

1. 経済発展と貧困

　経済発展とは，生産面から見れば，長い長い構造変化のプロセスである（小浜 2013，18 頁）．なぜ経済発展を求めるのか．それは，庶民の暮らしをよくするためだ．裏から見れば，貧困をなくしたいということだ．貧困は，経済的・社会的・政治的な要素を持っている．貧しさだけがテロを生むわけではないが，「絶望」が，あるいは「人間としての尊厳」を傷つけられた生活をおくることを余儀なくされた人々がテロに走るのだと思う（浅沼・小浜 2007，4 頁）．トム・フリードマンは「テロは，金銭的貧困（poverty of money）によって引き起こされるのではない．尊厳を失わされる（poverty of dignity）ことによって引き起こされるのだ」と言っている（Friedman 2005，p. 400）．

　地域により国により貧困のレベルは違うが，トレンドとして貧困削減は進行していると言える．世界銀行のデータベースで世銀が推計した貧困率の変化をいくつかの地域，国について見てみよう．ここで言う貧困率は，2011 年ドルで見て 1 日 1.9 ドルで暮らしている水準を貧困ラインとし，それ以下で暮らす貧しい人々の数の総人口に対す割合（％）を指している．

　貧しい人のデータは，人口データなどと比べて推計が面倒で，時系列で数字がとれないことも多いし，そもそも数字がない国も結構ある．世界銀行のデータベースでも，貧困率のデータがとれる最も古いものは 1967 年のスウェーデンだ．そのスウェーデンでも貧困率のデータは飛び飛びで，毎年推計値が出てくるのは 2003 年からだ．

　いくつかの地域の貧困率を図にしてみた．図序-5 に示した 5 つの地域すべてで，トレンドとして貧困率が下がっていることがわかる[9]．図序-5 の世界平均で見ると 1980 年代前半には 40％ 以上だった世界の貧困率は，2016 年には 10％ を下回っていることがわかる．東アジア・太平洋諸国の場合，貧困率の低下は急速だ．1981 年に 80％ 以上だった東アジアの貧困率は，1990 年代半ば

---

9)　地域平均の数字は，厳密な意味で比較可能ではないと思われる．

図序-5 貧困率の推移（世界，東アジア・太平洋諸国，南アジア，中南米，サブサハラ・アフリカ）

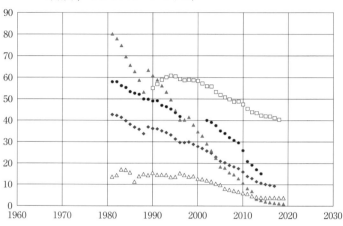

● 世界　▲ 東アジア・太平洋諸国　● 南アジア　△ 中南米　□ サブサハラ・アフリカ

資料：世界銀行データベース．

には50%を切り，2019年には1%にまで低下している．一方，サブサハラ・アフリカの貧困率は，低下トレンドは見られるものの，高止まりしている．図序-5を見るとわかるように，サブサハラ・アフリカの貧困率は1990年代以降，緩やかに低下しているが，2018年でも40%と依然として高い．

次に，いくつかの東・東南アジアの国について貧困率の推移を見てみよう．どの国も急速に貧困率が低下している．1990年に66%だった中国の貧困率は，2015年には1%以下まで低下した．インドネシアの貧困率も1980年代は68%と高かったが，2019年には2.7%に低下した．マレーシアは，もともと貧困率は高くなく，最近のデータはゼロ．フィリピンのデータは2000年からしかとれないが，2018年には2.7%にまで低下した．タイの貧困率は1981年には20%近かったが最近ではほぼゼロだ．ベトナムも1992年では5割を超えていたが，最近の貧困率は5%以下である．

2. 経済成長が貧困削減をもたらす[10]

「貧しい人にとって，経済成長はいいことなんだろうか」．これは開発政策，

図序-6 貧困率の推移（中国，インドネシア，マレーシア，フィリピン，タイ，ベトナム）

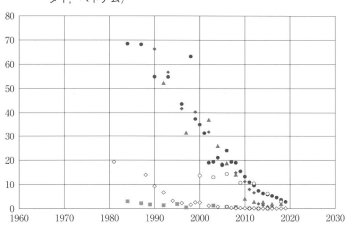

資料：世界銀行データベース．

開発経済学にとって基本的な問いだ．結論から言えば，「Growth is good for the Poor」で，これは多くの政策担当者，開発経済学者にとって，共通認識だと思う[11]．

図序-7 は経済成長と貧困の関係を見たものである．国全体の平均所得と貧しい人の所得の関係を見たもので，水準および成長率の関係が示されている．図の上のパネルはレベルの図で，国全体の平均所得が高いほど，貧しい人の所得水準も高いことを示してしている．図の下のパネルは成長率の図で，あくまで見かけの相関だが，国全体の平均所得成長率が高いほど，貧しい人の所得成長率も高いことを示唆している．

2005 年 5 月 25 日の *New York Times* の社説「Growth and the Poor」はラテンアメリカを例に，チリのように相対的に所得分配が平等な国では経済成長がすべての国民に均霑するが，そうでない国では経済成長の果実は貧しい人々

---

10) ここの記述は，小浜（2005，第 2 章）によっている．
11) Dollar and Kraay（2002），World Bank（2002）などを参照．

図序-7 経済成長と貧困

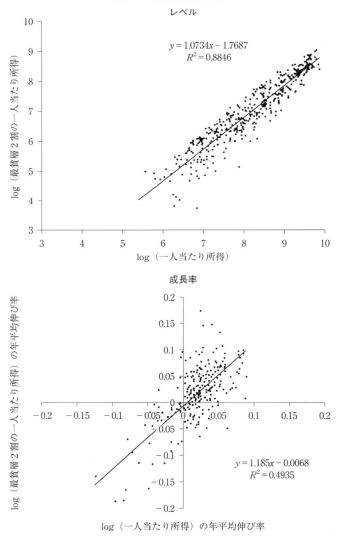

出所：Dollar and Kraay (2002), p. 197.

に届かない，と論じている[12]．

3. 時代・制度・人間

　ここで言う「時代」とは，国・企業・個人がどのような時代に生きているか
が経済政策に影響し，それが経済パフォーマンスに影響し，逆に，それが個人
の生き方や能力の発露に影響するということを「時代」という言葉で考えてい
る．例えば，薩長盟約を仲介したキーマンの一人坂本龍馬が泰平の時代に生ま
れていたら，暗殺されることもなく，誰かが書いているように土佐の剣術道場
主として天寿を全うしたことだろう[13]．「1-1 昭和 20 年 8 月 16 日と大来佐武
郎」で書く大来佐武郎も，戦争がない時代に大学で電気を学び役人になったと
したら，われわれが知っている大来佐武郎とは，だいぶ違った人生を送ったこ
とだろう．

　経済政策のための制度が，時代に人に深く関連していることも事実だ．例え
ば，占領下の日本で，昭和 21 年 7 月にできた大きな権限を持った経済安定本
部も，敗戦後の連合軍の存在と関連している．GHQ（連合国軍最高司令官総司
令部）はさまざまな経済政策指令を出したが，その受け皿となる単一の日本の
役所を必要したことも事実だ．

　朝鮮戦争が 1953 年に終わった後の韓国経済は持続的経済発展の兆しすら見
えず，1950 年代後半の輸出を見ても，典型的な一次産品輸出国だった．当時
の韓国の主要輸出品を見ると，海産物とか鬘にする人毛，石とか，今の韓国か
らは想像もできないものだった．1960 年の韓国の商品輸出構成を見ると，工
業製品は 18.2% で，農産品 21.9%，海産物 17.7%，鉱産物 42.2% で，一次産
品輸出のシェアは 81.8% だった（浅沼・小浜 2013，77 頁）．

　以下でも書くように，韓国では 1961 年に朴正煕のクーデターが起き，1962
年から韓国では第 1 次 5 か年計画が始まる．朴正煕大統領は経済企画院を作
り[14]，世界中にいる優秀な自国民を国際基準の待遇でソウルに呼び戻した．朴
正煕大統領や経済テクノクラートたちは，日本などの産業政策，それに伴う法

---

12)　http://www.nytimes.com/2005/05/25/opinion/25wed3.html?th&emc=th
13)　坂本龍馬は，慶応 3 年（1867 年）冬，京都河原町蛸薬師で暗殺された．享年 31 歳．今そこは
　　繁華街だが，「坂本龍馬遭難の地」という小さい石碑が建っている．

律などをよく知っており[15]，自国の経済社会環境に適応させるべく修正しながら，制度を導入した[16]．大統領経済ブリーフィングの模様や，そこでの大統領の指示と，かなり強権的な政策運営については，浅沼・小浜（2013，第3章）参照．

　経済安定本部や経済企画院といった役所も制度だし，開発計画も産業育成のための法律も制度だと書いたが，当然のことながらそれを動かすのは人である．大統領や総理大臣，官僚や民間の企業家，庶民，みんな経済発展過程のアクターだ．個々人がいくら有能でも，民間人の政府に対する信認がなくては，制度は有効に機能しない．政府に対する信認と経済成長パフォーマンスの関係を考えるには，アルゼンチンと日本を比較することによって，何かヒントが得られるかもしれない．

　次章の「1-3 経済安定本部と戦後復興」で書くように，吉田茂は5次にわたって組閣している．第1次吉田内閣が発足するのが昭和21年（1946年）5月で，第5次吉田内閣は昭和28年（1952年）5月21日から昭和29年（1954年）12月10日までだ．吉田は座談の名手といわれ，学者と話をするのが好きだったし，学者を大臣にしようとしていろいろなエピソードが残っている．経済安定本部が発足したのは昭和21年8月．第1次吉田内閣のときだ．経済安定本部のトップは総裁で総理大臣の充て職，総裁の下，国務大臣の総務長官が置かれた．

　第1次吉田内閣で農林大臣を務めた和田博雄が「學者グループと吉田總理」という小文を書いている．そこで和田は，

---

14)　小浜が初めて韓国に行ったのは1980年頃．経済企画院の中堅幹部と話していて，「小浜さん，日本人だからマシンガン撃ったことないんだ」と言われたことをよく覚えている．別の会議のツアーに便乗して，ソウルからバスで浦項にあるPOSCOに行ったことがある．きれいな高速道路を走りつつ，朝鮮戦争のとき従軍していたという中年の韓国の専門家と車中で話していて，彼が「昔，朝鮮戦争の時，こんなきれいな高速道路はなかったけど，南へ南へ逃げたことを思い出す」と語ったことも思い出す．

15)　1967年に始まる第2次5か年計画中に，「機械工業振興法」，「造船工業育成法」，「電子工業育成法」，「石油化学工業育成法」などの個別産業育成のための法律が制定されている（浅沼・小浜 2013，79頁）．

16)　開発計画も制度だし，産業育成のための法律も制度だろう．

「七月二十二日，膳桂之助氏が經本長官に就任した[17]．そこで武見太郎君と相談して，吉田さんのブレーン・トラストの意味で，経済再建について一流の學者の協力を求めることにして吉田さんに建言した．その顔ぶれは，有澤廣巳，中山伊知郎，東畑精一，永田清，茅誠司，堀義路，内田俊一の諸博士である．膳さんには吉田總理から話していただき，膳さんもこの學者グループの会には度々出席された．吉田さんはこの会合には，極めて熱心で会議の場所には外務省の大臣室をあてられるなど，細かい注意をされるとともに，暇をみてはよく出席された．会議は週一回乃至二回開かれた様に記憶する．
この会議で初めて所謂傾斜生産方式の構想が有澤構想として取りあげられたのである．……」（和田 1983，66 頁）

と書いている．これがいわゆる「吉田茂の昼飯会」だと思われる[18]．このような会合も重要な制度だ．

　次章で書くように，経済安定本部長官人事に関連して大来佐武郎は吉田総理兼外務大臣に辞表を叩きつけたと言われている．しかし大来さんに言わせると「そっと辞表を出した」と（有澤 1989a，48 頁：有澤 1989b，194 頁）．30 歳台前半の若き役人が，総理大臣に辞表を叩き付けたかそっと差し出したかはともかく，今では考えられない．時代がそうさせたのかもしれないし，大来が偉かったのかもしれないし，吉田茂も偉かった．吉田茂も大来をだいぶ評価したんだと吉田の盟友白洲次郎が大来に伝えたという（有澤 1989a，49 頁）．

序-4　経済発展と所得分配

1．クズネッツの逆 U 字仮説

　「クズネッツの逆 U 字曲線」は，多くの開発経済学の教科書で説明されてい

---

17) 経済企画庁編（1988）の巻末年表にも昭和 21 年 8 月 12 日，経済安定本部，物価庁発足，初代経済安定本部総務長官膳桂之助が物価庁長官を兼任，とあるので，「七月二十二日，膳桂之助氏が経本長官に就任」（和田 1983，66 頁）という日付は，現時点では不明である．

18) 昭和 22 年 5 月，片山内閣ができて，吉田は下野することになり，芝白金の官邸（外務大臣官邸だと思われる）を引き上げる前夜，昼飯会の連中を招いて，「最後の夕食会」を催した．和田（博雄）君も出席した，と有澤廣巳は書いている（有澤 1989b，194-195 頁）．

る[19]. サイモン・クズネッツは, 先進国の所得分配は 1920 年代以降平等化が進み, 特に第 2 次世界大戦後はそれ以前に比べて大幅に平等化したとして, これが学界の定説となってきた (Kuznets 1966, pp. 206-219；速水 2000, 191-195頁). 速水 (2000, 192 頁) は, 「クズネッツは裏付けとなる十分な資料を欠きながらも, 近代経済成長の初期において不平等化が進行する局面があったのではないかと推論した」(Kuznets 1955, p. 16) と書いている. 「クズネッツの逆 U字曲線」の考え方は, 以前から知られていたが, Kuznets (1955) によって人口に膾炙した[20]. クズネッツの Size distribution の研究に関心があれば, ちょっと長い論文だが, Kuznets (1963) も見るといい.

クズネッツの論文 (Kuznets 1955)[21] は, 所得分配の実証分析の先駆的論文で, 所得規模階層別分配 (Size distribution of income) の長期的トレンドから「クズネッツ逆 U 字曲線」として広く知られるようになった[22]. 縦軸に Size distribution でよく使われるジニ係数 (Gini coefficient, Gini index) をとり, 横軸に所得水準をとって図示すると, アルファベットの U をひっくり返した形になると考えられるので, 「クズネッツの逆 U 字曲線」と呼ばれる. ジニ係数は, ローレンツ曲線から計算される Size distribution の指標で, 「完全平等社会」だとゼロで, 「完全不平等社会」では 1 となる. したがって, ジニ係数の上昇は不平等化を示していて, ジニ係数の低下は平等化を表す.

上の説明はタイムシリーズによる説明だが, クロスカントリーでも「クズネッツの逆 U 字曲線」も描かれている. **図序-8** はクロスカントリーで見た「ク

---

19) 例えば, Ray (1998), 速水 (2000), Perkins et al. (2012), Todaro and Smith (2020) などを参照.

20) アメリカ経済学会は 100 年を記念して「The Top 20 Articles」を選んでいる (Arrow et al. 2011). このクズネッツ論文 (Kuznets 1955) も「トップ 20 論文」の一つである.

21) Kuznets (1955) は, 1954 年 12 月 29 日にデトロイトで開かれた第 67 回アメリカ経済学会 (American Economic Association) における会長講演である. 1954 年といえば, 昭和 29 年. 第 2次世界大戦が終わって 9 年, 朝鮮戦争休戦の翌年だ. 先人たちは, 日本でもアメリカでも, フランスのコニャック商人も, 世界中のすべての国で, 世界の平和と繁栄のために日々考え, 働いていたのだ. 例えば, 昭和 20 年 8 月 16 日, 大来佐武郎らは「戦後日本の復興」を考える会合を開いている.

22) 所得分配の考え方としては, Size distribution とは別に労働分配率など機能的分配 (Functional distribution) も重要だ.

序-4 経済発展と所得分配

図序-8 クロスカントリーで見た「クズネッツの逆U字曲線」

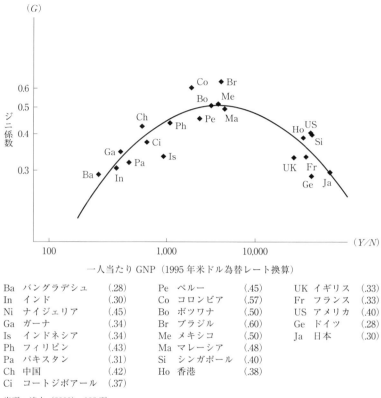

一人当たりGNP（1995年米ドル為替レート換算）

Ba	バングラデシュ	(.28)	Pe	ペルー	(.45)	UK	イギリス	(.33)
In	インド	(.30)	Co	コロンビア	(.57)	Fr	フランス	(.33)
Ni	ナイジェリア	(.45)	Bo	ボツワナ	(.50)	US	アメリカ	(.40)
Ga	ガーナ	(.34)	Br	ブラジル	(.60)	Ge	ドイツ	(.28)
Is	インドネシア	(.34)	Me	メキシコ	(.50)	Ja	日本	(.30)
Ph	フィリピン	(.43)	Ma	マレーシア	(.48)
Pa	パキスタン	(.31)	Si	シンガポール	(.40)
Ch	中国	(.42)	Ho	香港	(.38)
Ci	コートジボアール	(.37)

出所：速水（2000），193頁．

ズネッツの逆U字曲線」である．

1954年8月に日本の大蔵省が発表した『今後の経済政策の基本的考え方』では「コストの引き下げと雇用の拡大ということは相いれざる矛盾であるかに見えるけれども，この2つの要請を同時に達成することは，容易ではないにしても決して不可能ではなく，この点を解決して進むことこそ今後の経済政策の目標である」とはっきり述べている（高橋1976，384頁）．「クズネッツの逆U字仮説」は常に成り立つものではないが，一般的命題かのような誤解が流布していたかもしれない．もし一般的命題なら，効率の追求と分配・雇用の追求は

トレード・オフの関係にあり，一定の発展段階までは，成長や効率を追求すると，所得分配や雇用状況は悪化してしまうことになる．しかし，日本のみならず東アジアの経験は効率の追求と分配の改善が両立した好例だと考えられる．「成長・効率と公正の同時追求（growth and equity）」は，この大蔵省の報告書にあるように難しいが両立可能な政策目標だと思う．このような的確な政策目標が日本政府によって1950年代半ばに明らかにされていたという事実をわれわれは忘れてはならない（小浜・渡辺1996，147頁）．

2. 不平等と経済発展

「平等な社会（国）と不平等な社会（国）では，経済成長パフォーマンスが違うのだろうか」という問いには，多くの人々が関心を持っていて，数多くの研究が蓄積されている[23]．

結論から言えば，「平等な国と不平等な国で，経済成長パフォーマンスが違うか」という関心の問題に確定的な答えはない．不平等は経済成長にプラスの効果があるという議論もあれば，平等な社会は発展途上国の持続的経済成長の条件である，という考え方もある（Aghion et al. 1999, p. 1615）．

Todaro and Smith（2020, Chapter 5）は，極端な不平等（extreme inequality）がよくない3つの理由を挙げている．第1は，極端な不平等は経済的な非効率につながるという．そのような社会では，低所得者は必要な資金の借入が十分にはできなくて，子弟の教育やビジネスに制約があるという．第2の理由として，極端な不平等が社会の安定と連帯意識を阻害する点を挙げている．第3は，極端な不平等は不公正（unfair）だという哲学的なポイントだ．

不平等と経済成長の関係に関する実証分析も多くある．成長回帰分析の例を一つ紹介しよう．Barro（2008）は，1960年代後半から2000年代前半のパネルデータを使って，一人当たり所得の成長率を投資率，開放度などの説明変数に加えてジニ係数も説明変数に加えて成長回帰を計算している．推計されたジニ係数の回帰係数は，マイナスで統計的に有意である．バローは，分析に使われ

---

[23] 「inequality and economic growth」とか「income distribution and economic growth」といった関連する言葉で検索すれば，多くの研究がヒットする．

たパネル・データでクズネッツ曲線の図も描いている（Barro 2008, Figure 1）．
成長回帰分析は，因果関係を見るのは難しいが，さまざまな仮説，仮定の検証
にも役立つときもあるし，アナリティック・ナラティブのヒントを得ることが
できる場合もある．

　上で書いた「不平等と経済成長」の関係について確定的な答えがないのは，
ある意味当然で，韓国のように成長加速の過程で格差が生じる場合もあれば，
フィリピンのように階級の存在などで格差が成長を阻害している場合もある．
初期条件の違いで成長と格差の因果関係がどちらに向くか異なる国・時代もあ
るだろう．したがって，社会経済の制度，部門，階級などを明示的にとり入れ
ない一般理論は存在しないと思われる．われわれは，国別あるいは地域別，か
つ時代別のアナリティック・ナラティブでアプローチするのがより理解を深め
ると考えている．

序-5　経済発展の曼荼羅

　われわれは長い間いろいろな国の経済発展の軌跡を辿ってきた．観察者であ
り，傍観者であり，またある時には小さい役割を与えられて政策形成に関わっ
たこともある．その過程で経済発展を見る観方，あるいは視点を持つようにな
った．方法論と呼ぶには大げさすぎるが，経済発展の展開，成功，挫折等々に
果たす要因や問題点を総合的に見る観方だ．

　それを説明する目的でここに掲げたのが「経済発展の曼荼羅」だ．

　曼荼羅は仏教における悟りの世界を現わしたもので，お釈迦様を中心に仏様
や菩薩が多数鎮座される．曼荼羅に擬してわれわれが考える経済発展は，かな
り広義の経済発展だ．人類の歴史は，狩猟・採取から農業の発明，そしてさら
に工業化と産業の発展を軸とした経済発展の歴史だ．そして，双方向の因果関
係にあるにしても，経済発展が社会や文化を変化させたことに間違いはない．

　われわれの経済発展の曼荼羅の中心に鎮座するのは「経済成長」だ．経済成
長はいろいろな指標で表される．最も一般的なのは GDP の成長率で，それが
経済・社会（ひいては文化）に影響を及ぼす．その結果が経済発展ということ
になる．

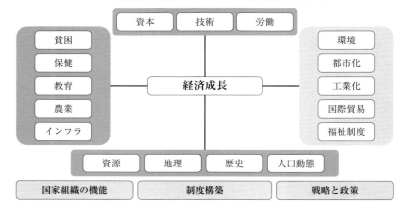

図序-9　経済発展の曼荼羅
経済成長はすべての変化の母だ！
経済発展＝ウェルビーイング，人間の安全保障，人的能力開発

1. 新古典派の経済成長理論

　われわれの「経済発展の曼荼羅」では，「経済成長」を中心にして，東西南北に重要な要因，要素，事象，条件等々が並ぶ．まず，北側に「資本，労働，技術」と名付けられた3個の要素が並ぶ．現在経済学で主流の新古典派の経済成長理論は，実に3個の要素の上に理論体系を作り上げたものだ．すなわち経済成長は，労働投入の増加，資本の蓄積，そして生産技術の進歩によって起こるという，実に単純明快な理論で，その理論展開を見ているとまるでニュートン力学にもとづく宇宙物理学のように美しく精緻だ[24]．

　しかし，これだけでは経済成長自体は言うに及ばず経済発展を理解することはできない．理論を構成する基本的な要素の概念があまりにも抽象的で，複雑に絡みあう経済内部の関係を捨象しているからだ．経済成長は GDP の変化で捉えられるが，GDP とはそれこそ無数の生産物やサービスの複合体で，俗に言えばミソもクソも一緒にして，理論操作が楽なようにいわば GDP というたった一つの産物にしたものだ．いわば闇鍋だ．同じことが経済成長を生起させ

---

[24]　新古典派の成長理論体系を確立したのはロバート・ソローだと言われている（Solow 1970）．その展開の集大成は Acemoglu（2009）に詳しい．

る要素の一つである資本蓄積にも言える．どのような資本市場が存在するのか
は明示されないし，資本蓄積の種類——例えば製鉄設備のような直接的に生産
的な資本の蓄積なのか，それとも社会資本と呼ばれる道路網のようなインフラ
ストラクチャーなのかの区別もない．労働についても同じことが言える．単純
労働に携わる労働者もいれば高度な技能を持った知的労働者もいる．

　この理論的セッティングで最も扱いに困るのは技術と呼ばれる要素だ．これ
は一体何だろう．技術はまたの名を「全要素生産性（TFP, Total Factor Pro-
ductivity）」と呼ばれるように，労働や資本という投入がどれだけ効率的に使
われるかを示す指標で，生産技術の進歩や生産組織の効率化によって生産高が
増加することを意味する．これまでに蓄積された実証研究によれば，典型的な
先進国の経済成長に対する3要素の寄与度を計測すると，技術進歩が他の要素
を上回る大きな貢献をしてきたらしい．しかし問題は，それが何かが皆目わか
らないことだ．産業革命から類推して考えられるエネルギーや機械のような工
学的な技術なのか，あるいは大規模な投資を可能にした株式会社制度なのか，
それとも銀行制度なのか，あるいはまた法律による私的所有権の保障や職業選
択の自由を保障した憲法なのか，広義の技術あるいは全要素生産性という言葉
は全くのブラックボックスで，宇宙物理学の暗黒物質（ダークマター）のよう
に，「何かあるけど，何かわからない」ものだ．新古典派成長理論の創始者ロ
バート・ソロー自身がいみじくも言ったように，それは「われわれの無知の指
標（measure of our ignorance）」かもしれない[25]．

　いずれにしても，この理論は経済成長の源泉を明らかにする会計的な枠組み，
すなわち「成長会計（growth accounting）」を提供し，そのおかげでわれわれ
は，経済成長は労働投入や資本蓄積の量的拡大だけでは達成できなかったこと
を知った．技術進歩と呼んだり全要素生産性と呼んだりする「成長の暗黒物
質」があることが明らかになった．その功績は大きい．しかし，この理論では
経済成長にまつわる構造的な問題を憶測することはできても解明することは不
可能なのも明らかだ．新古典派の成長理論の枠組みで経済発展を考えると，隔

---

25) 最初に「われわれの無知の指数」という言葉を使ったのは，Moses Abramovitz だと言われて
　　いる．Abramovitz（1956）.

34　　　　　　　　　序　章　経済発展とアジアの世紀

靴掻痒の感だけが残るのはこのような理由による.

2.　構造主義的発展論

　その解明のためには，企業や消費者の行動といったミクロレベルまでいかな
いにしても，農業，工業，サービスといった生産形態の違う部門別の検討や，
上に資本蓄積との関係で指摘したハード・インフラやソフト・インフラと呼ば
れる公共投資，それに人的投資とも解釈できる保健や教育部門の発展を考えな
ければならない．図序-9の経済成長の西側に位置するのが経済を構成する部
門の代表的な例だ．これらの部門の発展と経済成長の関係は双方向の因果関係
にあることは自明だ．開発経済学は伝統的に経済の構造にも焦点を当ててきた．
未開発の経済では生産と雇用に占める農業の役割は大きく，農業部門から生じ
る余剰が製造業やサービス部門の発展を支える．また，貧困層は経済的・社会
的あるいは文化的な多様な困難と課題を抱えている[26].

3.　産業革命，都市化，大量消費革命，グローバリゼーション

　このように経済成長を構造的に解明していくと，成長過程に特有の現象や政
策課題が現れる．その代表的なものが図序-9の経済成長の東側に並んでいる．
例えば「産業革命」に特徴づけられる工業化は，ほとんど経済発展の中核的な
事象だ．またそれとともに人口の都市への集中が起きて，「都市化」に伴って
いろいろな経済的・社会的な問題が生じる．工業化は膨大な天然資源を利用す
るから，今日「環境問題」と呼ばれる問題の多くは工業化と都市化の産物だと
言っても過言ではない．工業化と都市化はまた近代的な労働者への影響を免れ
ないし，その解決策として考えられた各種の「福祉政策や制度」も経済発展の
副産物だ．先進諸国の工業化はまた国際貿易を盛んにした．それが今日の「グ
ローバリゼーション」につながっている．図序-9の東側の事象が意味すると
ころは重要だ．経済成長が経済構造の変化を引き起こし，それが工業化を推進
する．工業化は都市化をはじめとして，社会の構造を変えると同時に社会の文

---

26)　経済構造に焦点を当てて発展論を展開したのは，サイモン・クズネッツやアーサー・ルイス等
　の開発経済学のパイオニアたちであった．Kuznets (1973), Lewis (1965). 経済発展のよって産
　業構造がどのように変化するかをより詳しく実証したのが，Chenery (1960) である．

序-5　経済発展の曼荼羅　　　35

化的な様相まで変化させる．これが経済発展の全貌だ[27]．

4. 「地理」と「歴史」: 多様な経済発展の軌跡

　歴史的には経済発展はすべての地域や国で同時期に同じようなペースで起こったわけではない．今日先進国と呼ばれる国々では数世紀も早くに経済発展が起こる一方，途上国でも特に低所得国では経済発展の展開が遅れている．このような地域別あるいは国別の違いはどこからくるのだろう．いくつもの途上国の経済発展の軌跡をたどってみると，経済発展の初期条件（initial conditions）の違いが大きく影響していることがわかる．初期条件も多面的で，そのうち重要なものが図序-9の南側に配されている．

　初期条件の中でも経済発展の軌跡に大きな影響を持つのは，国の自然条件と天然資源の存在だ．アルゼンチンのように，生産性の高い農業に適した土地が豊富な国もあれば，サウジアラビアやコンゴ民主共和国のように石油をはじめ鉱物資源に恵まれた国もある．領土に何があるかの他にも，領土がどこにあるかも問題だ．メキシコのように大国の近くにあって，大きな市場に近い場合はそれが発展の刺激になる．そうした意味でも「地理」は経済発展のペースと形態を決める大きな要因だ．

　さらに「歴史」も無視しえない．初期条件における国の発展度合いや経済制度——例えば市場機構がどの程度発展しているかあるいは国の統一がどの程度進んでいるかはその国の経済発展にも大きく影響を与える．もちろん，その国の「人口の規模と形態（Demography）」も重要だ．総人口に占める就業年齢人口の割合が高いほど経済成長率が高くなる可能性が高いという「人口ボーナス」現象は広く観察されている[28]．

---

27)　図序-9の東側に属する研究の典型的なものとして挙げられるのは，Allen（2009）やGordon（2016）である．

28)　経済発展の軌跡が各種の初期条件によって変わってくること強調したのは，サイモン・クズネッツやアレキサンダー・ガーシェンクロンだ（Kuznets 1973, Gerschenkron 1962）．さらに，国連貿易開発会議（UNCTAD）の初代事務総長（Secretary-General）を務めたRaul Prebischは，先進工業国群を世界経済の「中心地域」と考え，途上国はその「周辺」に属し，周辺国は，中心国とは歴史的に異なった，不利な初期条件から経済発展を始めなければならないと主張した．UNCTADの主張は，彼の思想を色濃く反映している（UNCTAD 1964）．

5. 経済発展と制度経済学

「経済発展の曼荼羅」の中心の「経済成長」を取り巻く東西南北の要因はこのように多様で，概念としての性格もさまざまだ．経済発展の要因や原因や条件を求めるのは玉ねぎの皮をむくような作業だとよく言われるたとえだ．外側にある皮をむくと，また次の皮が現れる，そのような繰り返し作業を続けて，いく層もの皮をむいていく作業の中で，経済発展の全容が明らかになってくる．曼荼羅に現れる要素や要因も事象も条件もすべて玉ねぎの皮だ．このような終わりのない研究・作業から，経済発展を押しすすめるうえで何が重要であるかがわかってきた．それが曼荼羅の基盤に記されている．

第1が「政府の機能」だ．市場を中心とする経済において，民間企業の役割は大きい．しかし，市場機構を作ったり統治したりする政府の役割も重要だ．無政府状態での経済発展など夢物語だ．さらに経済発展に欠かすことができないハード，ソフトのインフラストラクチャーの構築も政府の役割だし，保健や教育といった公共財の供給も政府の責任だ．

第2に，政府の役割の中で，特に国の「組織や制度の構築」に果たす政府の役割は一段と大きい．株式会社制度，銀行制度，資本市場，商取引法等々経済活動を促進する制度は数多いし，より基本的な私有財産制度が不可欠だ．

第3に，国の「地理と歴史」を考慮した，そして発展段階に応じた政府機能と制度構築のためには「適切な戦略と政策」が必要だ．上に列挙した「政府機能」にしろ「制度構築」も適切な戦略や政策による方向づけなしにはなしえない．

戦後間もなくから今日まで経済発展論や開発経済学が追求してきたのは，まさにこの曼荼羅の基盤をどのようにして構築するか，どのような政府の機能，制度構築，戦略と政策を形成するかであったと言っても過言ではない[29]．

曼荼羅がそれを観る人に物語を語って聞かすことはない．観る人が自身から曼荼羅の諸仏に語りかけて，自らの物語を紡ぐのだ．

---

29) ダグラス・ノースを始祖とする制度経済学（Institutional Economics）はアジェモール＝ロビンソン等により最近では豊かな内容になっている．North（1990），Acemoglu and Robinson（2012）．

序-6 投資とアニマル・スピリッツ

　前節で説明した曼荼羅には，経済発展を考えるうえでの重要な要素が図示されている．この節では，特に資本と技術について考えたい．経済学の入門書に書いてあるように，資本ストックの変化分が投資である．ここでは工業部門の投資を中心に考える[30]．自動車工場，半導体工場，一貫製鉄所と，屋台の食べ物屋あるいはキッチンカーの投資を比べると，投資金額も投資収益の回収タイムスパンも大きく異なる．

　新しい技術は新しい機械に体化（embody）している場合が多い．高度成長には経済成長率の加速が必要だし，それをもたらすのは投資のスパートだ．Ohkawa and Rosovsky（1973），大川・ロソフスキー（1973）は，戦後日本の高度成長を，趨勢加速（trend acceleration）と投資のスパートの視点から分析している．

　第2次世界大戦後の日本を見ても，重化学工業の大きな投資が実現している[31]．昭和28年（1953年）夏，川崎製鉄初代社長西山弥太郎は，多くの反対の中，一貫製鉄所建設計画を発表した．当時の一万田日銀総裁が「建設予定の千葉にぺんぺん草を生やしてやる」と言ったと伝えられている．しかし川崎製鉄は第1次鉄鋼合理化計画の中，1953年6月，日産700トンのところを500トンと称して操業を開始した[32]．

　鉄の場合とは少し違った意味で通産省[33]の思惑と民間の反応が大きく乖離した例に「エチレン30万トン基準」という政策がある．いうまでもなくエチレンは石油化学産業の核であり，石油化学産業が規模の経済の働く代表的産業であることも周知の事実である．1967年6月，通産省と業界の設備投資調整機関である石油化学協調懇談会は，規模効果によるコスト削減によって日本の

30）　ここでは，主に物的投資を考えている．
31）　以下の記述は，小浜（2001）によっている．
32）　川崎製鉄千葉製鉄所の例は，戦後日本の工業化と企業家精神の関係を考えるうえで，重要なエピソードである．この点については，米倉（1991, 290-299頁），米倉（1992, 97-106頁），Yonekura（1994, Chapters 8 and 9），米倉（1999, 183-200頁）などを参照．
33）　通商産業省．いまの経済産業省．

石油化学産業の国際競争力を強化すると同時に，巨大プラント建設に必要とされる巨額の投資資金を賄える企業はそれほど多くはないとの判断に基づき，業界再編成を目的として「エチレン 30 万トン基準」という政策を発表した．この基準の要件は，エチレン・プラント新設の場合は生産能力が年 30 万トン以上であること，適正な誘導品計画があること，原料ナフサのコンビナート内からの供給が確保されていること，センター会社が国際競争力のあるコンビナートを形成するにふさわしい企業であること，などであった．通産省はこのような基準を満たして名乗りをあげるのは 2, 3 社であろうと当初は考えていたが，10 社以上が名乗りをあげた．石油化学産業でも，通産省の考える以上に民間の投資意欲が強かったことがわかる．この基準があくまで，技術的最小最適規模に関する基準であって，産業における企業数を制限したものでない点も注目すべきである．

次に日本の自動車工業について見てみよう．それまで二輪車メーカーであったホンダが四輪車市場に参入しようとしたとき，通産省は国内自動車工業育成という旗印の下，競争が厳しくなる新規参入を禁止しようとして「特振法」を作ろうとした．通産省のこの政策に対しホンダの創業者本田宗一郎は激しく反対し，「文句があるなら株主になってから言え」と毒づいた．ホンダは結局四輪車メーカーへと脱皮し，その後の公害対策技術，海外生産戦略でトヨタ，日産をリードしたことは周知の事実である．

ホンダはそれ以前の二輪車メーカー時代でも外国との競争を積極的に利用しようという哲学を持っていたことはよく知られている．1950 年頃，日本のオートバイ・メーカーはオートバイの輸入抑制を政府に要求した．これに対し，ホンダは外国のすぐれたオートバイが入って来るからこそ国産オートバイにもいい刺激になる．輸入を自由にして，国産オートバイ産業育成の原動力にすべきで，輸入制限などとんでもない，と大反対したのである．本田宗一郎の発想は単純明快である．日本のほうが遅れているのだから良いものを勉強しなくてはならない．そのためには見本がなくてはならない．だから輸入すれば良いではないか，というものである．このような民間企業の活力が日本の急速な工業化に大きな力を発揮したことは間違いない．

重化学工業の投資は，何年もかけて回収する．実際の世界は，経済学の入門

教科書にあるような，完全競争市場，完全情報の世界ではない．西山弥太郎に
とって川崎製鉄千葉製鉄所の建設は，乾坤一擲の投資だっただろう．本田宗一
郎にとって，四輪車への進出も，やっぱり乾坤一擲だったと思う．企業家の意
思決定は基本的に経済評価に基づくことはその通りだ．それでも将来の不確実
性は残る．最後の決断，乾坤一擲の投資の決断にはアニマル・スピリッツ（An-
imal Spirits）が不可欠なのだ．

序-7　あの頃，日本も元気だった

　ここ 150 年，200 年の日本の近現代を振り返るとき，日本経済，日本社会が
元気だったのは，比較的短い 2 つの期間だったと思う．
　第 1 の「元気だった頃の日本」は，「幕末から日露戦争まで」だっただろう．
われわれは，長く途上国の経済について勉強してきた．歴史には，大いに関心
があるが，専門的に勉強したわけではない．明治維新が革命だったか否か，と
いった議論に専門家として意見を言うことは難しい．明治維新にしても，あれ
は革命ではなく，権力者同士が政権を争っただけである．よしんばあのとき，
徳川幕府が勝っていても結果としての現在の日本の姿に変わりはないと思う，
などと小説家に言われると，「そうかもしれないな」と思ってしまう（池波
2015，78 頁）．池波正太郎は，さらに，大衆は盲動しないものである．盲動す
るのは，いつも権力者なのだ．時勢の必然的流れというものがある，という．
この点はそうかなと思う．
　幕末，尊皇攘夷（尊王攘夷）の嵐が吹き荒れた．いまでも生麦事件（1862
年）などは日本史の教科書に出てくるのだろう．徳川幕府を倒そうという勢力
が「尊皇」を旗印にするのはわからなくもないが，外国を排除しようという
「攘夷」は，21 世紀から見ると，なかなか理解しにくい．幕末の志士たちも観
念の徒だったのか，異人たちの進んだ技術，圧倒的軍事力をみると，ころっと
開国派に転じている．
　長州藩もいろいろな考え方の派閥があったものの，ある時期，攘夷の急先鋒
だった．長州藩は 1863 年 5 月，下関でアメリカ，フランスの商船を砲撃して
いる．その報復として 1864 年 8 月，イギリス，フランス，アメリカ，オラン

ダの四国連合艦隊が下関を砲撃し，陸戦隊を上陸させて下関砲台などを占領した[34]．その直後[35]，長州藩士5人が，イギリスに密航留学している．その5人は「長州五傑」，「長州ファイブ」と呼ばれている[36]．

第2の「元気だった頃の日本」は，「昭和20年の敗戦から高度成長期，1970年代初めまで」だろう．昭和20年の敗戦時，日本政府の最大の政策目標は，いかにして国民を飢えさせないかにあった．しかし，あとで書くように，昭和20年8月16日，日本の戦後復興を考える会合が招集されている．

戦後日本，多くの企業家精神に富んだ企業が興隆した．川崎製鉄千葉製鉄所しかり，本田技研工業（ホンダ），ソニーは町工場から世界企業となった．戦後日本の産業発展については，小浜（2001），Kohama（2007）などを参照．

戦後日本の高度成長をもたらしたのは，政府主導の産業政策でもないし，産業保護政策でもない．世界の市場で競争していこうという企業家の積極的な考え方がもたらしたのだ．貿易の自由化，資本自由化も，経団連会長だった石坂泰三たちのリーダーシップによって実現したのである．石坂は，「即時，自由化すべし．これを延ばすことは大人が乳母日傘だ」と言ったという．

先にも書いたように，戦後日本には何百という小さいバイク・メーカーがあって，多くがイタリアなど海外メーカーのバイク輸入を規制すべしと主張していた．本田宗一郎だけが違っていて，いいバイクを輸入してこそ日本のバイクも良くなるので，海外メーカーのバイクを輸入すべしと主張した．ホンダはバイク・メーカーから出発していて，四輪車メーカーとしては後発である．当時の通産省はホンダの四輪車生産への参入を規制しようとした．本田宗一郎は通産省と大げんか．「文句があるならホンダの株主になってから言え」と啖呵を切ったという．

マスキー法による厳しい排ガス規制強化によって，本田宗一郎は「千載一遇のチャンスだ」と考えた．よく知られているように CVCC エンジンの開発に

---

34) この頃の日本と列強の関係については浅沼・小浜（2021，141-143 頁）参照

35) 四国連合艦隊下関砲撃事件の2日後といわれている．欧米列強の軍事力を実感する前から，密航留学が計画されていたことがわかる．

36) 長州ファイブ：遠藤勤助，井上勝，伊藤博文，井上馨，山尾庸三．「長州ファイブ」あるいは「長州五傑」で検索すると，例えば，『維新史回廊だより』（第21号，2014年3月）などで密航留学の時の5人の集合写真を見ることができる．

よってホンダはマスキー法をクリアした世界最初のメーカーとなった．これで
トヨタやフォードにも勝てると喜んでいた本田宗一郎に対し若手エンジニアの
一人，桜井が「排ガス問題は人類全ての問題であり，一企業が利益を生むため
に利用する問題じゃない」と言ったという[37]．

　ホンダは海外進出にも積極的だった．先にも書いたように，例えばアマゾン
流域のマナウスにもバイクのエンジン工場を持っていた．ホンダがマナウスの
工場を起点にアルゼンチンに進出するという計画があった．1980 年代半ばの
ことだ．アルゼンチン政府は，口を開けば日本企業の進出を期待すると言って
いた．当時の工業庁長官（日本で言えば通産大臣），工業庁次官に，小浜は
「ホンダは，海外進出に積極的な会社だ．他の日本企業も，ホンダがアルゼン
チンにうまく進出できるかどうか慎重に見ている．何としてもホンダのバイク
工場のアルゼンチン進出を成功させるべきだ」と迫った．当時のロベルト・ラ
ヴァーニャ工業庁長官も工業庁次官も言を左右してはっきり返事をしない．
「アルゼンチンは日本企業の進出を期待すると言っているが，総論賛成各論反
対なのか」と机を叩いて迫ったが，結局ホンダのアルゼンチン進出は実現しな
かった[38]．

序-8　構造変化と人々の思い

1. 貧しい国，貧しい人々

　経済発展を考えるとき，誰しも，どうしたら「貧しい国」がはやく「豊かな
国」になることができるかという問題意識を持つだろう．多くの人がこの問題
意識に賛同するだろうし，援助政策にも所得水準による国のグループが使われ
ている．世界銀行は毎年 7 月 1 日，GNI per capita に基づいて世界の国々を 4
つのグループに分けて発表している[39]．4 グループは，低所得国（low income
countries），低位中所得国（lower-middle income countries），高位中所得国（up-

---

37)　当時，ホンダを支えていた若手エンジニアの代表格は，中村良夫（初代ホンダ F1 チーム監督），
　　久米是志（3 代目社長），桜井淑敏（後のホンダ F1 優勝時の開発責任者）の 3 人．
38)　日本の自動車メーカーの最初のアルゼンチン進出はトヨタで，1994 年にアルゼンチン・トヨタ
　　が設立された．

per-middle income countries），高所得国（high income countries）である．国の
グルーピングは，ODA（政府開発援助）の定義にも関係する．ODA は基本的
に豊かな国の政府あるいは政府系機関が，途上国の政府あるいは公的機関に資
金や技術を供与するものだ．無償の資金協力や技術協力は問題なく ODA だが，
ローンの場合，グラントエレメント（贈与相当分）という覚えるのが難しい計
算式の指標が一定以上でないと ODA にカウントされない[40]．2017 年までは
一律にグラントエレメント 25% 以上が ODA にカウントされる借款だったが，
2018 年以降は，所得階層別（低所得国，低位中所得国，高位中所得国）に
ODA ローンにカウントされるためのグラントエレメントが決められている[41]．

OECD の DAC（Development Assistance Committee：開発援助委員会）によれ
ば，以下の 3 つの条件を満たすものを ODA という．

（1）中央および地方政府を含む公共部門ないしその実施機関により発展途上
　　 国および国際機関に供与されるものであること．

（2）発展途上国の経済・社会開発に寄与することを主たる目的とするもので
　　 あること．

（3）グラントエレメント（GE＝grant element：贈与相当分）が一定以上であ
　　 ること．

（1）の条件関して言えば，援助関連国際機関への出資・拠出も ODA に含ま
れるということは注意した方がいい．（2）の条件は基本的な考え方としては自
明のことだが，どの国を発展途上国と考えるかという点は DAC でも大いに議
論があるところである．DAC の途上国リストに載っていない限り（2）の条件
は満たせない．いわゆる発展途上国の卒業問題である．（2）の条件も当たり前
に見えるかもしれないが，軍事援助は ODA ではない．軍事援助は除くという
ことはわかりやすいが，債務救済支援は ODA に含まれる．軍事援助を沢山受
けていた国の債務救済を ODA としてカウントすべきかどうかは，援助資金が

---

39) World Bank Group country classifications by income level for FY24（July 1, 2023-June 30,
　 2024）| JUNE 30, 2023（https://blogs.worldbank.org/opendata/new-world-bank-group-country-
　 classifications-income-level-fy24）

40) グラントエレメントの計算式が知りたい向きは，「グラントエレメント」で検索すれば簡単に知
　 ることができる．

41) OECD/DAC の website 内の「ODA definition」で細かく説明されている．

ファンジブル（流用可能）である以上，議論を呼ぶ[42]．

　グラントエレメント（GE）というのは，通常の民間銀行からの融資と比較してどれくらい貸付条件が借り手である途上国にとって優遇されたものであるかを表す指標のことである．日本語で贈与相当分などと表現されることもあるが，グラントエレメントということの方が多い．贈与の場合は，GE は 100% で問題なく ODA だが，ローンの場合はこれが問題になる．GE を規定するのは，市場における民間企業間の借入と比べて，どれくらい優遇されているかという考え方だ．市場金利と比較してどれくらいそのローンの金利が低いかとか，据置期間がどれくらい長いかとか，償還期間はどれくらい長いのかといったローンの諸条件によって決まってくる．GE を求める公式は以下の通りだが，複雑な式なので，覚えるのは大変で，その概念だけを理解すればいいと思う．

$$GE = 100\{1 - (r/a)/d\} \times [1 - \{1/(1+d)aG - 1/(1+d)aM\} / \{d(aM - aG)\}]$$

GE：グラントエレメント（%），r：金利（年間），a：年間支払回数，
d：1 返済期当たり割引率[43]，G：据置期間，M：償還期間

上で書いたように，2017 年までは一律にグラントエレメント 25% 以上が ODA にカウントされる借款だったが，2018 年以降は，所得階層別に借款が ODA にカウントされる GE 要件が定められた．

　LDCs（Least developed countries）と LICs（Low income countries）（割引率：9%）：GE 45% 以上．

　LMICs（Lower middle income countries）（割引率：7%）：GE 15% 以上．

　UMICs（Upper middle income countries）（割引率：6%）：GE 10% 以上．

　国際機関向け（割引率：7%）：GE 10% 以上．

　地域機関向け（割引率：6%）：GE 10% 以上．

　一人当たり所得水準の数字も大切だし，実質経済成長率のトレンドも重要だ．もちろん，多くの論者が指摘しているように，GDP が厚生水準（well-being）を正確に表すものではないし，一人当たり所得が個人の幸せを正確に表すもの

42）　援助資金のファンジビリティ（fungibility）については，World Bank（1998）参照．

43）　市場の利子率を 10% と仮定し，半年賦払の場合は 4.8809% と仮定．

ではない[44]．Kahneman and Deaton（2010）は，所得の上昇とともに「幸福感」は上がるが，アメリカでは 75,000 ドルあたりで頭打ちになると言っている．さはさりながら，われわれがこの本で考えているのは，豊かなアメリカの話ではなく，貧しい国の所得はどうしたら上がるかということだ．

　定番の一人当たり所得水準をクロスカントリーで比較してみよう．世界銀行のデータベースで 2020 年の所得水準を見た[45]．199 の国のデータが得られる[46]．表序-2 は，2020 年の所得水準上位 30 か国である．日本の所得は 4 万ドル余で 29 位．2 位のスイスの半分くらいだ．イギリスは 31 位，韓国 32 位で表序-2 には出てこない．2020 年の所得が 1 万ドルに満たない国が 125 か国．1,000 ドル未満の国が 23 か国もある．かつての先進国アルゼンチンの所得は，9,010 ドルで 78 番目だ．いちばん貧しい国はジブチで 2020 年の所得は 220 ドルだ[47]．スイスの所得は表序-2 にあるように 82,490 ドルだから実にジブチの 375 倍だ．データをとることができる 199 か国のうち，2020 年の所得（一人当たり GNI）が 1,000 ドルに満たない国が 23 か国もある（表序-3）．

2. 成長する国，成長しない国

　世界の国を見渡すと，成長している国もあれば，成長しない国もある．そのわけを経済学的に考えるのが開発経済学の最大の目的だ．

　成長する国，成長しない国を見てみよう．上で見た世界銀行のデータベースでは，1962 年から 2022 年までの一人当たり GNI のデータをとることができる．一人当たり GNI は名目のデータだが，1962 年から 2022 年にかけての 60 年間の増加倍率を比べてみた．1962 年のデータがとれない国も多く，1962 年から 2022 年にかけての増加倍率を計算できるのは 73 か国である．表序-4 に

---

44)　"Can Money Buy HAPPINESS?" *Finance & Development*, Vol. 54, No. 1, March 2017. "Easterlin Paradox" については，Easterlin（1974），Easterlin et al.（2010）などを参照．

45)　ここで使った世銀のデータは，World Development Indicators（最終アップデートは 2023 年 7 月 25 日）．所得は，GNI per capita, Atlas method（current US＄）．

46)　表序-2 で最も所得の高い「国」は，バミューダである．バミューダは，金融と観光で知られるイギリスの海外県である．

47)　ジブチが世界で最も貧しい国であることは間違いないが，データすらとれないもっと貧しい国もあるだろう．

序-8　構造変化と人々の思い 45

表序-2　所得水準の高い 30 か国（2020 年）

（単位：米ドル）

1	バミューダ諸島	111,800	16	オランダ	50,170
2	スイス	82,490	17	フィンランド	50,060
3	ルクセンブルク	79,580	18	オーストリア	48,990
4	マン島	79,300	19	香港	48,550
5	ノルウェー	78,610	20	ドイツ	48,050
6	アイルランド	65,330	21	ベルギー	46,040
7	アメリカ	64,650	22	マカオ	44,590
8	フェロー諸島	64,250	23	カナダ	43,810
9	デンマーク	62,710	24	イスラエル	43,310
10	ケイマン諸島	62,420	25	UAE	41,600
11	アイスランド	62,110	26	ニュージーランド	41,590
12	カタール	58,420	27	サンマリノ	41,450
13	シンガポール	55,260	28	日本	40,870
14	スウェーデン	54,830	29	フランス	39,440
15	オーストラリア	53,620	30	イギリス	38,590

注：所得は，GNI per capita, Atlas method（current US＄）.
資料：世界銀行データベース.

表序-3　所得水準が 1,000 ドル未満の国（2020 年）

（単位：米ドル）

ギニア	950	リベリア	600
エチオピア	880	マラウィ	570
トーゴ	880	ニジェール	550
ウガンダ	820	コンゴ民主共和国	540
マリ	790	アフガニスタン	500
ルワンダ	760	シエラレオネ	490
シリア	760	モザンビーク	470
ブルキナファソ	750	中央アフリカ	460
ギニアビサウ	740	マダガスカル	460
ガンビア	700	ソマリア	410
チャド	660	ブルンジ	220
スーダン	630		

注：所得は，GNI per capita, Atlas method（current US＄）.
資料：世界銀行データベース.

序　章　経済発展とアジアの世紀

表序-4　所得水準の増加倍率（上位 30 か国）

（単位：米ドル，増価倍率）

		1962	2022	2022/1962
1	韓国	120	35,990	299.9
2	中国	70	12,850	183.6
3	シンガポール	490	67,200	137.1
4	ボツワナ	70	7,350	105.0
5	日本	610	42,440	69.6
6	スペイン	500	31,680	63.4
7	ポルトガル	410	25,800	62.9
8	タイ	120	7,230	60.3
9	ノルウェー	1,610	95,510	59.3
10	ルクセンブルク	1,630	91,200	56.0
11	ガイアナ	280	15,050	53.8
12	セントビンセントおよびグレナディーン諸島	170	9,110	53.6
13	オーストラリア	1,060	56,140	53.0
14	セイシェル	290	14,340	49.4
15	マレーシア	250	11,780	47.1
16	オランダ	1,220	57,430	47.1
17	アイスランド	1,540	68,220	44.3
18	ドミニカ共和国	220	9,050	41.1
19	フィンランド	1,370	54,360	39.7
20	イタリア	960	37,700	39.3
21	イスラエル	1,420	54,650	38.5
22	コスタリカ	350	12,670	36.2
23	ギリシャ	620	21,740	35.1
24	ベルギー	1,450	48,700	33.6
25	パナマ	500	16,750	33.5
26	オーストラリア	1,870	60,430	32.3
27	ウルグアイ	580	18,030	31.1
28	プエルトリコ	820	24,560	30.0
29	フランス	1,560	45,860	29.4
30	メキシコ	380	10,410	27.4

注：所得は，GNI per capita, Atlas method（current US $）.
資料：世界銀行データベース.

序-8 構造変化と人々の思い　　47

表序-5　所得水準の増加倍率（下位 10 か国）

（単位：米ドル，増価倍率）

	1962	2022	2022/1962
トーゴ	110	990	9.00
ジンバブエ	210	1,500	7.14
スーダン	110	760	6.91
中央アフリカ	70	480	6.86
ソマリア	70	470	6.71
チャド	110	690	6.27
ザンビア	190	1,170	6.16
ニジェール	150	610	4.07
マダガスカル	130	510	3.92
ブルンジ	70	240	3.43

注：所得は，GNI per capita, Atlas method（current US＄）.
資料：世界銀行データベース.

表序-6　一人当たり所得の年平均伸び率（1950-2018 年，上位 30 か国）

（単位：％）

		年平均伸び率			年平均伸び率
1	韓国	5.50	16	香港	3.78
2	オマーン	5.44	17	バーレーン	3.69
3	赤道ギニア	5.40	18	アイルランド	3.69
4	ボツワナ	5.25	19	セーシェル	3.62
5	台湾	5.16	20	プエルトリコ	3.48
6	ルーマニア	4.81	21	マレーシア	3.44
7	リビア	4.80	22	ノルウェー	3.41
8	マルタ	4.53	23	ドミニカ共和国	3.40
9	モンゴル	4.49	24	キプロス	3.35
10	シンガポール	4.44	25	トルコ	3.33
11	中国	4.20	26	インドネシア	3.33
12	サウジアラビア	3.97	27	ラオス	3.33
13	スイス	3.89	28	ミャンマー	3.33
14	タイ	3.82	29	ドミニカ	3.32
15	日本	3.80	30	スペイン	3.30

注：一人当たり所得は，GDP per capita, 2011 prices.
資料：Maddison Project Database 2020.

表序-7 一人当たり所得の年平均伸び率 (1950-2018 年，下位 9 か国)

(単位：%)

	年平均伸び率
ニジェール	−0.03
ハイチ	−0.05
ジブチ	−0.07
コンゴ民主共和国	−0.08
マダガスカル	−0.09
シリア	−0.20
モザンビーク	−0.68
中央アフリカ	−1.08
リベリア	−1.96

注：一人当たり所得は，GDP per capita, 2011 prices.
資料：Maddison Project Database 2020.

は，1962 年から 2022 年にかけての増加倍率が高い 30 か国の，1962 年と 2022 年の一人当たり GNI と増価倍率を示してある．いちばん増加倍率が高いのは韓国で，1962 年に 120 ドルだった所得水準は 2022 年には 35,990 ドルへと約 300 倍になっている．韓国以外では中国，シンガポール，ボツワナの所得が 100 倍以上に増加している．日本の所得も 1962 年に 610 ドルだった所得水準は 2022 年には 42,440 ドルへと約 70 倍になっている．一方，下位 10 か国は，表序-5 に示したように 1962 年と 2022 年の一人当たり GNI と増加倍率は 10 倍未満だ．

次に一人当たり所得の年平均伸び率を比較してみよう．Maddison Project Database 2020 では，西暦 1 年から 2018 年までの 2011 年価格の一人当たり GDP のデータをとることができる．マディソン先生がどうやって何千年ものデータを推計したかよくわからないが，ここでは 1950 年から 2018 年のデータを使って年平均伸び率を計算した．145 か国のデータをとることができる．一人当たり所得の年平均伸び率の上位 30 か国が表序-6 に示されている．ここでも韓国が 5.5% でトップ．台湾も 5.2% で 5 位，シンガポールは 4.4% で 10 位，香港が 3.8% で 16 位だ．下位 9 か国は 1950 年から 2018 年の間，所得が実質で低下している（表序-7）．

どうしてこんなにも経済発展がうまくいく国といかない国があるのだろうか．

序-8 構造変化と人々の思い　　49

天然資源が豊富なのにうまくいっている国もあればダメな国もある．天然資源がないけどうまくいっている国もあれば，ダメな国もある．昔，うまくやっていたのに，いまはダメという国もある．

社会の安定，政治の安定が求められることは言うまでもない．しかしながら持続的経済成長と社会の安定は相互依存関係にあるので難しい．何度も同じようなことを書くけれど，経済が長く順調に成長するには不断の構造変化が求められる．それは，トートロジーに聞こえるかもしれないが，理に適った政策を頑張って続けるしかないように思える．

例えば，1950年代，朝鮮戦争後の韓国経済は混沌としていた．クーデターが良かったかどうかはわからない．でも1962年にスタートした5カ年計画は軽工業中心の輸出志向型成長モデルだった．だが，1972年にスタートした第3次5カ年計画は重化学工業志向のモデルだ．その背景には，計画年度中に，韓国は労働市場の転換点を超えるという見通しがあった．

100年前のマレーシアといえば，天然ゴムと錫の国だった．しかし，まずは一次産品の多様化を進めた．木材，パーム油，石油だ．さらにパーム油も粗油から精製油への転換を図り，付加価値率も20％程度上昇した．いまや，マレーシアは半導体生産についてもよく知られている．

ネポティズムも，多くの国で見られる．明治日本を見ても官業払下げ事件など多くの事実が指摘されている．問題は，ネポティズムの構造が低下傾向にあるかどうかだ．スリランカは，どうだろうか．

国民の政府への信認も政策の有効性にとって大切だ．政府を信頼していない国も多い．アルゼンチンは，国民が政府を信頼していない国の一つだ．政府は外国から借りた金をいかに値切るかしか考えていないのではないかと思うこともある．不運なことに，アルゼンチンは天然資源が豊富なのだ．小麦も，トウモロコシも，牛肉も輸出できるし，リチウムもたくさん地下に埋蔵しているらしい．

経済が元気でいるには，不断の構造変化が求められる．日本は戦後の高度成長がうまくいったために，成長の罠に陥ったのだろうか．補助金を付けて半導体工場を増やせばいいというものではない．産業政策を誤解している[48]．われわれはいまだ「失われた30年」から脱することができずにいる（小浜

2023b). クルグマンは日本経済にやや楽観的だが，本当にそうだろうか（Krugman 2023）. 今野敏が言うように，「今は負け犬」なのだろうか（今野 2023，28頁）.

序-9 「Profit-seeking」と「Rent-seeking」

　経済学，あるいは政治経済学の議論で，いくつかの対になる概念がある．ここでは，「プロフィット・シーキング（profit-seeking）」と「レント・シーキング（rent-seeking）」，および「ウォール・ストリート」と「メイン・ストリート」を取り上げる．まずは「ウォール・ストリート」と「メイン・ストリート」についてわれわれの考えをまとめておこう.

1. 「ウォール・ストリート」と「メイン・ストリート」[49]
　「ウォール・ストリート」は「メイン・ストリート」に奉仕する制度だ．バブルの頃，ある専門商社の経営者は「財テク」で大きな利益をあげ，マスコミでもよく取り上げられた．でも結局，会社は左前になった．金融システムは経済の安定的発展に重要な制度ではあるが，ソフト・インフラの一つなのだ．インフラにはインフラの使命がある．「ウォール・ストリート」は「メイン・ストリート」をうまく機能させるのが役割なのだ．人々がすべて，銀行員や証券マン，あるいは大学教授だけの世界を想像してみてください.

　普通に生活できるなら，自由主義，民主主義の方が権威主義体制よりいいことは論を俟たない．あした食べるものがないといった極貧を経験した人は，あした食べるものの心配がないなら，自由主義だろうが民主主義だろうが権威主義だろうが，政治体制なんかどうでもいいと思うかもしれない.

　他の条件が同じなら，社会主義体制より資本主義体制がいいことも議論の余地はないと思う．自由で民主的な国は，21 世紀のいま，少数派だという．でも権威主義体制は，構造的矛盾を抱えていると思う．自由で民主的な国であれ，

48）　この点については，小浜（2001，終章），Kohama（2007, Chapter 10）参照.
49）　ここの記述は，小浜（2023a）によっている.

権威主義の国であれ，政治の安定のためには持続的経済成長が不可欠だ．庶民が着実に豊になっていることを実感できることが肝要だ．そのためには社会の安定は必要条件だろう．そのためには権威主義体制の独裁者も，大衆の生活向上，着実な所得増加を実現しないと，政権の安定が脅かされる．

持続的経済成長によって，庶民が経済的に豊かになれば，人々は自由を求めるだろう．いまでは，少し経済的余裕ができれば，誰でもインターネットにアクセスできるし，SNS で電子的に井戸端会議もできる．貧しい国の庶民もアメリカの中流家庭の生活を知ることができる．中国内陸の寒村の人たちも上海の富裕層の生活を知ることができる．

資本主義体制の最大の問題は格差問題だ．格差がいけないとは思わない．しかし格差の固定化はいけない．階級があってもいい．でも，階級の固定化はだめだ．どんなに貧しい家に生まれても，本人の能力と努力次第で豊かになれる社会，社会的地位を手にすることができる社会，そういう社会がいい社会だと思う．2011 年，「ウォール街を占拠せよ」という大衆運動が起きた．彼らのスローガンは "We are the 99%" だった．所得格差，資産格差のスローガンだ．かつて，そう 150 年くらい前，アメリカ横断鉄道が開通した頃，ウォール街の投資銀行家は尊敬の対象だった．彼らは，自分でリスクをとって自己資金をアメリカの経済発展に必要な部門に投資したのだ．

時代により，国際環境により，経済発展の動きは違ってくる．プーチンのウクライナ侵略によって世界経済の様相は大きく変わったが，基本的に「Growth is good for the poor」であり「Globalization is good for economic growth」だと考えている．「Deglobalization」が進行していると言う論者もいる．グローバリゼーションの構造が変化していることは事実だ．アメリカのイエレン財務長官の言う「friend-shoring」，同盟国・友好国とのサプライチェーンを強化・再構築しようという考えはわかる．短期的には経済合理的な政策といえるだろう．しかし，産業政策であれエネルギー政策であれ，短期・中期・長期の視点が必要だ．

ロシア経済は中国への依存を高めつつある．とはいえ中国は人口減少が始まり，高齢化社会の進行がボディブローのように効いて，かつての高度成長はもはや望むべくもない．アリババの Jack Ma に対する中国共産党の圧力を見る

と，中国経済の先行きも楽観できない．経済発展の主役は民間部門のダイナミズムであり，アニマル・スピリットだ．国営企業で効率的な経営をしたのは韓国の浦項綜合製鉄（POSCO）くらいか（もちろんいまでは民間企業だ）．世界的企業の生産ネットワークも中国への依存を減らし，ベトナムやインドへの多角化も動き出している．

2. プロフィット・シーキング（profit-seeking）

「プロフィット・シーキング」という言葉は，「レント・シーキング」に比べて聞き慣れないかもしれない．政治経済学の「理論」をあまりきちんと勉強してこなかったので，一般的理解とは少し違っているかもしれないが，「プロフィット・シーキング」というのは，企業が，あるいは個人でもいいが，技術開発を進め，生産性を高め，製品開発を進め，市場にいる一人のプレーヤーとして売り物（財，サービス）の「競争力」を高めて利益をあげようとする行為だ．この場合，プレーヤーは「profit-seeker」と呼ばれる．

これに対し，「rent-seeker」は，市場という同じ土俵で競争するのではなく，特定の企業が持っている「何らかの手段」で自社に有利な状況を作り出して利益をあげようとする．「何らかの手段」には，地縁，血縁，さらには政治献金などによる保護主義などの政策も含まれる．

3. 縁故主義・クローニー資本主義

縁故主義（ネポティズム）とクローニー資本主義は，厳密に言うと違うのかもしれない．「地縁・血縁」と「お友達・仲間」の関係を違うと見るか見ないかは，開発政策としては，どうでもいいことだ．

以下で議論するように，明治政府の官業払下げも，縁故主義・クローニー資本主義と言えるだろう．

4. 産業政策は「レント・シーキング（rent-seeking）」か

「産業政策はレント・シーキング」か，と問われれば，中味次第と答えるしかない．ある特定の産業振興を図るなら，レント・シーキングと言えるかもしれない．事前的に幼稚産業を特定するのは，現実の政策論としてはかなり難し

い.

　産業政策の手段と政策哲学を混同してはいけない．産業政策の本質は，特定の産業に補助金を付けたり，税制優遇措置を講じたりすることではない．経済発展の主役は元気な民間企業たちだ．政府は，民間企業のダイナミズムを後押しするのが仕事だ．さまざまな分野の民間専門家と協力して，経済の長期的将来を展望し，国民に納得できる将来の姿を指し示すことによって，民間企業の投資リスクを低減させることが産業政策の本質だ．

5. 信義と信頼

　第2次世界大戦中のポーランドを舞台にした小説を読んでいて，

あなたは言いました．外交とは，人を信じることから始まると．誰かに与えた無償の愛は，必ず倍になって返ってくると．

という言葉に出会った（須賀 2019, 416 頁）．すぐに，そんな甘いことで外交はできないという言葉が返ってきそうだ．

　上で書いたように，アメリカ横断鉄道が開通した頃，ウォール街の投資銀行家は尊敬の対象だった．彼らは，自分でリスクをとって自己資金をアメリカの経済発展に必要な部門に投資した．150 年も経つと，ウォール街の人々の考え方も大きく変わったのだろう．

第1章　戦後日本の経済復興

1-1　昭和20年8月16日と大来佐武郎

　なぜ太平洋戦争が始まったか，よくわからない．海軍は，短期戦はともかく長期戦となって米英に勝つのは無理だと考えていた．昭和16年（1941年）12月8日の真珠湾攻撃の総司令官山本五十六もそう言っている．陸軍が暴走して開戦に到ったという説もある．でも，日米の経済力の差から対米戦争は無理という報告書を出している秋丸機関は陸軍の組織だ[1]．*The Best and the Brightest* を読んでも，どうしてアメリカがベトナム戦争にのめり込んでいったかわからない．人間というのは，あとから冷静になって考えれば，わけがわからない狂気に突き動かされて戦争をする生きものなのだろうか．しかし，どこの国でも，戦争が終わった後のことを考えていた人たちがいた．

　終戦の翌日，昭和20年8月16日，「戦後問題研究会」の第1回会合が虎ノ門の満鉄ビルにあった大東亜省総務局長室で開かれた．「戦後問題研究会」のキーマンは，30歳だった大来佐武郎だ[2]．大来は後年，「電気科の後輩故後藤誉之助君等と外務省調査局にうつりこの研究会の書記をつとめ「日本経済再建の基本問題」という報告書をまとめた」と書いている（大来1968）．「書記」という言葉には幅広い意味がある．以下で経緯を書くけれど，大森（1990, 4頁）は，「幹事」と書いている．8月16日の第1回「戦後問題研究会」の出席者は，大内兵衛，平貞蔵，蠟山正道ら10名程度であったと浅井（1997, 9頁）は書い

　1）　秋丸機関については，牧野（2018）参照．
　2）　大来佐武郎は，1914年11月3日生まれ．表1-1にある研究会委員たちは，大来よりだいぶ年長だ．例えば，大内兵衛は1888年生まれ，有澤廣巳は1896年生まれだ．

表 1-1　外務省特別調査委員会（昭和 20 年 11 月，外務省調査局）

本委員会	研究部会
委員	委員
大内兵衛 平　貞蔵 蠟山政道 東畑精一 中山伊知郎 杉村広蔵 岸本誠二郎 亀山直人 石川一郎 暉峻義等 山中篤太郎	平　貞蔵 井上晴丸 高宮　晋 土屋　清 宇野弘蔵 山田盛太郎 近藤康雄 岸本誠二郎 有澤廣巳
関係者	関係者
内閣調査局 内務省 大蔵省 農林省 運輸省 商工省 外務省 （幹事）外務省調査局国内経済課 　　　　大来技師 　　　　後藤技師 　　　　小田事務官	外務省 内閣調査局

出所：中村・大森（1990），資料 1（51 頁）.

ている[3]．昭和 20 年 11 月の「特別調査委員会」については，表 1-1 に示したように主な出席者がわかる．

　大森とく子は，大来の『エコノミストの役割』によりながら，「戦後問題研究会」ができた経緯を書いている[4]．大来佐武郎は，昭和 12 年（1937 年）東

---

3)　浅井（1997）は，「注 7（9 頁）」で 8 月 16 日の第 1 回「戦後問題研究会」の出席者は，文書として確認できない，と書いている．大きな問題ではないが，大来の記憶（記録？）による後の出版物，『エコノミストの役割』，『東奔西走 私の履歴書』でも 8 月 16 日の第 1 回「戦後問題研究会」の出席者は一致しないらしい．

4)　以下の記述は，大森（1990，4-6 頁）によっている．

京帝国大学工学部電気工学科を卒業し逓信省に入省した．大来さんといえばエコノミストという印象だが，役人としては事務官ではなく技官でスタートしたようだ．昭和14年4月には，昭和塾に入塾したが，6月に興亜院華北連絡部（北京）に赴任している．昭和17年初めに東京に戻り，興亜院技術部にいたが，興亜院が組織替えで大東亜省になり，終戦まで総務局調査課に在籍して電力および工業全般を担当するようになった．このころ電気技師からエコノミストへと変わりつつあったのだろう．

　大来は，北京にいた頃から日本は戦争に負けるのではないかと考えるようになって，昭和18，19年頃から戦後の日本経済再建の問題を密かに考えていたという．当時大東亜省の総務局長は後に参議院議員，防衛省長官などをやった杉原荒太で，戦後問題に強い関心を持っていた．昭和20年の6月頃，大来が杉原総務局長に「戦後日本経済再建」の研究会をやりたいと言ったところ，「ぜひやれ」ということで，経済学者，技術者を中心にした研究会を組織した．当時大来は技術者の人脈はあったが，経済学者の人選については昭和塾で世話になった平貞蔵に頼んだらしい．

　ここで大来の5年後輩の後藤誉之助が登場する．昭和31年度の経済白書に「もはや戦後ではない」と書いた，あの後藤誉之助だ．後藤は北京にも行き，大東亜省，安本（経済安定本部），経済企画庁など，大来の後を追っている．昭和20年5月，後藤は北京から出張で東京に戻り，1か月くらいして北京に帰るというと，大来は，「この戦争は長くないから東京に残れ，僕はいまひそかに戦後経済の研究を始めているから，それを手伝え」と引き留めた．

　昭和20年7月，大来と後藤は東北旅行に出かけた．そのとき訪ねた一人に秋田県の横手に疎開していた東洋経済新報社の石橋湛山がいた．5時間くらい話したが，石橋は戦後復興のことばかり話していたという．もう一人，山形の鶴岡に隠棲していた石原莞爾も訪ね，石原も農工一体論で戦後復興を考えていた．これらの人との面会は平貞蔵に頼んだという．

　上で書いたように大来は，昭和20年6月には研究会を正式に始めようと思った．しかし，まだ戦争中で「戦後経済の研究」[5]という看板を掲げるわけに

---

5)　「戦後経済の研究」というと，敗戦後の日本の復興を研究するのかといわれかねない．

いかないので「日本本土自活方策研究会」として始め，第1回を昭和20年8月16日に開催することとして，8月初めに案内を出した．それが8月15日に終戦となって，正式に戦後問題研究会の看板を掲げることができることになった．初めに研究会に出た人は，大来によれば，大内兵衛，杉村広蔵，平貞蔵，石川一郎，安芸皓一たちで，その後，中山伊知郎，有澤廣巳，脇村義太郎，東畑精一，都留重人，稲葉秀三，正木千冬，山田盛太郎，近藤康雄，井上晴丸，宇野弘蔵たちも加わった．大来と後藤，大蔵省の小田寛，並木正吉の4人が戦後問題研究会の事務局を担当し，週2回くらい研究会を開いたと大来は書いている．

　終戦によって大東亜省は解体された．大東亜省総務局長だった杉原荒太は外務省調査局長になり，大来に「外務省調査局に来て戦後日本経済の研究を続けろ」と言って，当時の金で5万円の研究費を出してくれたという．さらに田尻愛義次官が10万円くらいの研究費を出してくれ[6]，いろいろな先生方と食事をしながら研究会を40回くらいやって，『戦後日本経済再建の基本問題』という報告書をまとめ昭和20年12月に出し，いろいろ付け加えて最終版は昭和21年9月に出た（大森1990，5-6頁）．

　大東亜省は昭和20年8月26日に廃止され，初め大東亜省調査局経済課が所掌して始まった戦後問題研究会は，外務省調査局所管の特別調査委員会となった．各委員会の主な議題は表1-2の通りである．大来は，第1回会合で大内兵衛がブレトンウッズ会議のことを研究していて[7]，研究会で賠償問題を採り上げるべきだと話したことをよく覚えている，と書いている．大内は，連合国側から賠償を求められるから日本の立場をきちんと経済的に説明できる報告を準備しなければいけないと勧めたのだ（大森1990，7-8頁）．

　有澤廣巳は委員会の討議について，後年，「会の実際の運営をやったのは大来佐武郎君と後藤誉之助君で，両君は会議の議論を整理し，その要点を摘録し，次回の論議を進める準備をととのえた……問題も多く議論も多岐にわたったが，

---

6)　戦前，1,000円あれば家が一軒建つと言われていた．
7)　1944年7月8日にニューハンプシャー州ブレトンウッズに44の連合国が集まって戦後の世界経済体制について議論し，具体的な制度設計まで考えたことも驚くべきことだが，大内兵衛が日本にいてブレトンウッズ会議について研究をしていたことにも驚かされる．

1-1 昭和20年8月16日と大来佐武郎　　59

表1-2　外務省特別調査委員会の議事

本委員会	日時（昭和）	場所	議事
第1回	20年8月16日	大東亜省総務局長室	議事方針，「本邦自活力調査項目」と「統計調査項目」
第2回	20年8月23日	同上	「国力算定作業要領」，「日本産業建設について」
第3回	20年8月30日	同上	医薬工業，鉄鋼業
第4回	20年9月6日	外務省調査局長室	食糧事情
第5回	20年9月13日	外務省巽参事官室	ゴム工業，繊維工業
第6回	20年9月20日	外務省調査局長室	第4回の食糧事情説明の訂正，為替及びインフレ問題
第7回	20年9月28日	外務省巽参事官室	「今後の国内経済施策について」
第8回	20年10月5日	同上	肥料工業，油脂及び油脂製品工業
第9回	20年10月12日	同上	労働組織問題，ソーダ工業
第10回	20年10月19日	外務省条約局長室	中小企業問題，住宅
第11回	20年10月26日	同上	世界経済の動向，電力
第12回	20年11月2日	外務省巽参事官室	石炭生産状況，石炭配給状況，鉱業生産状況
第13回	20年11月9日	同上	財閥問題
研究部会			
第1回	20年10月16日	外務省巽参事官室	今後の我が国経済政策の方法と順序
第2回	20年10月23日	同上	世界経済の動向
第3回	20年10月30日	外務省条約局長室	日本経済の特殊性，特に日本農業の特殊性
第4回	20年11月6日	外務省巽参事官室	同上

出所：中村・大森（1990），資料1（52頁）．

両君の水際だった要領の良さで，会議は毎回前進した」と回顧している（大森1990，6頁）．

　大来さんに，読者諸氏はどういったイメージをお持ちだろうか．読者の年代により，つきあいにより，イメージも違うだろう．大来さんは，熱い心を持った，しかも事務能力に長けた人だったと思う．有澤廣巳安本長官が実現しなかったことを糾弾して，大来佐武郎が時の吉田首相に「こうした事態になったことについて，総理は後世，歴史の批判を受けるだろう」と言って辞表を出した，といったエピソードをご存じだろうか．われわれの知っている晩年の大来さんから想像することもできない（小浜・渡辺1996，146-147頁）．

　あるとき，小浜が大来さんと打ち合わせをしていて，大来さん，比較的小さい手帳に鉛筆で予定を書き入れていた．鉛筆で書くんですかと聞くと大来さん，嬉しそうに，「予定ってよく変わるから鉛筆で書くんだ．その予定が済んだら

ボールペンでなぞると確定した記録が残るだろ」と答えた．もう一つ，エピソード．30年くらい前だったろうか．小浜は大来さんとアルゼンチンに出張した．ある週末，アルゼンチンの財界人がティグレ（アルゼンチンの水郷のような景勝地）に浮かぶ海軍のヨット[8]にわれわれを招いてくれた．いい天気で，「きょうは寛いでください」とホストが言うので，素直な小浜さん，デッキチェアで昼寝を始めた．うつらうつらしていたら，「あっ，小浜君昼寝してる，僕も寝よう」と大来さんの言う声が聞こえた．

ティグレの昼寝のときと別の機会だったと思うが，あるとき，ブエノスアイレスに大来さんとセミナーに話しに行った．セミナーが終わってわれわれ数人は，フロリダ経由帰国の途に就いた．フロリダの乗り継ぎで，大来さん，機中で書いたセミナーの模様についての原稿用紙数枚の原稿をわれわれに回して，「何か間違いはないか，書くべきことが抜けてないか」と聞いた．

1-2 両大戦間の世界と終戦前後の日本

1. 激動の世界

大正から昭和20年に至る時代は，激動の時代だった．大正元年は1912年，昭和元年は1926年，昭和20年は1945年である．第1次世界大戦が始まったのが1914年，それが1918年に終わって，翌1919年にヴェルサイユ条約が結ばれている．1918年には富山で米騒動が起きている．

1929年は世界恐慌の年だと記憶している向きも多いだろう．でも，1929年は，実物面でもウォール街でも空前のブームで始まったのだ．確かに当時も，バブルがはじけるのは時間の問題だと言った専門家がいなかったわけではないが（トマス・モーガン＝ウィッツ 1998a，28頁），イェール大学のアービング・フィッシャーはじめ多くの人々はブームが続くと思っていた．しかし，誰もが知っているように，1929年10月24日の「暗黒の木曜日（Black Thursday）」の株価大暴落で，恐慌は世界に波及した．図1-1は，キンドルバーガーが書いた印象的な世界貿易縮小の図だ（Kindleberger 1986, p. 170）．

---

8) ヨットといっても20人くらいが着席してディナーを楽しんだ．

図1-1 世界貿易縮小スパイラル（1929年1月〜1933年3月）

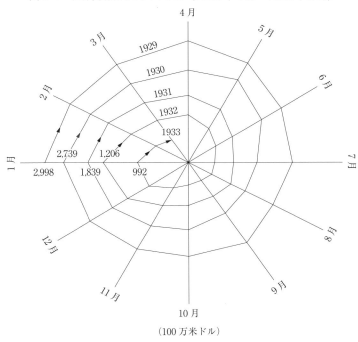

（100万米ドル）

出所：Kindleberger (1986), p. 170.

　世界貿易縮小のスパイラルを，図1-1で見たが，大恐慌は各国経済にどれくらいの影響を与えたのだろうか．大恐慌は，アメリカから先進国へ，そして発展途上国へ波及していった．表1-3は，世界各国への大恐慌の影響を見たものである．北米，中南米，ヨーロッパの落ち込みが大きい．

　アメリカでは1932年にフランクリン・ルーズベルトが大統領になって，経済回復のためニューディール政策を推進した．一方ドイツは第1次世界大戦に敗北し，1918年11月，ドイツ帝国は崩壊し共和制に移行する．世界大恐慌が直接ヒトラーの台頭をもたらし第2次世界大戦の引き金を引いたとは思わないが，大きな伏線だったことは間違いないだろう[9]．1919年にワイマール共和国が成立する．

表 1-3　世界各国における大恐慌の影響

(単位：%)

国名	乖離幅	国名	乖離幅
フランス	−14.7	ポーランド	−20.7
ドイツ	−24.5	ソ連	−1.1
イタリア	−5.5	アルゼンチン	−13.7
イギリス	−5.8	メキシコ	−20.8
アメリカ	−28.5	中国	−8.7
カナダ	−29.6	インドネシア	−9.3
オーストラリア	−9.2	日本	−7.3

注：1928-35 年における景気のピークと谷の乖離幅（実質 GDP）.
資料：Maddison（1995），p. 69.

　第1次世界大戦後のドイツ賠償問題は，第2次世界大戦後の賠償の考え方に
も大きく影響したといえる[10].　表1-4は，第1次世界大戦後のドイツ賠償問
題に関する出来事をまとめたものである.　何度も賠償金額が減額されているこ
とがわかる.　第1次世界大戦後のドイツ賠償は，「カルタゴ的講和」だった.
敗戦国を徹底的に滅ぼすという意味での平和であった（ケインズ 1977，27 頁）.
Keynes（1920）は「まえがき」で，一時的にイギリス財務省に出向していて
(temporarily attached to the British Treasury in the war)，1919 年 6 月 7 日まで
パリ講和会議のイギリス代表団の一員であった.　そして，もう講和条約が大き
く修正される可能性が消えて代表団から去ったのである.　ケインズは，この本
は自分の講和条約への反対を書いたものであると明言している.　本文でも，ケ
インズは，

My purpose in this book is to show that the Carthaginian Peace is not *practically* right and possible.（p. 31）

と書いている.
　しかし，第2次世界大戦後の対ドイツ賠償，対日賠償は「カルタゴ的講和」

---

9)　Straumann（2019）は，世界恐慌の真因は，1929 年の株価暴落ではなく 1931 年のドイツ経済危
機にあるという.
10)　以下の記述は，一部，小浜・浦田（2001，第3章）によっている.

表 1-4　ドイツ賠償問題関連年表

年月	出来事	内容	結果
1921 年 4 月	ロンドン会議	ドイツの賠償金額を 1,320 億金マルクに決定	マルク大暴落．翌年支払い不可能を宣言
1923 年 1 月	フランス・ベルギー，ルール占領	賠償不履行を理由とする占領に対し，「消極的抵抗」	
11 月	ヒトラーのミュンヘン一揆		
11 月	シュトレーゼマン，レンテンマルク発行		
1924 年 8 月	ドーズ案成立	賠償金支払い条件緩和とアメリカ資本のドイツへの導入	
1929 年 6 月	ヤング案成立	賠償金総額を 358 億金マルクに減額	
1931 年 6 月	フーバー・モラトリアム宣言	賠償金支払いの 1 年間停止	
1932 年 6 月	ローザンヌ会議	賠償金総額を 30 億金マルクに減額	
1933 年 1 月	ヒトラー政権成立		賠償金の支払いを打ち切る（1935 年）

出所：小浜・浦田（2001），63 頁．

ではなかった．冷戦への配慮というより，第 1 次世界大戦の失敗の教訓に学ん
だといえよう．

　戦勝国は，あまりに巨額な賠償を求めるのはよろしくないようだ．司馬遼太
郎が各所に書いているように，四方から城攻めをしてはいけないということに
通じるだろう．四方を囲まれると逃げ道のない城兵は死に物狂いで城を守るだ
ろう．攻める方も損害が大きくなる．だから，城は三方から攻めて，城兵が逃
げる可能性を残すべきだというのだ．

　第 1 次世界大戦後，いくつかのヨーロッパの国がハイパーインフレに見舞わ
れたが，ドイツが最も深刻だった．表 1-5 の左のパネルに卸売物価の推移が
示されている．物価上昇のピーク時，ドイツの物価上昇率は月間 3 万パーセン
トに達していた．ドイツ政府によると，ハイパーインフレの原因は，大戦によ
る負債と賠償金支払いなどによってもたらされた国際収支赤字とそれによる為
替レートの大幅な切り下げであるとされていたが（表 1-5 の右のパネル），本当
の原因は，財政赤字の大幅な拡大であったと Foreman-Pack（1995, p. 210）は
言う．

64　　　　　　　　　　　第1章　戦後日本の経済復興

表1-5　第1次世界大戦後のドイツのハイパーインフレ

卸売物価指数			マルクの対ドル為替相場（1918＝1）		
年	月（末）	1913＝1	年	月	対ドルレート
1922	1月	37	1918		1
	12月	1,475	1919		4
1923	3月	4,888	1920		15
	6月	19,385	1921		24
	9月	23,948,893	1922		449
	12月	1,261,600,000,000	1923	1月	4,281
				3月	5,048
				5月	11,355
				7月	84,186
				8月	1,100,632
				9月	23,000,000
				10月	6,000,000,000
				11月	522,000,000,000
				12月	1,000,000,000,000

出所：小浜・浦田（2001），60頁．

　林健太郎は，1963年に出た『ワイマル共和国』を，「1918年11月9日，ベルリンに革命が起こってドイツ帝国は倒れ，新しい共和国が生まれた．その共和国は翌年，ゲーテと縁りの深い小都市ワイマルにおいて新憲法を採択し，その故をもってワイマル共和国と呼ばれる．ワイマル憲法は当時，史上最大の民主的憲法と呼ばれた．しかしこの民主的憲法を持った共和国は長続きしなかった．」と始めている（林1963，2頁）．

　ワイマール共和国については，数多くの研究が公刊されている．林（1963），有澤（1994a, b）は一般向けに書かれたもので読みやすい[11]．有澤（1994a，154-155頁）は，ワイマール体制の研究者であるカール・ブラッヒャーを引きながら，「ワイマール憲法48条を利用してまったく合法的にワイマール憲法を死に至らしめることができた悲劇」を書いている．ヒトラーは，革命やクーデ

---

11)　小浜が林健太郎の『ワイマル共和国』を読んだのは60年くらい前，高校生の頃だ．全国の社会科教師の研究集会があって，そこでの授業参観で「世界恐慌からヒトラーの出現まで」について報告するために読んだ．この稿を書くために探したが，自分の書斎で見つからなかったので，古本ならあるかなと思って検索したらいまも新本が売られていた．60年前の本がいまも売られているとは，中公新書は偉い．

ターで政権を奪取したのではない．ハイパーインフレ下の労働者の苦難と中産
階級の没落という時代背景の中で合法的に政権に就いたのである．平和はただ
希求するだけで得られるものではない．平和は多くの人々の不断の努力で維持
されているのだ．

　有澤（1994b）巻末の解題で中村隆英が，有澤91歳の1987年11月，なお1
年の余命があれば「ワイマール共和国はなぜ亡びたか」を書いて，ワイマール
研究を完結させたいと弟子たちに語っていたことを紹介している．残念ながら，
有澤は翌年3月92歳で亡くなって，『ワイマール共和国はなぜ亡びたか』は，
私家版としても刊行されなかった．しかし，有澤廣巳は1986年の学士会理事
長の年頭挨拶「ワイマールの哀しい歴史」で「ワイマール共和国はなぜ亡びた
か」の内容を予告している[12]．有澤はこの年頭挨拶を「……末期のワイマー
ルを共和派のいない共和国と評する人もいるが，共和派がいなかったわけでは
ありません．闘う共和派がいなかったのです．民主主義はただそのままで自ら
存続しうるものではない．民主主義を守る人々によって支えられているのだ．
従って民主主義はいつも闘う民主主義でなければならない．ワイマールの哀し
い歴史はそのことを教えているのであります」と結んでいる（中村1994, 929-
931頁）．

　歴史は大切だ．昔，小浜ゼミで歴史関連の教材をもとに議論していたとき，
ある学生が「歴史の授業，つまらなかったなあ」とつぶやいた．「ゼミの議論，
つまらないか」と聞いたら，こういう議論なら面白いと答えた．確かに，石器
時代から21世紀まで，歴史年表の羅列のように講義されたら，中学生高校生
はつまらないだろう．「歴史は面白い」と思えば，若者はどんどん勉強する．
教師の仕事は，「勉強は面白い」と，学生に思わせることだ．もちろん，優れ
た学者の書いた一般向けの本を読むことも大事だ．例えば，猪木（2021）の第
5章「歴史は重要だ（History Matters）ということ」を読んでみてください．

　上で見たワイマール共和国の崩壊からヒトラーの台頭，1939年9月のドイ
ツのポーランド侵攻から第2次大戦の終結までのヨーロッパなど，高校の世界

12）「ワイマールの哀しい歴史」は，有澤廣巳『歴史の中に生きる』に収録されている（有澤1989c,
　217-223頁）．

史の教科書だといいとこ5頁くらいの記述だろう．われわれは歴史に題材をとった小説も好きだ．丹念に歴史を勉強し，関係者にインタビューを重ねて書かれた歴史小説を読むことは楽しい[13]．例えば，逢坂剛の「イベリア・シリーズ」などどうだろう[14][15]．ヒトラー暗殺計画について多くの本が出ているが，世界史の教科書には出ていないものも多いだろう．ピカソのゲルニカを見てその背景を考えることも大切だ[16]．マドリッドに行く機会があったら，ゲルニカを見て考えてください．

2. 日本経済の戦前戦後[17]

　上で書いた「暗黒の木曜日」は1929年10月24日．昭和4年のことだ．昭和6年には満州事変が起こり，翌7年には五・一五事件が起こり，昭和11年には二・二六事件が起きている．翌年日中戦争が始まり，昭和16年（1941年）12月8日に太平洋戦争が始まって，昭和20年（1945年）戦争は終わる．日本はアメリカを中心とする連合国軍による占領下に置かれ，昭和26年9月に調印されたサンフランシスコ講和条約が翌年，1952年4月に発効して，沖縄，小笠原，奄美を除いて独立を回復した．

　太平洋戦争で日本経済はどのくらい影響を受けたのだろうか．実質一人当たり所得の推移を見てみよう．図1-2は，マディスンのデータベースの数字で，1926年（昭和元年）から高度成長が始まる頃までの日本の一人当たり実質GDPの推移を図示したものだ[18]．戦前のピークは1941年の4,986ドル．太平洋戦争開戦の年だ．図からわかるように日本人の所得は戦争で大きく下がり，

---

13)　もちろん，「歴史的事実」とフィクションを見分けるには，少しは経験が必要だ．

14)　「イベリア・シリーズ」で検索すれば，7篇の書名を知ることができる．

15)　もちろん，陸軍中野学校を出た日本の諜報員が小説のような行動をしたとは思わない．でも，日本のスパイがヨーロッパで多く活動していたことは確かだろう．小浜は，大昔，陸軍中野学校出身のある人にあることを習っていた．

16)　この本は二人で書いているが，ゲルニカの評価については二人の評価は少し異なる．

17)　ここの記述は，一部，小浜・渡辺（1996，第2章）によっている．

18)　マディスン先生，終戦の年，昭和20年の数字も推計している．まあ，しかるべき補間法で数字を出しているのだろう．なにしろ2,000年前の数字も推計（？）しちゃう大先生だから，1945年くらいなんでもないのだろう．次の図は日本政府のデータ（大蔵省財政史室1978）だが，さすがに昭和20年はデータがない．

図 1-2　日本の一人当たり GDP の推移

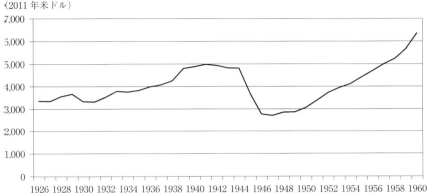

出所：Maddison Project Database 2020.
https://www.rug.nl/ggdc/historicaldevelopment/maddison/releases/maddison-project-database-2020?lang=en

敗戦の年昭和20年（1945年）には3,678ドル，翌昭和21年には2,771ドル，22年には2,711ドルまで低下した．この2,711ドルという数字はピーク時の半分強である．戦前のピークの水準を回復するのは1957年（昭和32年）である．

次に昭和20年前後の実質国民総支出（1934-36年価格）の変化を見てみよう（図1-3）．1937年頃から，はっきりと個人消費が下がっていることがわかる．戦時経済だから当然と言えば当然だろう．戦後は戦時経済の軛から開放され，個人消費が急速に増えている．それにつれて実質国民総支出も急増している．1960年には国内民間投資が急拡大している．これに関連した「投資のスパート」などは次節で書く．

次に，投資，輸出入，生産性などを戦前のピークと戦後の数字を比較してみよう（表1-6）．鉱工業生産のピークは1944年．戦時経済の影響も大きいと思われるが，終戦の翌年昭和21年には，基準年（1934-36年）[19]の3割程度，ピークの1944年と比べると17%程度にまで低下していることがわかる[20]．1951

---

19)　戦前，比較的経済が正常な年として，「1934-36年（昭和9年〜11年）」が「基準年」に選ばれることが多い．
20)　鉱工業生産指数の推移については，後出の図1-4も参照．

図1-3 実質国民総支出の変化

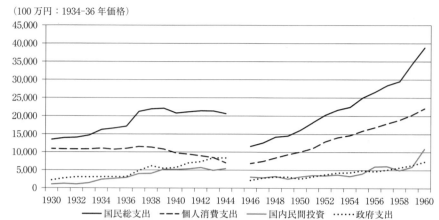

(100万円：1934-36年価格)

――― 国民総支出 　---- 個人消費支出　――― 国内民間投資　⋯⋯ 政府支出

資料：大蔵省財政史室編『昭和財政史 19 統計』p.28, イ (1934-44年は年次ベース, その後は年度ベース).

表1-6 終戦から講和までの主要経済指標

(1934-36年＝100)

	戦前最高 年次	戦前最高 水準	1946	1947	1948	1949	1950	1951	1952
鉱工業生産	1944	178.8	30.7	37.4	54.6	71.0	83.6	114.4	126.4
設備投資	1943	217.2	87.4	83.7	92.1	85.3	94.1	102.5	123.4
一人当たり実質消費	1930	106.9	56.6	59.4	65.6	71.1	75.7	81.7	94.2
輸出（数量）					7.5	16.1	32.1	35.8	38.0
輸入（数量）					17.8	28.0	37.2	55.3	60.9
労働生産性	1939	112.8	51.9	53.3	60.9	68.6	80.0	86.7	93.8

注：輸出, 輸入は暦年. その他は年度. 労働生産性は, 一人当たり実質国民所得.
出所：日本長期信用銀行 (1962), 9頁.

年になると基準年より高くなっている．設備投資のピークは1943年で基準年の2倍強．終戦後も鉱工業生産ほど落ち込んではいないが，1951年，サンフランシスコ講話条約調印の年にやっと基準年を超えた．それでも，ピーク時の半分くらいだ．一人当たり実質消費は，昭和21年，22年頃は基準年の6割弱で，1952年には9割を超えている．労働生産性は一人当たり消費と似たトレンドだが，終戦後の連合国軍の占領もあり輸出入，特に輸出の落ち込みは大き

1-2 両大戦間の世界と終戦前後の日本   69

表 1-7 戦後日本の主要輸出品目

	1936 年		1951 年		1952 年	
	数量	価格による 構成比 (%)	数量	価格による 構成比 (%)	数量	価格による 構成比 (%)
鋼材 (1000 トン)	501	2.1	975	15.1	1,607	20.5
綿織物 (100 万ヤード)	2,701	13.5	1,600	23.4	762	11.4
人絹織物 (100 万ヤード)	528	4.2	232	4.9	205	3.5
生糸 (1000 ポンド)	66,585	11.0	9,430	3.1	9,573	2.1
水産物 (1000 トン)	131	2.2	70	2.6	100	3.6
ミシン (1000 台)	–	0.0	826	1.6	881	1.5
船舶 (隻)	221	0.2	243	1.2	414	0.9

出所：日本長期信用銀行 (1962), 18 頁.

い. 1948 年の輸出数量は基準年の 7.5% にとどまっており, 講和条約が発効した 1952 年でも基準年の 3 分の 1 強であった.

　終戦後, 日本はどんな物を輸出していたのだろうか. 表 1-7 は 1936 年, 1951 年, 1952 年の日本の主要輸出品目とその構成比を見たものである. 1936 年, 総輸出額の 13.5% が綿織物で, 生糸輸出も 11% を占めていた. 1951 年になると, 綿織物の輸出が全体の 23.4%, 鋼材が 15.1% で, 生糸輸出のシェアは 3.1% に低下している. 翌 1952 年, 講和条約が 4 月に発効した年だが, 鋼材輸出が 20.5%, 綿織物輸出が 11.4% で, 生糸輸出は 2.1% までシェアが低下している.

　終戦後の日本経済に戦争の被害が大きく影響したことは想像に難くない. 表 1-8 は太平洋戦争による日本の国富被害を見たものである[21]. 総額で見ると日本の国富の 4 分の 1 が失われたことがわかる. 最も戦争被害が大きかったのは船舶で 80%, ついで工業用機械の被害が 34% と大きい.

　それでは生産設備能力は, 戦争でどれくらい失われたのだろうか. 表 1-9

---

21)　表 1-8 の原データは, 経済安定本部総裁官房企画部調査課『太平洋戦争による我国の被害総合報告書』(昭和 24 年 4 月, 135 頁) であるが, われわれは未見. われわれは, 経済企画庁編『戦後経済史 (総観編)』(大蔵省印刷局, 1957 年) から数字をとったが, 日本銀行統計局『明治以降本邦主要経済統計』(日本銀行統計局, 1966 年, 27 頁) でも同じデータをとることができる.『明治以降本邦主要経済統計』は, 大きな図書館ならどこでも所蔵しているだろう.

70 第1章 戦後日本の経済復興

表1-8 太平洋戦争による国富被害

(単位:100万円, %)

資産的一般国富	被害総計 A	被害率 A/(A+B)	終戦時残存国富 金額 B	終戦時残存国富 対1935年国富比 B/C	1935年国富 終戦時価換算額 C	(参考) 対1935年国富比 (A+B)/C
総額	64,278	25.4	188,852	101.1	186,751	135.5
建築物	22,220	24.6	68,215	89.4	76,275	118.6
港湾・運河	132	7.5	1,632	123.4	1,323	133.3
橋梁	101	3.5	2,773	121.2	2,288	125.6
工業用機械器具	7,994	34.3	15,352	180.6	8,501	274.6
鉄道・軌道	884	7.0	11,618	106.6	10,903	114.7
諸車	639	21.9	2,274	92.4	2,461	118.4
船舶	7,359	80.6	1,766	56.8	3,111	293.3
電気・ガス供給設備	1,618	10.8	13,313	148.1	8,987	166.1
電信電話・放送設備	293	14.8	1,683	109.9	1,531	129.1
水道設備	366	16.8	1,814	106.8	1,698	128.4
家具等所蔵財貨	17,493	21.6	63,448	94.6	67,065	120.7
その他	1,243	20.0	4,964	190.3	2,608	238.0
分類不能	3,936	100.0				

注:金額は,終戦時(昭和20年8月)の現在価値に換算された数字.
出所:小浜・渡辺(1996),44頁.

は,終戦時の主要製造業品の生産設備能力を,1937年度の設備能力および戦時中のピークの設備能力と比べたものである.比率の第1列,C/Aは,終戦時(昭和20年)の生産設備能力を1937年度の設備能力と比べたものである.人絹のように[22),終戦時には1937年の生産能力の15%しか生産能力が残っていなかった部門もあるが,アルミニウムのように7.6倍のセクターもある.アルミニウムは戦闘機のボディに使われる素材で増産していたと思われる.

近代の戦争は総力戦だから,インフラや鉱工業設備の被害は大きい.図1-4は,1934年から1952年にかけての鉱工業生産指数の変化を図示したものである.食品工業,紡織業,金属工業,機械工業は,製造業のサブセクターなので,鉱業と製造業の図(図1-5a)と,食品工業,紡織業,金属工業,機械工業に分

---

22) 人絹は人造絹糸の略で,スフはステイプル・ファイバーの略.ステイプル・ファイバーは短繊維の意味.人絹もスフも合成繊維.

表 1-9 終戦時における重要物資生産設備能力

生産設備名	単位	1937年度の生産設備能力 A	戦時中最高生産能力		終戦時生産設備能力 C	比率（%）		
			年度	生産設備能力 B		C/A	C/B	B/A
銑鉄	1000t	3,000	1944	6,600		186.7	84.8	220.0
圧延鋼材	1000t	6,500	1944	8,700	7,700	118.5	88.5	133.8
鋼	t	120,000	1943	144,000	105,000	87.5	72.9	120.0
アルミニウム	t	17,000	1944	127,000	129,000	738.8	101.6	747.1
石油精製	1000kl	2,320	1942	4,157	2,130	91.8	51.2	179.2
工作機械	台	22,000	1940	60,134	54,000	245.5	89.8	273.3
苛性ソーダ	1000t	380	1941	723	661	173.9	91.4	190.3
ソーダ灰	1000t	600	1941	889	835	139.2	93.9	148.2
硫安	1000t	1,460	1941	1,979	1,243	85.1	62.8	135.5
セメント	1000t	12,894	1941	9,621	6,109	47.4	63.5	74.6
綿紡績	1000錘	12,165	1941	13,796	2,367	19.5	17.2	113.4
人絹	1000ポンド	570,000	1937	570,000	88,600	15.5	15.5	100.0
スフ	1000ポンド	451,000	1941	813,000	184,000	40.8	22.6	180.3
綿織機	台	362,604	1941	393,291	113,752	31.4	28.9	108.5
毛織機	台	29,185	1941	31,815	9,802	33.6	30.8	109.0
絹人絹織機	台	356,119	1942	343,845	135,582	38.1	39.4	96.6
製紙パルプ	1000英t		1940	1,329	705		53.0	
洋紙	1000ポンド		1940	2,617,643	1,183,000		45.2	

出所：有澤・稲葉（1966）、5頁。

図 1-4　鉱工業生産指数の推移（1934-1952 年）

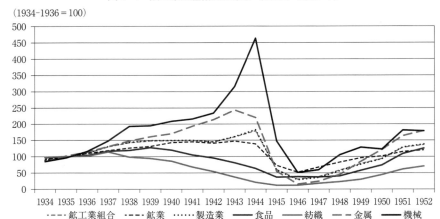

資料：大蔵省財政史室（1978），90-91 頁．

図 1-5a　鉱工業生産指数の推移：鉱業と製造業

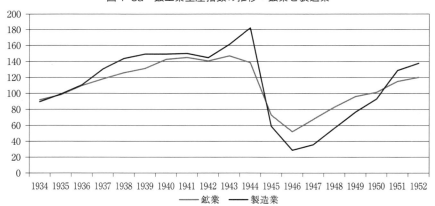

資料：大蔵省財政史室（1978），90-91 頁．

けて図にしてみた（図 1-5b）．鉱業と製造業の図を見ると，基本的に同じトレンドだ．昭和 19 年に向けて指数が上昇し，昭和 20 年に大きく落ち込んで，昭和 23 年から急上昇している．図 1-5b を見ると非耐久消費財（食品工業，紡

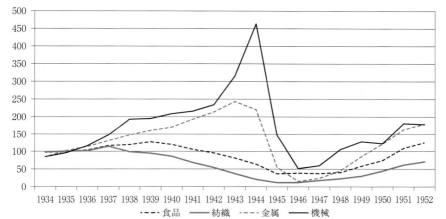

図1-5b 鉱工業生産指数の推移:食品,紡織,金属,機械

資料:大蔵省財政史室(1978),90-91頁.

織業)と耐久消費財(金属工業,機械工業)で違ったトレンドが見える.非耐久消費財は太平洋戦争開戦前後から生産指数は低下し始めて,耐久消費財は戦争末期向けて上昇し,昭和20年に大きく落ち込んでいる.

1-3 経済安定本部と戦後復興

1. 戦後経済復興のスタート

昭和20年8月15日に戦争に負けて,人々は何を考えただろうか.大きく言って2つあったと思う.一つは,連合国軍による日本占領が実質的にアメリカ一国による占領統治になるのか,ベルリンのように米英ソの分割統治となるのかということだったろう.ソ連が北海道を占領したいと考えていたことは確かだろう[23].

2つ目は戦後の食糧不足問題[24].有り体に言えば,いかにして餓死者を出さ

---

23) スターリンは,昭和21年8月16日,ソ連軍による北海道北部の占領を公式に提案.トルーマンが拒否している(経済企画庁1988,454頁).

表 1-10 戦後の出来事：終戦から経済安定本部廃止まで

年	世界	日本	経済安定本部
昭和20年 1945	10/24 国連発足 11/20 ニュールンベルク国際軍事法廷開廷 12/27 ブレトンウッズ国際通貨協定発効	8/16 大東亜省特別委員会「戦後日本経済再建の基本問題」初会合 8/25 大東亜省廃止 10/26 GHQ に賠償輸入450万トンを懇請 11/6 GHQ 持株会社の解体に関する覚書（財閥解体） 12/9 GHQ 農地改革に関する覚書	
昭和21年 1946	3/5 チャーチル「鉄のカーテン」演説	1/1 天皇人間宣言 2/1 第1次農地改革 2/11 GHQ, 貨幣放出開始 2/17 金融緊急措置令 3/24 戦後初の輸入米7,000トン, 横浜に到着 5/19 皇居前広場で食糧メーデー「米よこせデモ」 8/1 日本興業銀行, 復興金融部開設 8/16 経済団体連合会設立 11/3 新憲法公布 12/24 傾斜生産方式決定	3/8 政府, 内閣直属機関として経済設置本部・物価庁新設内定 5/17 GHQ, 経済安定本部設置許可 8/12 経済安定本部, 物価庁発足 12/17 経済安定本部顧問に有澤廣巳氏らによる経済再建案を立案
昭和22年 1947	3/12 トルーマン・ドクトリン声明 6/5 マーシャル・プラン発表	1/24 復興金融金庫発行 1/31 マッカーサー 2.1 ゼネスト中止命令 5/3 新憲法施行 6/10 GHQ, 割り当て民間貿易。8月15日から許可と発表 8/10 東京の主食配給, 平均約245日と報道 11/20 政府, インフレ対策として4原則を発表	4/17 価格調整公団設立 6/1 和田博雄経済安定本部長官就任（第1回経済白書）発表「国も企業も赤字, 家計も赤字」 7/4 経済実相報告書（第1回経済白書）発表「国も企業も赤字, 家計も赤字」 10/20 経済安定本部顧問に有澤廣巳氏らによる経済再建案を立案
昭和23年 1948	1/1 GATT 発足 4/1 ソ連, ベルリン封鎖 6/12 ヤング調査団 単一円レート設定勧告	2/8 集中排除法第1次指定（257社） 3/26 ドレーパー・調査団長 4/12 日本経済再建計画発表 6/8 GHQ, 対日輸出入回転基金として6,000万ドルの綿花クレジット承認 11/1 日本鉄鋼連盟発足（八幡製鉄, 富士製鉄） 12/16 マッカーサー, 経済安定9原則指令 12/18 GHQ, 民間貿易易への移行を政府に通達	3/10 栗栖赳夫経済安定本部長官就任 6/7 経済安定本部「経済中間安定」試案 12/14 周藤英雄経済安定本部長官就任
昭和24年 1949	1/20 トルーマン, ポイント・フォア提唱 9/7 西ドイツ切り下げ 9/18 英ポンド切り下げ 10/1 中華人民共和国成立	1/8 GHQ, 単一レート設定後の輸出助成金不許可表明 2/1 ドッジ公使来日 3/7 ドッジ公使来日, 財政問題協議 3/31 復興金融金庫, 貸出停止 4/20 超均衡財政予算成立 4/25 1ドル=360円レート実施 8/26 シャウプ団長, 第1次税制改革案発表 10/28 GHQ, 民間貿易易への移行を政府に通達	1/12 経済安定本部・大蔵省, 単一レート設定に伴う物価・財政問題協議 2/16 青木孝雄経済安定本部長官就任 4/6 経済安定本部, 戦争被害全報告書発表 9/20 経済復興計画（5カ年計画）発表
昭和25年 1950	5/11 シューマン計画提案する 6/25 朝鮮戦争始まる	3/4 民間の食糧輸入認める 7/8 マッカーサー, 警察予備隊創設指示 7/11 日本労働組合総評議会結成 9/21 シャウプ第2次税制改革勧告 12/28 日本輸出銀行発足	8/1 政府, 統制解除を表明 9/7 GHQ, 長期投資と重点をおいた総合経済政策を指示 12/26 経済実相白書, 特需1.7億ドルと発表
昭和26年 1951	9/8 サンフランシスコ講話条約調印	6/20 7万人が追放解除	7/3 経済安定本部, 特需白書発表 10/16 経済安定本部, 電源開発5カ年計画発表
昭和27年 1952		1/15 復興金融金庫解散 4/1 日本輸出入銀行となる	7/31 経済安定本部廃止

出所：経済企画庁 (1988), 450-475 頁.

表 1-11　戦後の内閣：経済安定本部廃止まで

昭和 20 年（1945 年）	8 月 17 日	東久邇宮内閣
	10 月 9 日	幣原内閣
昭和 21 年（1946 年）	5 月 22 日	第 1 次吉田内閣
昭和 22 年（1947 年）	5 月 24 日	片山内閣（3 党連立）
昭和 23 年（1948 年）	3 月 10 日	芦田内閣
	10 月 15 日	第 2 次吉田内閣
昭和 24 年（1949 年）	2 月 16 日	第 3 次吉田内閣
昭和 25 年（1950 年）		
昭和 26 年（1951 年）		
昭和 27 年（1952 年）		

注：＊昭和 27 年 9 月にサンフランシスコ講話条約発効して独立回復.
　　＊＊経済安定本部は昭和 27 年 7 月，第 3 次吉田内閣（昭和 27 年 10 月 30 日まで）のときに廃止.
　　第 4 次吉田内閣：昭和 27 年（1952 年）10 月 30 日から昭和 28 年 5 月 21 日.
　　第 5 次吉田内閣：昭和 28 年（1953 年）5 月 21 日から昭和 29 年 12 月 10 日.
出所：経済企画庁（1988），450-475 頁.

ないかということだ．表 1-10 の年表にもあるように，昭和 20 年 10 月，日本政府は GHQ（連合国軍最高司令官総司令部）に 450 万トンの食糧輸入を懇請しているし，翌年 5 月には皇居前広場で「米よこせデモ」が起きている．「米よこせデモ」は昭和 21 年 5 月 12 日．1 週間後の 5 月 19 日は「食糧メーデー」[25]．これらは幣原内閣の末期で，5 月 22 日には幣原喜重郎に代わって，第 1 次吉田内閣がスタートした．表 1-11 に戦後日本の内閣のリストを示してある．

　1-1 節で書いたように，『日本経済再建の基本問題』の最終版が出たのが昭和 21 年 9 月[26]．昭和 21 年，22 年と食糧不足は続き，庶民の関心事はいかにして食べ物を確保するかであった[27]．食糧配給は遅れがちで，東京大阪など都会に住む人の多くは，「タケノコ生活」を余儀なくされた[28]．多くの庶民に

24）　昭和 21 年 5 月，東京における食糧配給は，米 9.7 日分，小麦粉 9 日分，その他芋，麦，缶詰などを合わせて 22.1 日分，翌 6 月は，米 3.9 日分，その他合わせて 22.3 日分だった．しかも，食糧配給は遅配続きだった（中村 2012，526 頁）.

25）　5 月 19 日の「食糧メーデー」で「プラカード事件」が起きた．ある労働組合の委員長が，「国体はゴジされたぞ　朕はタラフク食ってるぞ　ナンジ人民飢えて死ね　ギョメイギョジ」という天皇諷刺のプラカードを掲げ不敬罪で逮捕・起訴された．この事件で GHQ は不敬罪の存在を知ることとなったといわれている.

26）　外務省特別調査委員会報告『改訂　日本経済再建の基本問題』（外務省調査局，昭和 21 年 9 月）は，ファイルサイズは 43.6MB と大きいが，国立国会図書館のデジタルコレクションで，100 頁余の全文を見ることができる（https://dl.ndl.go.jp/pid/2388705）.

とって,「日本経済再建」などという中長期の課題を考える余裕はなかっただ
ろう.

　もちろん,1-1 節で書いたように,心ある政治家も,官僚も,学者も,ジャ
ーナリストたちも,戦時中から日本が太平洋戦争に負けた後の「日本経済再
建」を考え続けていたことは間違いない.大来佐武郎がよく書いているように,
昭和塾は日本の将来を勉強するための塾だった（大来 1988, 3 頁）.大来が昭和
塾に参加したのはごく短い期間だったが,大きな影響を受けたという[29].昭
和 14 年,昭和塾で佐々弘雄が「このままでいけば日本は四つの島に逆戻りす
るだろう」と講義で言ったことをよく覚えている,と大来は語っている（有澤
1989a, 4 頁）.

　さらに,上でも書いた『日本経済再建の基本問題』は外務省特別調査委員会
報告で,「はしがき」には,主な委員（表 1-12）と委員会の議論に参加した人
の名前[30],および執筆にあたった幹事 4 人の名前[31]が記されている.

　戦争中でも高橋亀吉は戦後日本経済の研究をしておくべきだと考えて,「日
本が負けるから負けた後の日本経済がどうなるか,どう再建するかを誰か考え
ておかなきゃいかん」と言って,有澤廣巳に高橋経済研究所の一室を提供して,
敗戦後の日本経済の研究を頼んでいた（有澤 1988, 79 頁）.有澤の記憶による
と昭和 18 年の暮れ頃だったという.高橋経済研究所には多くの書物があった
し,有澤が戦後日本経済の研究に必要な書物を買ってくれたと言う.有澤は前
にも書いたようにワイマール共和国の研究をしていたから,高橋は賠償問題を
含めて,インフレ,社会化,民主化などを研究してほしいと依頼した（有澤

---

27)　戦後の食べ物がない時代を経験したある人は,「戦争中は闇で肉でもなんでも手に入ったけど,
　　戦後は食べ物がなくて困った,お腹が減ると足が一歩も出ない」と言っていた.
28)　筍の皮をむくように,1 枚 2 枚と着物を農村に持って行って,米や芋などと交換して飢えを凌
　　ぐ生活.
29)　表 1-12 にも名前が見える平貞蔵は昭和塾のキーマンの一人だった.大来はもともと工学部出
　　身の電気技師で,エンジニア系の人脈はあったが,経済系の専門家は平貞蔵に紹介してもらったと
　　言っている.有澤廣巳に会いに行けと言ったのも平貞蔵だと語っている（有澤 1989a, 4 頁）.
30)　横浜経専教授森田優三,関東地方商工局鉱山部長大原久之,経済安定本部の佐々木義武,山中
　　四郎,大蔵省石原周夫,杉山知五郎,外務省杉原荒太,都留重人,關守三郎,佐藤健輔,市川泰治
　　郎,向山幹夫.
31)　大来佐武郎,後藤誉之助,小田寛,並木正吉.

1-3 経済安定本部と戦後復興　　　77

表1-12　外務省特別調査委員会の主な委員

東京帝大経済学部教授	有澤廣巳
内務省土木試験所長	安藝皓一
国民経済研究協会理事	稲葉秀三
化学工業聯盟会長	石川一郎
農林省農政局経営課長	井上晴丸
東北帝大講師	宇野弘蔵
東京帝大経済学部教授	大内兵衛
農林省開拓局第二部調査課長	大野數雄
東京帝大第一工学部長	龜山直人
京都帝大経済学部教授	岸本誠二郎
東京帝大農学部教授	近藤康男
評論家	平　貞蔵
産業化学協会理事	巽　良知
朝日新聞社論説委員	土屋　清
国民経済研究協会理事	正木知冬
東京帝大農学部教授	東畑精一
法政大学教授	友岡久雄
東京産業大学教授	中山伊知郎
東京産業大学教授	山中篤太郎
東京帝大経済学部教授	山田盛太郎
東京帝大経済学部教授	脇村義太郎

注：東京産業大学は，いまの一橋大学.
出所：外務省特別調査委員会報告『改訂 日本経済再建の基本問題』「はしがき」.

1989a，20-21頁）．高橋は有澤と昼飯を一緒に食べながら，よく「自分は日本
の現代経済史を書きたい」と言っていたという[32]（有澤1989b，166頁）．

2. 経済安定本部のスタート

　昭和21年8月12日，経済安定本部（安本[33]），物価庁が発足した[34]．経済
安定本部令（昭和21年8月12日公布）第1条第1項には「経済安定本部は，内

---

32) 高橋亀吉は戦前戦後に活躍した最も優れた経済学者の一人．われわれも前著（浅沼・小浜
2021）で高橋の日本経済史の研究を勉強した．むかし小浜がある友だちの家を訪ねたとき，応接間
の小さいガラスの戸が付いた本棚に「高橋経済史三部作9冊」があるのを見つけて，彼に「どうし
て高橋亀吉だけここに置いてあるの」と聞いたら，彼は，「高橋亀吉は別格だから」と答えた.
33) 安本は，「あんぽん」と読む．あまりポピュラーではないが「経本」と略すこともあるようだ
（経済企画庁戦後経済史編纂室1964，15,437頁）.
34) 経済安定本部ができた昭和21年8月は，表1-11にあるように，第1次吉田内閣のときだ.

閣総理大臣の監理に属し，物資の生産配給及び消費，労務，物価，金融，輸送等に関する経済安定の緊急施策について，企画立案の基本に関するもの並びに各庁事務の総調整，監査及び推進に関する事務を掌る」とある．GHQ も日本政府に政策の指示をするにあたって，いくつかの官庁に指示するのも面倒だし，省庁間の縄張り争いで政策効果が十分でないことを懸念して，強力な「安本」という組織を必要としたのだろう[35]．

さらに，経済安定本部令第1条第1項には，「前項の事務を行うために特に必要があるときは，内閣総理大臣は関係各省大臣に対して，必要な事項を命令することができる」として，責任と権限を明らかにしている．これは職権特例の規定であり，きわめて例の少ない強力な権限を総理大臣に賦与する非常時的なもので，当時の経済危機を乗り切るための措置だった．経済安定本部の内部部局が行った公共事業の計画と実施については経済安定本部の認証を必要とし，臨時物資調整法の統制について，内閣総理大臣と経済安定本部の指導権を強化している．このような権限の法的根拠の下，経済安定総合計画の立案・実施，インフレ対策などが進められた（経済企画庁戦後経済史編纂室 1964，332-333 頁）．

経済安定本部の組織は，

　　総裁：内閣総理大臣，

　　総務長官：国務大臣，

　　部長および部員：関係各庁の2級以上の官吏および学識経験者の中から総理大臣が任命する．

このことは，考え方によっては，従来の審議会や委員会を，そのまま官庁化した組織だったとも言える（経済企画庁戦後経済史編纂室 1964，333 頁）．

『戦後経済史（経済安定本部史）』の「刊行のことば」には，昭和21年2月の「経済危機緊急対策」を契機として発足した経済安定本部は，敗戦後の物資欠乏経済に対する緊急対策を一元的に強力に推進することを使命とする，戦後の画期的な一時期の統制経済の総元締として存在したものであり，その果たした役割と実績はわが国経済史上特記すべきもの，とある．

戦争直後，多くの公式，非公式の集まりがあった．なかでも吉田茂の昼飯会

---

35) GHQ 内部でも局間の縄張り争いはよく知られている．

では傾斜生産方式のアイディアを出したりしたことがよく知られている．吉田茂は経済安定本部ができた当座はあまり活用しようとは思っていなかったと言われている．大来佐武郎は，「吉田は経済のことはよくわからないようだったが勘で本当に勉強した学者に意見を聞かなきゃだめだ，普通の役人じゃあまり意見が出てこないと思っていた」と語っている．経済安定本部ができたのは司令部の要請でできたが，吉田総理はそれを活用するというより，自分の昼飯会の方を重視していたようだ．片山内閣で和田安本[36] が出てくる段階で非常に強力な役所になったという（大来 1988，14 頁）．

1-4　吉田茂の昼飯会：傾斜生産方式と石炭委員会

1.「傾斜生産方式」と「石炭委員会」

「傾斜生産方式」と言われても，日本史の授業で習ったかな，といった印象かもしれない．「傾斜生産」って，何が傾いているのかと思っても不思議ではない．第2次世界大戦後，限られた資源を重点的に特定の部門に投入しようとした政策だ．英語で言えば，Priority Production Policy とでも言うのだろう．物資動員計画で言えば，まず炭鉱へ鉄鋼を優先的に注入し，それで増産される石炭を鉄鋼生産に投入する．これによって鉄と石炭の拡大生産の好循環を実現して，それを他の部門に順次波及させようというものだ．いわば「傾斜のついた」生産再開計画である（有澤 1989b，190 頁）．

傾斜生産方式は，昭和21年12月に閣議決定され，翌年1月には，必要となる資金を供給するために復興金融金庫が発足した（経済企画庁 1988，455-457 頁）．では，傾斜生産方式はいつまで続いたのだろうか．1-6 節で考えるドッジ・ラインが始まる昭和24年までという説もあれば，大来佐武郎は，昭和22年いっぱいだろうと言っている（中村・宮崎 1990，243 頁）．

「石炭委員会」という人もいれば，「石炭小委員会」という表記もある[37]．中村・宮崎（1990）の書名は，『傾斜生産方式と石炭小委員会』である．なぜか．

---

36)　和田博雄が経済安定本部長官に就任したのは，表 1-10 にもあるように，昭和22年6月1日．

37)　有澤（1989b，190 頁）も「石炭委員会」と書いているし，吉野俊彦は，「石炭委員会」ということが多いが，「石炭小委員会」というときもあった（中村・宮崎 1990，226-231 頁）．

それは，吉田茂総理大臣の「昼飯会」から出てきた私的な委員会だからだ．戦争直後という時代にあって，総理大臣の支援の下，法律によらない組織・制度が一定の役割を果たしたということだ．戦争直後の物資不足については次節で書く．

2. 吉田総理の昼飯会

　稲葉（1988）に吉田総理の昼飯会に触れたところがある（52-53頁）．例えば，「和田さんなんかが世話役になって，有澤さんだとか，東畑さんとか，昼食会みたいのがあって，吉田さんを囲んでやっていた」．稲葉秀三は，「自分は直接のメンバーじゃないんだから」と言っているが，吉田茂の昼飯会に出ていたらしい．

　稲葉秀三は，戦後日本の経済復興に尽力したエコノミストの一人だ．昭和6年に京都帝国大学哲学科を卒業．そして東京帝国大学経済学部に学士入学して昭和9年に卒業する．中学時代からトルストイに感化され，内村鑑三が好きで，人生論を勉強するために京都大学哲学科に入ったという．もともとは大学を出て，京都大学の助手になるか，どこかの高等学校の哲学か倫理の先生になろうと思っていた．

　偶然，河上肇の影響を受けるようになって，労働運動のシンパになって逮捕されている．大学時代につかまって，初めて世の中を勉強しよう，経済を勉強しよう，社会を勉強しようという気になったという．稲葉は，京都帝国大学哲学教授の田辺元から，「卒業はさせてあげるが大学には残れない」と言われた．

　東京帝国大学に学士入学すると同時に，吉田茂（内閣書記官長，厚生大臣などを歴任．戦後総理大臣となった吉田茂と同姓同名の別人）に頼んで協調会でアルバイトを始める．昭和9年に東京帝国大学経済学部を卒業するとともに協調会の正規職員となる[38]．昭和12年に企画庁が創設されて，中小企業専門家として

---

38) 協調会は，1919年，渋沢栄一・徳川家達らを中心に設立された労資協調のための研究調査・社会事業を行う財団法人．GHQの勧告により1946年解散．協調会傘下の教育機関は法政大学社会学部や産業能率大学などの母体となった．協調会が収集した社会運動関係資料は，後継団体である中央労働学園へ継承され，同学園の法政大移行を経て，法政大学附属の大原社会問題研究所が管理・公開している．

入る．企画庁と資源局が一つになって，内閣直属の準戦時的役所として企画院になる．稲葉は，企画院で物動計画や生産力拡充計画の総合調整を担当，企画院は後の経済安定本部より強い，戦時動員官庁だったと言っている．

　昭和 15 年（1940 年）5 月，仮に太平洋戦争が起こったとき，経済力が持つかどうかの調査を命じられ，「経済は持たない」と結論．昭和 16 年の企画院事件[39]で検挙・起訴された．稲葉は 3 年半くらい拘留され，終戦少し前に無罪になった．昭和 20 年 12 月，稲葉秀三と正木千冬を常務理事として商工省と農林省の共管で財団法人国民経済研究協会が設立された．国民経済研究協会は，日本初のマクロ経済の民間シンクタンクで，経済安定本部設立に貢献したといわれる．

　経済安定本部長官などをやった農林官僚の和田博雄が「學者グループと吉田總理」という小文を書いている（序章参照）．「昭和 21 年 7 月に経済安定本部ができて膳桂之助氏が初代長官に就任した．そこで武見太郎君と相談して，吉田さんのブレーン・トラストの意味で，経済再建について一流の學者の協力を求めることにして吉田さんに建言した．その顔ぶれは，有澤廣巳，中山伊知郎，東畑精一，永田清，茅誠司，堀義路，内田俊一の諸博士である．膳さんには吉田總理から話していただき，膳さんもこの學者グループの会にはたびたび出席された．吉田さんはこの会合には，極めて熱心で会議の場所には外務省の大臣室をあてられるなど[40]，細かい注意をされるとともに，暇をみてはよく出席された．会議は週 1 回ないし 2 回開かれたように記憶する．この会議で初めて傾斜生産方式の構想が有澤構想として取り上げられたのである」（和田 1983，66 頁）．

1-5　戦争直後の物資不足：傾斜生産と資源集中

1．戦争直後の日本

　GHQ[41]は日本占領政策に大きな権限を持っていたが，形式的には，ワシン

39）　昭和 16 年 1 月，企画院調査官正木千冬，佐多忠隆，稲葉秀三，4 月に元調査官和田博雄，勝間田清一らが治安維持法違反で次々に検挙，起訴された事件．

40）　吉田総理大臣が外務大臣を兼務していた．

トンにあった連合国 11 か国代表で構成される極東委員会（Far Eastern Commission）の決定には従うものとされた[42]．11 か国のうちアメリカ，中国，イギリス，ソ連の 4 か国は極東委員会の決定に拒否権を持っていたが，アメリカ主導であったことは確かだ．人間社会の常として，トルーマン大統領とマッカーサー間に意見の違いもあったし，GHQ 内部でも占領政策について意見の違いもあった．

戦争直後の日本政府の最大の政策目標は，いかにして日本人に食糧を供給するかであった．敗戦によって，海外からの引き揚げ者がたくさんいて，食糧需給は逼迫していた．占領軍は，「日本人を飢えさせることはしない」と考えていたと言われているが，日本政府が，その GHQ の政策を十分認識していたかどうかはわからない．吉田茂もマッカーサーに対して食糧支援を頼んでいる[43]．

戦争直後は，民主的な政府なら日本人はどんな政府も作れたし，どんな形でも日本経済の再建ができたはずだ，と有澤廣巳は書いている．マッカーサーは，少なくとも戦後 1 年くらいは，日本経済再建になんの責任も負わされていなかったが，昭和 21 年秋頃，アメリカの対日方針が変わり始め，アメリカはすみやかに日本経済再建を図らなければならないと考え始めた．当時はそのことがわからなかったと有澤廣巳は言う（有澤 1989b，191 頁）．

2. 傾斜生産方式による生産復興[44]

昭和 21 年（1946 年）秋頃になると手持ち資財ストックが次第に底をつきだし，しかも鉱工業生産の回復はなかなか進まなかった．中でも，産業の基礎資材である石炭・鉄鋼生産の落ち込みは大きかった．石炭生産は，戦争中の乱掘

---

41) General Headquarters of the Supreme Commander for the Allied Powers（連合国軍最高司令官総司令部）．最高司令官はダグラス・マッカーサー元帥．マッカーサーは，1951 年 4 月にトルーマン大統領によって解任された．皇居の外堀前，日比谷公園の斜め前，帝劇の隣にいまもある第一生命館に本部が置かれた．

42) 極東委員会はアメリカ，中国，イギリス，ソ連，オーストラリア，カナダ，フランス，オランダ，ニュージーランド，インド，フィリピンの代表で構成．

43) 「1-3 経済安定本部と戦後復興」の「表 1-11 戦後の内閣：経済安定本部廃止まで」からわかるように，吉田茂は，昭和 21 年（1946 年）5 月 22 日に成立した第 1 次吉田内閣から，5 次にわたって組閣している（第 5 次吉田内閣は昭和 29 年 12 月 10 日まで）．

44) この節の記述は，小浜・渡辺（1996，第 2 章）によっている．

による荒廃，労働者不足（炭鉱常用労働者数は 1944 年の約 40 万人から 1945 年には約 30 万人に減少），鋼材の不足などが制約となり生産量は大きく落ち込んでいた．1945 年，1946 年の石炭生産量は 2,233 万トン，2,252 万トンにすぎず，1944 年（4,933 万トン）の半分以下の水準であった．ここから鉄道用，山元消費，進駐軍用などを除くと産業用配炭は非常に限られることになる．1946 年度については，産業用配炭は 640 万トン，生産の 3 割にも満たなかった．そこで，1946 年 10 月に生産拡大の最大のボトルネックと見られていた石炭の生産を 2,300 万トンの水準から一挙に 3,000 万トンに拡大しようという目標が掲げられた．

一方，鉄鋼業の状況を見ると，1944 年の月平均を 100 とした場合 1945 年 9 月の銑鉄，鋼材の生産量は 2.8，1.4 にすぎず，1946 年の生産量も 1944 年の 1 割にも満たなかった．鉄鋼生産設備能力は終戦前・後で比較して大きな差はなく（銑鉄で 98%，鋼材では 100〜102%），生産の落ち込みは稼働率の大幅な低下によるものであることがわかる．鉄鉱石は戦中のストックとして残っており，この鉄鋼の減産は主として石炭供給の不足によって引き起されたものであった．

ここに「石炭の増産には鉄鋼の増産が必要であり，鉄鋼の増産には石炭の増産が必要である」という関係が認識され，経済施策を石炭と鉄鋼の増産に集中するという「傾斜生産方式」が構想されたのである．傾斜生産方式は 1946 年 12 月 27 日に閣議決定され，政府の公式方針として推進されることとなった．基本的考え方は「輸入重油→鉄鋼増産→炭鉱へ鋼材の傾斜配分→石炭増産→鉄鋼への石炭増配」という経路を通じて，石炭と鉄鋼の生産を相互循環的に拡大させ，それがある水準に達した後に，順次他の部門に石炭，鉄鋼を回し，経済全体の生産回復を図ろうというものであった．その実現のために，石炭・鉄鋼産業へ，資材，資金，労働力，食糧などの傾斜配分が実施された．

3. 傾斜生産の構想[45]

有澤廣巳の「傾斜生産構想」は，昭和 21 年，吉田茂首相を囲む昼飯会での話し合いから生まれた．戦後の混乱の中で，日本経済をどう再建するかという

---

45) この節の記述は，大来（1989）によっている．

議論の中で生まれたのである.

　戦争によって壊滅的被害を受けた日本経済を再建するのに，すべてのセクターで一斉に生産を増やそうとしてもうまくいかないだろう．人間でいえば日々のカロリーにあたるエネルギー部門，骨格にあたる鉄鋼部門に注目して，資財，労働力，資金，食糧などを重点的に配分し，それによって石炭・鉄鋼の2部門の生産を増やすことによって経済全体の生産拡大を図ろうとする政策である.

　当時石炭庁は，昭和22年の石炭生産目標を2,700万トン以上は無理だと言っていたが，先に書いた（1-4 吉田茂の昼飯会：傾斜生産方式と石炭委員会）有澤廣巳を委員長とする石炭委員会から是非とも3,000万トンを達成すべきだという要請を行った．大来（1989，84頁）は，傾斜生産構想の具体化のために有澤先生のお手伝いをした，と書いている[46]．結局，昭和22年の石炭生産は2,932万トンで，3,000万トンには達しなかったが，その目標に近い増産が達成され，進駐軍向けと国鉄向けを差し引いた残りが産業用に向けられ，戦後経済復興の出発点となった.

　先に書いたように，石炭委員会は吉田茂の昼飯会が作った非公式の組織だ．「石炭庁は，昭和22年の石炭生産目標を2,700万トン以上は無理」だと言っていたので，石炭庁長官を吉田茂の昼飯会に呼んで，「3,000万トンを達成すべき」と吉田総理から言ってもらった，と大来佐武郎が書いている．非常事態だから，ノーマルなときではこういうことはなかなかできないとも言っている（中村・宮崎1990，237頁）.

1-6　戦後インフレと復金融資

　第2次世界大戦に題材をとった小説を読んだり[47]，この章でわれわれが考えている昭和20年夏以降の日本を考えるとき，ついつい，昭和20年7月26日に出された「ポツダム宣言」を7月中に受諾していたら，「ソ連参戦」もな

---

46)　大来佐武郎は，「お手伝いをした」と控えめに書いているが，大来たちテクノクラートは，石炭鉱業に詳しい技術者に依頼して，全国の炭坑一つ一つ最大限どれくらい石炭を掘ることができるかを綿密に積み上げている.

47)　例えば，逢坂剛の「イベリア・シリーズ」.

かっただろうし，広島・長崎への原爆投下も避けられたかもしれない，などと
考えてしまう．歴史に「たら」,「れば」を言っても詮ないが，われわれ凡人の
性なのだろうか．

8月14日，8月15日の内閣と天皇，帝国陸軍の動きなど，半藤一利の『日
本のいちばん長い日』に書かれている緊迫した情景を読むと，戦争をやめると
いう決断が，いかに難しいかがわかる．

1. 戦後インフレと物価・物資統制

昭和20年（1945年）8月15日の敗戦から，日本経済はハイパーインフレに
悩まされた．もちろん，1980年代のアルゼンチンのような高いインフレ率で
はなかったが[48]，それでも3桁のインフレに見舞われたのである．

終戦から，GHQの経済安定9原則の指令（1948年12月）およびその具体的
適用としての経済安定化計画（ドッジ・ライン，1949年度予算から）の実施に至
るまでの約3年半，日本経済は激しい物価上昇を経験した．当時の消費者物価，
卸売物価，日本銀行券の発行の推移が図1-6に示されている．縦軸は自然対
数表示だから，グラフの接線の傾きが，インフレ率，日銀券の発行増加率を表
している．1946年に消費者物価は年間200％近く，卸売物価は実に300％を
上回る上昇を記録している．その後も2年にわたり100〜200％以上の物価上
昇が続いた．その結果，終戦から1949年4月までに消費者物価は80倍，卸売
物価は61倍になったのである．

この急激なインフレの主な原因は，物資の需給バランスが大きく崩れたこと
にある．資本ストックの減少，非軍事化による産業活動の麻痺，原材料・資材
不足による稼働率の低迷などによって生産が大幅に落ち込む一方，海外からの
復員や引き揚げで人口が増加し[49]，需要を拡大させたのである．臨時軍事費
の支出，預貯金の引き出し，終戦処理費の支出，復金融資（後述）などによる
通貨供給増加がこれを加速させた．

---

48) アルゼンチンのハイパーインフレについては，小浜（1998），浅沼・小浜（2013，第5章第4
節）などを参照．アジアでは，インフレ率を年率で考えるが，中南米では1980年代，月のインフ
レ率で議論するのが一般的だった．1980年代半ば，アルゼンチンでは週率インフレ率で新聞記事
が出ていて，異常なインフレだった．

図 1-6 戦後日本のインフレ

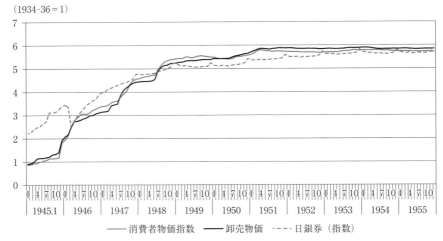

注：縦軸は，自然対数値．
出所：勝又 (1995), 67, 68, 73 頁．

「戦後インフレといっても，終戦後突如として単独に発生したものではなく……」と日本興業銀行 (1957, 659 頁) が指摘しているように，1943 年末からすでに通貨は膨張傾向にあった（日銀券発行高の対前年変化率は，1943 年末 43.6％ 増，1944 年末 72.9％ 増）．1945 年に入ると通貨の膨張は加速化し，特に，終戦から 1945 年末までの 4 か月半の間に日銀券発行高は 1.8 倍に膨張していた．この原因は，当初は臨時軍事費が大量に支払われたことにあり，1945 年 11 月に総司令部の指令によって臨時軍事費支出が禁止されてからは，日銀借入金を主たる財源とする銀行貸出金の増大にあった（日本興業銀行 1957, 662 頁）．

物価の推移を見ると，終戦直後については日銀券と比べるとその増勢はさほ

---

49) 終戦時の在外軍人は 328 万 8,000 人．1945 年度から 49 年度の間に復員した数は 289 万 2,531 人．終戦時の在外邦人の正確な数は不明だが，425 万にという推計がある．大蔵省の調べによると，1947 年 5 月末時点の一般人の引揚数は 269 万人とされる．軍人と一般人の復員数・引揚数は，終戦から 1946 年末までに 509 万 6,323 人で，1952 年末までの累計で 625 万 1,439 人とされる（日本興業銀行 1957, 641 頁）．

ど顕著ではなかったが，1945 年 11 月頃に食糧難が悪化し，戦時中の隠退蔵物資が底をつき始めると騰勢に転じた．同年 12 月には終戦時の 2 倍にはね上がっている．戦時体制の崩壊とともに出現したヤミ市場での物価は，食糧難の深刻化とともにはね上がり，国民の生計費を圧迫していった．1945 年 10 月時点における当時の公定価格に対する最高ヤミ値の倍率は，白米 132 倍，菜種油 75 倍，綿糸 73 倍，醤油 45 倍などとなっている（経済企画庁 1976，20 頁）．

　他方，鉱工業生産指数は 1945 年 8 月を 100 とすると，9 月 70.6，10 月 72.9，11 月 76.3，12 月 85.9 と推移し，生産回復はなかなか進まず，1946 年 3 月にようやく 1945 年 8 月水準を超えている（東洋経済新報社の概算による 1931-33 年基準の鉱工業生産指数による）．とはいえ，戦前の基準年の 2 割をようやく上回る水準にすぎない．こうした生産の低迷と通貨増発のインフレ要因が循環的に作用してインフレは急速に進んだのである．

　激化するインフレを収拾するため 1946 年 2 月 16 日に「経済危機緊急対策」が発表された[50]．これは「金融緊急措置令」を要とし，「日本銀行券預入令」，「臨時財産調査令」，「食糧緊急措置令」，「隠匿物資など緊急措置令」，「戦後物価対策基本要綱」，「緊急就業対策要綱」，「鉱工業生産増強対策」，「国民生活用品の統制措置」を含んだ総合的なインフレ対策であった．金融緊急措置令による預金封鎖と日本銀行券預入令による新円切換えは，国民生活に大きな影響を及ぼした．

　この金融緊急措置は，預金を封鎖して過剰購買力を凍結するという異例の方策で，これによって，① 1946 年 3 月 3 日以降，旧円は通用しなくなり，②旧円は一人 100 円ずつ新円と交換でき，それ以外は金融機関に預金しなければならなくなり，その預金は封鎖された．③その後の俸給・賃金等は月額 500 円だけ新円で支払われ，それ以上は封鎖預金払いとされた．④俸給・賃金を受けない者は，生活資金として毎月，世帯主 300 円，世帯員一人 100 円に限って封鎖預金を引き出すことができた．また，預金封鎖と新円切換えを期してすべての財産を申告させ，10 万円以上の個人財産には累進的に財産税が課せられた[51]．

　新円切換えの終わった 1946 年 3 月 3 日に「物価統制令」が公布・施行され

---

50)　有澤・稲葉（1966，44 頁），西村（1994，6-7 頁），竹内（1988，106-108 頁）など参照．

88   第1章　戦後日本の経済復興

表1-13　戦後の統制公団一覧表

公団名	設立	解散令公布
配給公団		
配炭公団	1947 年 4 月 17 日	1949 年 9 月 15 日
石油配給公団	1947 年 4 月 17 日	1949 年 4 月 1 日
肥料配給公団	1947 年 6 月 20 日	1950 年 7 月 31 日
食糧配給公団	1948 年 2 月 20 日	1951 年 3 月 30 日
食料品配給公団	1947 年 12 月 27 日	1950 年 3 月 31 日
飼料配給公団	1947 年 12 月 27 日	1950 年 3 月 31 日
油糧砂糖配給公団	1947 年 12 月 27 日	1951 年 3 月 30 日
酒類配給公団	1947 年 12 月 11 日	1949 年 6 月 30 日
価格調整公団	1947 年 4 月 17 日	1951 年 4 月 1 日
施設公団		
産業復興公団	1947 年 4 月 17 日	1951 年 3 月 30 日
船舶公団	1947 年 4 月 17 日	1950 年 3 月 31 日
（特別調達庁）	（1947 年 9 月 1 日）	
貿易公団		
鉱工業貿易公団	1947 年 5 月 22 日	1950 年 12 月 29 日
繊維貿易公団	1947 年 5 月 22 日	1950 年 12 月 29 日
食糧貿易公団	1947 年 5 月 22 日	1949 年 4 月 20 日
原材料貿易公団	1947 年 5 月 22 日	1949 年 4 月 20 日
総数　15（16）		

出所：経済企画庁（1976），44 頁.

た．それに伴い「3.3 物価体系」が実施され，公定価格体系による物価抑制が
図られることになった[52]．1946 年 10 月 1 日にはこれと並ぶ物価・物資統制の
基本法令として「臨時物資需給調整法」が公布され，基礎的物資と生活物資が
統制下に組み込まれた．総司令部（GHQ）の指示により公的配給機関として各
種の公団が設立された（表1-13）．これらの公団は所管物資に関して独占的な
統制を認められ，価格調整業務に従事し，戦後の物価・物資統制の第一線で機

---

51)　新円は，そのほとんどがヤミの食糧を購入するのに使われたため，一時，ヤミ商人と農村に集
　　中したといわれる．例えば，農漁村が保有する新円の割合が 1946 年 5 月 48.2％，1946 年 9 月 32.3
　　％，1947 年 6 月 28.5％であったのに対して，一般消費者が保有する新円の割合はそれぞれの時点
　　で，16.0％，6.2％，10.1％にすぎなかった（岡崎・吉川 1993，表 3-9）．

52)　「3.3 物価体系」は，米価，賃金，石炭価格をベースとして物価体系を定めたもので，公定価格
　　の平均が戦時公定価格の 8 倍を超えないという基準があった（有澤・稲葉 1966，45-46 頁；黒田
　　1993，26-27 頁）．

能した[53].

これらのもとでの物価・物資統制は，基本的には次のようなものであった．①主要物資の購入者価格を戦前（1934-36年）のレベルの一定倍数に抑える．②主要物資の生産者価格は原価による平均生産費用として算出される（この算出は市場価格に基づくため，統制されている購入者価格よりも一般に高くならざるをえない）．③生産者価格が購入者価格を上回る場合は差額を政府の財政支出（価格差補給金）で埋める．なお，1946年3月の「3.3物価体系」で8倍であった「倍数」は，その後の物価上昇に調整せざるをえず，1947年7月5日の新価格体系では65倍（この改訂に際して政府は価格安定帯構想を導入），また1948年6月5日の第3次物価改定では110倍とされた．

生産者価格と購入者価格との差を財政支出（補助金）で補うことになっていたため，物価上昇を抑えるという政策意図は，補給金の拡大による財政インフレを招くという皮肉な結果になった．表1-14に1946年から1952年までの価格差補給金の推移を示す．傾斜生産方式で重視された石炭，鉄鋼，肥料を中心に補給金支出額は拡大し，一般会計に占める割合は1946年度の7.8%から1947年度10.9%，1948年度13.5%と高まり，1949年度には24.3%にまで達した（これは，単一為替レート設定によってそれまで貿易資金会計で負担されていた「見えざる補給金」が輸入補給金として新たに計上されたことにもよる）．

その他にこの時期にとられたインフレ対策の一つが戦時補償の打切り措置である．戦時補償は，戦時中に政府が公約した軍需会社などに対する損害補償をさし，戦後，財政に大きな負担となっていた．1946年7月24日の対日理事会において，米ソ両代表が全面打切りを提案するに及び，政府は8月，戦時補償打切りを決定した．打切りの対象額は918億円と推定されたが，実施が遅れたため，その間のインフレ昂進もあって，インフレ対策としては，効果は小さかったといわれる（日本興業銀行1957，672頁）．

1946年8月12日には，1-3節で書いたように，経済安定の積極的推進と生

---

53) 配給統制の対象物資の購入希望者は政府に申請書を提出し，政府はそれぞれの物資の需要と供給予想を比較して，購入希望者の重要度に応じて割当を行う．この割当システムは物資需給計画といわれた．

表 1-14 価格差補給金支出額

(単位：100 万円，%)

	終戦前 (1941-45)	1946	1947	1948	1949	1950	1951	1952	合計 (1946-52)	構成比
国内補給金	7,507	9,011	22,511	62,499	97,917	34,774	955	0	227,667	59.7
石炭	4,086	2,531	9,957	18,119	21,664	865	0	0	53,136	13.9
鉄鋼	1,220	0	3,873	21,372	46,375	22,202	162	0	93,984	24.6
非鉄金属	0	0	808	2,232	1,803	0	0	0	4,843	1.3
肥料	394	0	1,815	10,470	25,625	10,943	793	0	49,646	13.0
ソーダ	0	0	159	1,433	2,450	764	0	0	4,806	1.3
(小計)	5,700	2,531	16,612	53,626	97,917	34,774	955	0	206,415	54.1
食糧	1,807	6,480	5,543	500	0	0	0	0	12,523	3.3
その他	0	0	356	8,373	0	0	0	0	8,729	2.3
輸入補給金	0	0	0	0	72,296	25,387	29,306	27,000	153,989	40.3
食糧・飼料	0	0	0	0	45,349	25,387	29,306	27,000	127,042	33.3
その他	0	0	0	0	26,947	0	0	0	26,947	7.1
価格差補給金総額 (1)	7,507	9,011	22,511	62,499	170,213	60,161	30,261	27,000	381,656	100.0
(1950 年価格で換算)	850,642	136,606	114,806	118,748	204,256	60,161	21,183	18,900	674,660	
1946＝100 とする指数	—	100.0	84.0	86.9	149.5	44.0	15.5	13.8		
＜参考＞										
一般会計歳出 (2)	—	115,207	205,841	461,974	699,448	633,295	749,838	873,942	3,739,545	
比率 (1)／(2)	—	7.8	10.9	13.5	24.3	9.5	4.0	3.1	10.2	

出所：安藤 (1979), 153 頁.

産復興を目的として経済安定本部と物価庁が設立された（前者が物価問題に関わる企画官庁であり，後者が実施官庁として位置づけられていた）．経済安定本部の権限は非常に大きく，その役割は重要経済政策の立案，総合調整，公共事業の再編成，経済統制の実施や違反の摘発など非常に広範に及ぶ戦後統制の中心官庁として位置づけられていた．また生産再開に対する体制整備の一助として「企業再建整備法」ならびに「金融機関再建整備法」（ともに1946年10月19日公布）により，企業・金融機関が戦時補償打切りに伴う整理を行う措置が講じられた（西村1994，36-40頁）．これらの措置と並行して1946年末には，前述の石炭，鉄鋼を重点とする傾斜生産方式が採用された．こうして物価・物資統制によるインフレ対策をとる一方で，インフレの根本的原因である供給面での制約解消に向けての対策が積極的に展開されることとなった．

経済危機緊急対策に基づくこれらの措置は，図1-6から明らかなように，インフレを一時的に抑圧したにすぎず，傾斜生産が始動する1946年末から1947年頃にかけて物価は再び上昇の勢いを増した．この勢いは1947年末をピークとしてその後緩やかになったが，その終息には1949年のドッジ・ラインの実施を待たなければならなかった．

インフレを抑えつつ生産を復興させることが必要だったから，傾斜生産方式と復金融資とが推進されたのであるが，インフレ進行のテンポはさして変化しなかった．これは復金の傾斜金融が本格化するにつれて鉱工業生産もようやく低迷状態から脱し，回復の軌道に乗ったものの，財政資金の撒超および復金融資によるインフレ圧力が急激かつ一層強力であったためと考えられる．

2. 復金融資

傾斜生産を資金面から支えたのが，1947年1月に設立された復興金融金庫（通称「復金」）であった．また，復金融資とともに傾斜生産をカネの面から支えたのが価格差補給金制度である．以下で示すように，復金融資の最重点産業が石炭産業であったのに対して，価格差補給金制度の最重点産業は鉄鋼業であった．それは，当時の炭鉱が戦時中の乱掘で荒廃しており，生産設備能力がかなり維持されていた鉄鋼のように補給金という形での救済手段では復旧が難しく，巨額の設備投資が必要だったからである（宮下1976b，290-291頁）．

第1章　戦後日本の経済復興

表1-15　全金融機関融資残高に占める復金融資の比重（1949年3月末現在）

（単位：100万円，%）

	全金融機関 (1)			復興金融金庫 (2)			復金融資の比重 (2)/(1)		
	計	設備資金	運転資金	計	設備資金	運転資金	計	設備資金	運転資金
石炭鉱業	67,250	33,877	33,373	47,519	32,819	14,700	70.7	96.9	44.0
鉄鋼業	21,931	2,821	19,110	3,526	1,943	1,583	16.1	68.9	8.3
肥料	16,143	7,113	9,030	6,119	4,555	1,564	37.9	64.0	17.3
電力	25,422	20,580	4,842	22,399	19,129	3,270	88.1	92.9	67.5
海運業	20,578	15,569	5,009	13,448	13,317	131	65.4	85.5	2.6
繊維工業	69,866	11,088	58,778	4,995	4,975	20	7.1	44.9	0.0
小計	221,190	91,048	130,142	98,006	76,738	21,268	44.3	84.3	16.3
融資合計	566,118	127,380	438,738	131,965	94,342	37,623	23.3	74.1	8.6
（小計/合計）	39.1	71.5	29.7	74.3	81.3	56.5			
石炭鉱業	100.0	50.4	49.6	100.0	69.1	30.9			
鉄鋼業	100.0	12.9	87.1	100.0	55.1	44.9			
肥料	100.0	44.1	55.9	100.0	74.4	25.6			
電力	100.0	81.0	19.0	100.0	85.4	14.6			
海運業	100.0	75.7	24.3	100.0	99.0	1.0			
繊維工業	100.0	15.9	84.1	100.0	99.6	0.4			
小計	100.0	41.2	58.8	100.0	78.3	21.7			
融資合計	100.0	22.5	77.5	100.0	71.5	28.5			

出所：有澤・稲葉（1966），60頁．

　復興金融金庫が活動を停止した1948年度末現在の復金融資の残高を全金融機関の融資残高と比較したデータを表1-15に掲げた．復金の融資残高は1,320億円に達し，一金融機関でありながら全金融機関の融資残高の23.3%を占めるまでに急増した．その活動の重点は石炭産業で，融資残高は475億円，復金融資残高の36.0%を占める．鉄鋼業は35億円，2.7%にすぎない．また，石炭産業の側から見ると，借入の70.7%が復金融資で，復金への依存度がかなり高かったことがわかる．石炭以外の産業では，電力に対する復金融資のウエイトが高い（224億円，17.0%）．

　復金融資の特色は，第1に，鉱工業部門としての石炭，肥料，鉄鋼の3業種に対する重点融資であり（繊維工業については，復金融資残高は鉄鋼業よりも大きいが，全金融機関からの借入に占める比重は小さい）．第2に，設備資金に重点が置かれたことである（復金融資残高のうち設備資金が71.5%を占める）．

　復金の資金調達面を見ると，1948年度末の復金債の発行残高1,091億円のうち703億円が日銀引き受けであった．実質的に国債の日銀引き受けといえよう．

これは当時の通貨残高 3,143 億円の 2 割強にもあたる．復金が設立された 1947
年 1 月末から 1949 年 3 月末までの日銀券増発額は 2,125 億 700 万円．この間，
復金債の日銀保有高の増加額は 703 億 400 万円で日銀券増発額の 3 分の 1 にあ
たる（復興金融金庫 1950，8 頁）．このことからも復金融資が通貨増発の大きな
要因となっていたことがわかる．

　価格差補給金制度は，基本的には公定（購入者）価格が原価（生産者価格）
を下回る場合，その差額を一般会計から補い，財政負担において「物価の安
定」と「生産の増大」を両立させようとしたもので，実際には戦時中から行わ
れていたが，戦後の物価・物資統制のなかで次第に大きくなっていった．1946
年度から価格差補給金が打ち切られた 1951 年度までの国内補給金総額は 2,277
億円となるが，この 4 割強を占めるのが鉄鋼業で，最大の受け手であった．石
炭業と肥料産業がこれに次ぎ，この 3 業種で国内補給金の 9 割弱を占める．

　傾斜生産の下での石炭生産量の目標と実績を比較すると，1947 年度が 3,000
万トン目標に対して 2,930 万トンの実績，1948 年度については 3,600 万トン目
標に対して 3,480 万トンの実績と目標はほぼ達成されている．石炭産業の回復
に伴い他の産業も徐々に生産を回復してきている．鉱工業生産指数（1934-36
年基準）で見ると，1947 年 1 月の 30.7（1934-36 年平均 = 100）から 1949 年 4 月
には 80.0 まで回復した．石炭を含む鉱業の生産指数は 1947 年 1 月の 59.6 から
1949 年 3 月には 104.8 と戦前の水準に達している．また，鉄鋼を含む金属の生
産指数は 1947 年 1 月の 17.8 から 1949 年 4 月には 78.5 まで回復した．このよ
うに傾斜生産方式による生産回復努力は一応の成果をあげたといえる．

　生産回復は緒についたものの，日銀引き受けによる資金調達に依存した復金
融資および財政負担による価格差補給金のインフレ圧力は大きく，物価は上昇
トレンドをたどった．復金インフレ・財政インフレは生活費を高騰させ，賃金
引き上げを余儀なくさせ，それはまた価格引き上げの要因となった．「一方に
おいて基幹産業再建の糸口をつくるという使命を一応果したが，他方究極の目
的であるインフレ克服という課題には全く逆行するという皮肉な結果をもたら
したのであった」（宮下 1976a，289 頁）．

1-7 ドッジ・ラインと 360 円レート

「ドッジ・ライン」，日本史の授業で聞いたことがあるかもしれないけれど，妙な言葉だ．簡単に言えば，終戦直後の日本のマクロ経済安定化政策のことだ．1948 年 12 月の経済安定 9 原則に基づく経済政策を実施するために，1949 年 2 月，経済顧問としてジョセフ・ドッジが来日した[54]．ドッジの勧告に従った経済政策は「ドッジ・ライン」と呼ばれ，1949 年度から 1951 年度までの財政金融政策全般に関わる強力なデフレ政策であった．その内容は大きく 3 つに分けることができる．

第 1 は，超均衡予算の編成と復興金融金庫の活動停止である．1949 年度予算は健全財政主義が貫かれ，一般会計のみならず，特別会計，地方財政，政府関係機関を通じての実質的均衡予算の編成である．財政赤字の削減の中心は，1-6 節に書いた価格差補給金などの補助金の削減であった．また，インフレの大きな要因であった復金融資の停止と回収の強化が行われ，さらに長期債務はもちろん日銀からの短期借入金の増加にも厳格な制限が付された．加えて，国債，復金債，借入金などの債務償還が実施された．その結果，総合予算収支は，1948 年度が 1,419 億円の赤字であったのが（復金債を含む），1949 年度には一転して 1,567 億円の黒字となった[55]．

第 2 は，各企業の補助金に依存した非効率な生産体制を改め，自立した「市場経済」への復帰を促すことであった．この観点から，アメリカの対日援助を特別会計として明確に分け，経済復興に最も効率的な利用を図るべく，見返資金制度（アメリカの援助を原資とする基金）が導入された[56]．また，復金融

---

54) ジョセフ・ドッジ（Joseph M. Dodge）は，当時，デトロイト銀行の頭取で，占領下ドイツの財政政策にも参画した経験があり，1949 年から 1952 年までの間に 3 回，公使の資格で来日して（1949 年 2 月，1949 年 10 月，1950 年 10 月），マッカーサー司令官の財政顧問として日本の財政金融政策を指導した．当時大蔵省にあって池田勇人大臣を助けてドッジとの折衝にあたった渡辺武は「彼の基本的な考え方は，インフレは少数のものに利益を与え，多数を苦しめるものだということでした．「一般大衆の利益をはかるためには，インフレを終息するということがいちばん大事だ」というようなことを強調して，……」と述べている（安藤 1966，324 頁）．

55) この中には国債，復金債，借入金を合わせて 1,300 億円に上る債務償還が含まれる（経済企画庁 1976，55-56 頁）．

資の停止にみられる財政と金融の分離，補助金の減廃などは財政収支均衡化のための措置のみならず，経済活動への政府の介入を縮小させる一面もあった．こうして経済が正常化するなかで，統制経済から自由経済確立への道が示されていった．物価・物資統制の実行部隊であった各公団の縮小・整理が行われたのはこの時である（1949 年 3 月末から廃止が始まり，1951 年 3 月末までにすべて廃止）．また，臨時物資需給調整法は 1952 年 4 月 1 日に失効した．

第 3 は，単一為替レートの設定である．終戦後，貿易の国家管理の下で，国内の価格体系と海外の価格体系は完全に分離され，為替レートは，輸出入別・商品別に円価格と外貨価格との比率として事後的に計算できるだけで，統一的な為替レートは存在しなかった．表 1-16 からわかるように，輸出為替レートは商品により 1 ドル 160 円から 600 円，輸入為替レートは 37 円から 636 円に分布していた．

1949 年 4 月 25 日に 1 ドル 360 円レートが採用され，これによって輸出入価格と国際価格とが正常な連係を取り戻すこととなった[57]．表 1-16 に示したように，一般に，輸出品については円安に決められており，360 円レートでは採算がとれないものが多く，輸入品については円高に決められており，360 円レートはそれだけ国内のインフレ要因となる危惧があった[58]．

ドッジ・ラインの実施によって経済安定化が実現し，単一固定為替レートの設定が可能になったことは，日本経済が国際市場に復帰することができる条件

---

56) 1949 年 4 月 1 日の総司令部の指令に基づき，4 月 30 日に米国対日援助見返資金特別会計法が公布された．見返資金制度は，講和条約成立に伴う対日援助中止とそれによる財源の枯渇が予想されていたため，1950 年末から国鉄，電気通信事業などの公企業投資は資金運用部の対象に移され，一般産業に対する融資は 1952 年 9 月に日本開発銀行に継承されるなど運用面での整理が進み，最終的には 1953 年 7 月に廃止された．その資産は新設の産業投資特別会計に吸収された．この間の事情については，有澤・稲葉（1966，39-40 頁）参照．

57) 360 円レートについては，GHQ 内部でも 330 円を主張するグループもいた．360 円の固定レートは，20 年以上続いたが，多くのエコノミストが，「割安な」レートであったか，「割高」であったか論争が繰り広げられた．この点については，多くの論考が出ているが，例えば，浅井（2011）参照．

58 その後の日本企業の合理化努力や世界貿易の拡大などにより，360 円レートへの日本経済の適応は進んだ．この為替レートは 1971 年 12 月のスミソニアン合意まで続く．なお，為替レート設定の影響に関する検討作業は，経済安定本部内での「K 作業」，「R 作業」など日本政府内でも行われていた（経済企画庁 1976，54-58 頁）．

表 1-16 複数為替レートの実態：主要輸出入商品の円・ドル比率（1949 年 1 月 28 日現在）

輸出商品	対ドル比率（円）	輸入商品	対ドル比率（円）
板硝子，鏡，セルロイド製品，陶磁器	600	パラフィン	636
アルミニウム及び軽合金板	580	染料	610
ラジオセット，綿製敷物，鉛筆	550	軽油	595
一般用照明電球	540	B 重油	284
鉄鋳物製品	530	マニラ麻（下）	220
玩具，染料，陶磁製碗皿，カメラ	500	無煙炭，マニラ麻（中）	182
自転車，タイヤチューブ	470	強粘結炭	178
竹製品，目覚，懐中時計，金網	430	小麦	165
生糸	420	ボーキサイト	158
絹人絹布，綿製品，トタン	410	生ゴム，燐鉱石	154
肥料，自動車タイヤ，チューブ	390	大豆	132
青果・椎茸，継目なし鋼管	340	鉄鉱石	125
茶，有刺鉄線	330	原皮	120
セメント，スフ織物	320	塩	103
絹織物	315	マニラ麻（上）	101
缶詰類	300	カリ（肥料）	82
絹製雑品	270	綿紡用棉花	81
生薬，スフ糸，味の素，綿糸	250	製綿用棉花	76
人絹糸，棒鋼	240	銑鉄	67
苛性ソーダ	200	飼料（表皮）	51
寒天	160	飼料（大豆粕）	37

出所：有澤・稲葉（1966），77-78 頁．

が整ったことを意味していた．また，統制経済の枠が外され，自由な企業活動が可能な経済体制へと移行していったことは大きい．しかしながら，超均衡予算の実施，復金融資の停止，補給金の減廃は，各企業に合理化努力を強制することともなった．しかもこの当時の企業合理化は，人員整理，操業度の向上，企業内での非効率部門の切り捨てといった形で行われたため，失業の増加や中小企業の倒産など多くの問題が残された．

　この時期の産業資金調達状況が表 1-17 に示されている．1948 年度とドッジ・ラインが実施された 1949 年度を比較すると，資金調達先として一般金融機関への依存が高まっていることがわかる．特に，復金融資の比重が大きかった設備投資については変化が大きい．ただしこの頃の市中銀行の資金力はまだ十分ではなく，政府としても財政引き締めによるデフレ・ショックを和らげる

表 1-17 産業資金調達状況（外部資金）

(1) 産業資金調達額 （単位：100 万円，％）

	1948 年度		1949 年度		1950 年度		1951 年度		1952 年度	
一般金融機関	262,038	67.8	420,059	78.8	366,450	80.6	692,713	78.0	806,473	74.4
事業債	788	0.2	26,655	4.9	42,390	9.3	33,461	3.8	42,166	3.9
株式	51,449	13.3	73,921	14.0	34,142	7.5	80,978	9.1	136,594	12.6
財政資金	72,500	18.7	12,654	2.3	11,718	2.6	80,914	9.1	98,497	9.1
合計	386,775	100.0	533,289	100.0	454,700	100.0	888,066	100.0	1,083,730	100.0

(2) 私企業設備投資資金調達 （単位：100 万円，％）

	1948 年度		1949 年度		1950 年度		1951 年度		1952 年度	
一般金融機関	12,308	12.4	31,236	28.9	61,873	42.7	79,955	34.8	91,625	28.2
復興金融金庫	68,301	68.9	− 4,565	− 4.5	− 6,127	− 4.2	− 5,862	− 2.6		
日本開発銀行	—		—		—		18,047	7.9	38,306	11.8
事業債	785	0.9	18,901	17.2	31,716	21.9	29,791	13.0	36,694	11.3
株式	17,727	17.8	38,298	35.4	28,837	19.9	47,738	20.8	89,129	27.5
見返資金	—		24,603	22.6	28,599	19.7	46,618	20.3	35,182	10.8
その他	—		—		—		13,299	5.8	33,403	10.3
合計	99,121	100.0	108,473	100.0	144,898	100.0	229,586	100.0	324,339	100.0

出所：日本興業銀行（1957），822，894，897 頁．

ために，市中銀行への貸出や国債の買いオペレーションによる資金の市中再還流という金融面でのディス・インフレ政策をとらざるをえなかった．

　さらに，融資斡旋の積極化や見返資金の私企業向け投資などのディス・インフレ政策をも実施している．なお，見返資金制度は[59]，1953 年 7 月に廃止されるまでの 4 年 3 か月の間，導入当初のデフレ政策的役割から，次第に基幹産業融資やインフラ整備など積極的な活用へと変化し，この時期の長期資金供給に果した役割は大きかった（表 1-17，表 1-18）．

　しかしながら，1949 年末頃，公債発行停止の効果を打ち消すような金融政策のあり方に対し，ドッジや総司令部の批判を受けた．このため 1950 年度には金融面からカネづまり中和策はとれなくなり，景気の低迷はますます厳しいものとなっていった．

---

59)　アメリカからの重油や小麦といった商品援助を国内で売って円を調達し，復興のための長期資金として活用した．

第1章　戦後日本の経済復興

表1-18　アメリカの対日援助見返資金収支実績

(単位：100万円，%)

	1949	1950	1951	1952	1953	合計	(構成比)
収入	129,329	162,971	54,267	42,970	11,277	400,815	100.0
特別会計＊より	127,867	130,851	45,527	2,261		306,506	76.5
運用利殖金	1,461	4,705	6,404	6,476	570	19,616	4.9
運用資金回収等		27,415	2,335	4,661	1,887	36,298	9.1
国債償還・売却				29,557	8,820	38,378	9.6
雑収入			1	14		15	0.004
支出	114,070	79,956	122,508	59,053	17,808	393,395	100.0
公企業支出	27,000	38,185	23,286	25,018	17,800	131,288	33.4
公共事業		8,045	2,926	17		10,987	2.8
国営事業	27,000	19,000				46,000	11.7
政府関係機関		11,140	20,360	25,000	17,800	74,300	18.9
開銀			10,000	22,000	13,800	45,800	11.6
輸銀		2,500	5,000			7,500	1.9
住宅公庫		8,640	1,360			10,000	2.5
農林漁業資金			4,000	3,000		7,000	1.8
電源開発（株）					4,000	4,000	1.0
私企業支出	24,604	33,800	48,322	33,281		140,007	35.6
電力	10,093	10,000	23,200	19,800		63,093	16.0
海運	8,343	12,872	21,469	11,953		54,637	13.9
その他産業	5,868	4,531	1,691	40		12,129	3.1
石炭	3,858	2,362	205			6,425	1.6
鉄鋼	1,417	791				2,208	0.6
肥料	285	232				517	0.1
化学	308	307	250			865	0.2
その他		839	1,236	40		2,114	0.5
中小企業	300	1,197	1,962	737		4,196	1.1
優先株式		5,200		750		5,950	1.5
債務償還	62,467					62,467	15.9
経済再建・安定		7,972	50,901	754	8	59,635	15.2
収支尻	15,258	83,015	−68,242	−16,083	−6,531	7,418	

注1：本特別会計は1949年度に設置され，1953年7月に廃止された．本表は年度ベース，ただし1953年度は4
　～7月．
注2：「特別会計＊」は米国対日物資等処理特別会計．1949年度の収入は貿易会計より繰入れ分．
注3：国営事業は，電気通信事業・国鉄・国有林野を含む．経済再建・安定は，連合国人等住宅，脱脂ミルクな
　どからなる．
出所：大蔵省財政史室（1978），363頁．

鉱工業生産指数（1934-36年基準）の動きを見ると，1949年4月に80まで回復していた生産は，その後，約1年間75～82の水準にとどまり，ほとんど足踏み状況にあった．機械工業について見ると，生産水準は1948年半ばには戦前における基準年の水準に回復し，ドッジ・ラインが始まる直前には5割増にまで生産が伸びていたが，ドッジ・ラインによる落込みが特に大きく，1950年初めには再び戦前水準を下回るに至った．

1-8　戦後復興の始動と朝鮮特需

1.　戦後復興の始動とアメリカの対日政策転換

　昭和24年（1949年）は戦後の「日本経済にとってまさに質的転換の年」といえる[60]．ドッジ・ラインの実施によってインフレは収束し，さらに，単一為替レートの設定，補助金減廃，統制撤廃によって「政策の舵を統制と計画の経済から自由経済へ，一挙に切り換えた」（中村 1989b，50頁）．貿易・産業面での規制はまだまだ残っていたものの，各企業は，自らの合理化努力によってのみ生き残れる「市場メカニズム」に直面することになったのである．前節で考えたドッジ・ラインという「荒療治」によって，日本経済は，戦中・終戦直後の混乱期の統制経済から自由経済への移行と自立化へと動き出した．

　生産回復の兆しは，1948年半ば頃よりようやく見られるようになってきた．しかしこの生産回復は，政府の金融・財政支援やアメリカの対日援助に依存したもので，しかもインフレはなかなか収まらない状態にあった．輸入総額に占める援助輸入の割合を見ると，1949年までは輸入総額の6～8割は援助によるものであった（表1-19）．民間貿易が制限されていたことにもよるが，食糧，棉花，鉱産物など復興期の日本経済にとって最小限必要な物資のかなりの部分がアメリカの対日援助に依存していたのである．

---

60)　昭和25年度経済白書は次のように記述している．
　「昭和24年は終戦後の日本経済にとってまさに質的転換の年であった．経済九原則に基づく安定化計画の推進によって日本経済はあわただしい変貌をとげた．……経済的自立……を達成する手段としてインフレーションの収束と自由経済への復位をはかり，経済現象に対する価格機能本来の調整作用を復活せしめ，これによってもたらされる経済正常化の成果をして将来の経済発展と自立達成の基礎たらしめんとするところにあった」（経済企画庁 1972，41頁）．

表 1-19 輸入総額に占める援助輸入の比率

(単位:100万米ドル,%)

	金額			比率		
	輸入総額	援助輸入	商業輸入	輸入総額	援助輸入	商業輸入
1945-46	304	192	112	100.0	63.2	36.8
1947	523	404	119	100.0	77.2	22.8
1948	684	461	223	100.0	67.4	32.6
1949	889	519	370	100.0	58.4	41.6
1950	970	357	613	100.0	36.8	63.2
1951	2,188	151	2,037	100.0	6.9	93.1
合計	5,558	2,084	3,474	100.0	37.5	62.5

注:1945年は9〜12月の合計.
出所:有澤・稲葉 (1966),43頁.

　経済安定化と援助依存体質からの脱却は,この頃の日本が早急に達成すべき課題であった.当時,徹底した引締め策によってインフレを終息させる「一挙安定論」と生産復興を優先し物価の安定は徐々に行うという「中間安定論」が国内で議論されていたが,傾斜生産方式などに見られる政策は明らかに後者の考えに立ったものであった.

　こうした中で,アメリカ国内に,納税者の負担による対日援助によって日本経済を支えることに対する批判が出始めていた.加えて,東西冷戦の始まりが,アメリカの対日管理方針を「非軍事化・民主化」から「経済復興」へと転換させていった.その最初の表明が,サンフランシスコで行われた1948年1月6日のロイヤル陸軍長官の「日本を反共の防壁とする」旨の演説であった.賠償案の緩和や集中排除法適用の緩和はこの線に沿ったものである.この流れの中で,全面的に介入して一挙に経済安定を実現し,自立への転換を図るべくアメリカ側でまとめられたのが「経済安定9原則」である[61].これは,総司令部からの指令という形で,1948年12月18日のマッカーサー元帥から吉田首相あての書簡の中で公表された.

　その内容は次の通りである.①歳出を引き締め,政府の全歳入を最大限に拡大して,総合予算の真の均衡を図る,②収税を強化し,脱税に対して刑罰を強化する,③金融機関の融資は経済復興に貢献する事業のみに厳しく限定する,④賃金安定のための効果的計画を作成する,⑤価格統制計画を強化する,⑥外

国貿易管理を改善し，外国為替管理を強化する，⑦現行割当・配給制度を輸出振興のために改善する，⑧重要国産原料と工業製品の生産拡大を図る，⑨食糧供出計画の能率を向上する．これらの原則は「単一為替レートの設定を早期に実現させるためには是非とも実施されねばならない」とされた．

経済復興を実現するための対日経済政策を最初に示したのは，1948 年 5 月のジョンストン報告書（1948 年 3 月に来日したドレーパー調査団報告）で，「生産の増加・インフレの終息・貿易の発達」を日本の課題と捉え，貿易立国と重化学工業化の推進によって経済復興を実現するとされた．その中で，賠償案の緩和，集中排除政策の緩和，一時的な対日援助の拡大，外資導入の再開などの政策が勧告された．さらに 1948 年 5 月に来日したヤングによって単一為替レート設定が経済復興・安定化のために不可欠であるとの政策勧告が出された（同年 6 月ヤング報告書，1948 年 10 月までに設定）．こうした対日政策の転換は，1948 年 10 月に「アメリカの対日政策に関する諸勧告」（NSC13/2 文書）にまとめられた．これを受けてドレーパーが中心となり「経済安定 9 原則」がまとめられ，「指令」として総司令部に伝達された（三和 1989，147-154 頁；有澤・稲葉 1966，68 頁など参照）．

ドッジが 1949 年 3 月 7 日の声明の中で，日本経済は「竹馬経済」と言ったことは，よく知られている．すなわち「日本経済は両足を地につけていず，竹馬にのっているようなものだ．竹馬の片足はアメリカの援助，他方は国内的な補助金の機構である．竹馬の足をあまり高くしすぎると転んで首を折る危険がある．今ただちにそれをちぢめることが必要だ．つづけて外国の援助を仰ぎ，補助金を増大し，物価を引上げることはインフレの激化を来すのみならず，国

61）　アメリカの対日援助は，主としてガリオア資金（GARIOA，占領地救済資金）およびエロア資金（EROA，占領地復興資金）による援助物資が中心であった（援助総額 17 億 1,700 万ドル，うち見返資金設置以前が 8 億 4,700 万ドル）．前者は 1947 米会計年度（1946 年 7 月 1 日〜1947 年 6 月 30 日）から，後者は 1949 米会計年度から 1951 米会計年度まで続けられた．なお両者は会計上区別されていない．この他に，余剰報奨物資 3,400 万ドル，米軍払下物資 4,400 万ドルがあり，合わせて対日援助総額は 17 億 9,500 万ドルに達している．その返済に関しては，返済総額 4 億 9,000 万ドル，15 年年賦返済で，1961 年 6 月に日米間の合意が成立し，翌 1962 年 1 月返済協定が調印された．対日援助については，有澤・稲葉（1966，39-43 頁）に詳しい．この「援助」について「対米債務か贈与か」といった議論が当時の国会でなされたというエピソードがあった（有澤 1976，326 頁）．

102 第1章 戦後日本の経済復興

家を自滅に導く恐れが充分にある」(有澤・稲葉 1966, 71 頁).

前にも書いたように,「ドッジ・ライン」は妙な言葉だ. 半藤 (2009) は,「これ以上のことはやるな」と線を引くから「ライン」というのでしょうね,と書いている (282 頁). ほんとかね,という気がするけど,まあ歴史探偵が言うのだから,そうしておきましょう.

ドッジ・ラインは,財政を重視したデフレ政策で,日本政府は金融政策でデフレ効果を薄めようとしていたが,1949 年末頃,そのような金融政策のあり方に対し,ドッジの批判を受けた.このため 1950 年度には金融面からカネづまり中和策はとれなくなり,景気の低迷はますます厳しいものとなっていった.

鉱工業生産指数 (1934-36 年基準) の動きを見ると,1949 年 4 月に 80 まで回復していた生産は,その後,約 1 年間 75〜82 の水準にとどまり,ほとんど足踏み状況にあった.機械工業について見ると,生産水準は 1948 年半ばには戦前における基準年の水準に回復し,ドッジ・ラインが始まる直前には 5 割増にまで生産が伸びていたが,ドッジ・ラインによる落込みが特に大きく,1950 年初めには再び戦前水準を下回るに至った.

2. 朝鮮特需

この事態を救ったのが朝鮮戦争による特需である.国際情勢の緊張化によって 1950 年 3 月頃より戦略物資の輸出が伸び始めていたが,1950 年 6 月 25 日

表 1-20 朝鮮戦争勃発前後の主要経済指標

(単位:%)

	1950 年 3 月	1951 年 3 月	1952 年 3 月
鉱工業生産	5.8	46.0	13.3
輸出量	56.2	40.3	6.4
卸売物価	15.3	46.9	5.6
消費者物価	8.7	14.7	12.7
名目賃金	14.3	20.5	24.5
日銀券発行高	− 0.4	27.3	15.5
現金・預金通貨	5.6	35.3	16.6

注 1:1950 年 3 月はドッジ・ライン期. 1951 年 3 月は朝鮮戦争をはさむ 1 年間. 1952 年 3 月はその後の調整期.
注 2:鉱工業生産, 輸出量は 1〜3 月の対前年同月比, その他は 3 月の対前年同月比.
出所:経済企画庁 (1976), 65 頁.

1-8 戦後復興の始動と朝鮮特需　　　　　103

表 1-21　特需ブーム時における利益率の上昇

（単位：%）

	1950 年上期	1950 年下期	1951 年上期
産業全般	2.24	4.14	7.94
製造業	2.75	5.07	10.56
食料品	2.41	2.08	2.69
綿紡績	4.87	11.85	20.26
化繊	4.16	19.41	35.88
紙パルプ	5.18	11.17	17.91
化学	3.64	3.78	3.00
皮革	3.89	5.11	8.71
セメント	5.81	3.33	7.77
鉄鋼	1.97	3.47	7.79
一般機械	− 5.39	1.60	3.86
電器機械	− 1.33	− 0.63	4.74
造船	0.29	− 2.78	1.43
鉱業	3.33	3.72	7.13
商事・卸売	1.07	2.07	2.64
海運	− 0.67	− 2.36	2.07
電力	1.65	1.81	1.98

注：使用総資本利益率.
出所：有澤・稲葉（1966），155 頁.

　に朝鮮戦争が勃発するに及んで景気は低迷から次第に回復へと向かっていった．特需の発生，輸出の増大により滞貨は一掃され，生産も上昇を開始する一方，企業収益の増加と先行きに対する強気の見通しから投資活動が活発化し，経済の様子は一変した（表 1-20）.

　特需と輸出によって大いに潤った繊維産業や金属産業がブームをリードした有様を風刺して，「糸へん景気」，「金へん景気」という言葉が流行したのはこの頃のことである．特需に支えられて生産水準は一挙に戦前水準に回復した[62]．表 1-21 に見るように，企業経営も好転したが[63]，物価上昇の再燃や電力，輸送など各種ボトルネックが顕在化し，国民生活にひずみが出てきた．開戦後の 1 年間で消費者物価は 18%，卸売物価は 49% 上昇した[64]．特に，特需が集中

---

62)　鉱工業生産指数が 1934-36 年の戦前水準を回復したのは 1950 年 10 月.

63)　トヨタもソニー（当時は東京通信工業）も朝鮮特需で息をついたと半藤（2009，302-303 頁）が書いている.

104　　　　　　　　　　第 1 章　戦後日本の経済復興

表 1-22　特需契約高・主要物資の契約高およびそのウエイト
(1950 年 6 月 25 日〜1955 年 6 月 30 日)

(1) 特需契約高

(単位：1,000 米ドル)

	物　資	サービス	合　計
第 1 年	229,995	98,927	328,922
第 2 年	235,851	79,767	315,618
第 3 年	305,543	186,785	492,328
第 4 年	124,700	170,910	295,610
第 5 年	78,516	107,740	186,256
累計	974,607	644,129	1,618,736

注：「第 1 年」,「第 2 年」などの定義は不明.

(2) 5 か年間の主要物資・サービスの契約額累計

(単位：1,000 米ドル, %)

順位	物資			サービス		
1	兵器	148,489	15.2	建物の建設	107,641	16.7
2	石炭	104,384	10.7	自動車修理	83,036	12.9
3	麻袋	33,700	3.5	荷役・倉庫	75,923	11.8
4	自動車部品	31,105	3.2	電信・電話	71,210	11.1
5	綿布	29,567	3.0	機械修理	48,217	7.5
累計		974,607	100.0		644,129	100.0

(3) 特需契約高と生産高（1949 年）比較

(単位：100 万円, %)

	生産高（1949 年）		特需契約高 (1950 年 6 月〜50 年 12 月)		比率 (2)/(1)
	年間	月平均 (1)	6 か月間	月平均 (2)	
金属製品	71,560	5,963	14,269	2,378	39.8
機械器具	264,988	22,082	12,452	2,075	9.3
化学製品	255,926	21,327	2,184	364	1.7
繊維製品	267,253	22,271	8,800	1,466	6.6
木材・紙類	119,497	9,958	5,851	975	9.8
食料品	190,318	15,859	1,358	226	1.4
その他	118,193	9,850	924	154	1.5
合計	1,287,735	107,311	45,837	7,639	7.1

出所：有澤・稲葉（1966）, 160 頁；日本興業銀行（1957）, 869 頁.

している金属・同製品が2.4倍，繊維品が1.6倍に価格が上昇している.

朝鮮戦争は，1951年6月の休戦提案を経て53年7月に板門店で休戦協定が調印されるまで約3年間続いた. 朝鮮特需とは，当初は朝鮮戦線に出動する国連軍（主力はアメリカ軍）の将兵に補給するための物資や役務サービスの買い付けを指していたが，その後，韓国復興資材や休戦協定後の米軍の防衛分担金や駐日軍維持費までを含むようになった. このため，本来は「臨時的」な需要であったはずのものが，休戦後も続き，日本の外貨収入や企業経営に大きく貢献した. 表1-22に示したように，1950年6月から1955年6月までの5年間に16億1,900万ドルの契約高を記録した[65]. 広義の特需収入は35億ドルを上回るともいわれている. アメリカの対日援助総額17億9,500万ドルと比べても，特需がいかに大きなものであったかがわかる.

特需ブームを経て各経済指標は戦前水準をほぼ超え，日本経済はようやく自立化を達成しようとしていた. ただし，外貨収入としてのみならず，国内需要を支えていた特需への依存度は大きく，こうした特需依存体制からいかに脱却し，真の経済自立を達成するかが問題となった. 昭和28年度の経済白書は，朝鮮特需ブームの総決算として「特需があるために日本の経済水準は上昇したのだが，特需にすがりつかなければ立っていけないような歪んだ経済の姿に陥ったことは，むしろ特需の罪」と指摘している（経済企画庁1972，78頁）.

3. 産業合理化

特需ブームの初期においては，製品は作れば売れる状況にあり，企業はコスト引き下げ・品質向上の必要性は感じず，生産拡大のための設備投資は行われても，近代化投資による合理化はほとんど進展しなかった. 表1-23は，経済自立期および高度成長期日本の国際収支の推移を見たものだが，表からもわかるように，1953年には貿易赤字比率（対GNP）は4%に上昇し，それまで，

---

64) 消費者物価は1951年基準の全都市平均指数，卸売物価は1958年1月基準の指数による. ともに1951年6月の対前年上昇率（大蔵省1978，39，47頁）.

65) 表1-22のパネル（1）の注に書いたように，「第1年」，「第2年」などの定義は，不明である. 有澤・稲葉（1966）には多くの表が出ていて，大半は元のデータ出所が明記されている（例えば，77-78頁に複数レートの表があるが，そのデータは，『物価統制資料集 第一巻』とある）. しかし，ここで引用した有澤・稲葉（1966，160頁）の表には原資料が明記されていない.

106 第1章 戦後日本の経済復興

表 1-23 経済自立期および高度成長期日本の国際収支 (1949-1967 年)

(単位：10 億円，%)

	商品輸出	商品輸入	貿易収支	経常収支	GNP	貿易収支/GNP	経常収支/GNP
1949	193	262	− 69	75	3,376	− 2.0	2.2
1950	333	319	14	171	3,946	0.3	4.3
1951	571	592	− 21	119	5,442	− 0.4	2.2
1952	466	613	− 147	81	6,259	− 2.3	1.3
1953	454	738	− 284	− 74	7,055	− 4.0	− 1.0
1954	581	735	− 154	− 18	7,836	− 2.0	− 0.2
1955	723	742	− 19	82	8,624	− 0.2	0.9
1956	894	941	− 47	− 12	9,726	− 0.5	− 0.1
1957	1,028	1,172	− 145	− 223	11,077	− 1.3	− 2.0
1958	1,034	901	133	95	11,523	1.2	0.8
1959	1,229	1,099	130	130	12,925	1.0	1.0
1960	1,432	1,336	97	52	15,499	0.6	0.3
1961	1,494	1,695	− 201	− 354	19,126	− 1.1	− 1.8
1962	1,750	1,605	145	− 18	21,200	0.7	− 0.1
1963	1,941	2,000	− 60	− 281	24,464	− 0.2	− 1.1
1964	2,413	2,278	135	− 173	28,839	0.5	− 0.6
1965	3,000	2,316	684	335	31,787	2.2	1.1
1966	3,470	2,652	818	450	36,794	2.2	1.2
1967	3,682	3,265	417	− 69	43,543	1.0	− 0.2

資料：Ohkawa and Shinohara (1979), pp. 254-255, 336-337.

	外貨準備		
	100 万米ドル	10 億円	輸入の何か月分
1949	225	81	3.7
1950	564	203	7.6
1951	924	333	6.7
1952	930	335	6.6
1953	913	329	5.3
1954	637	229	3.7
1955	738	266	4.3
1956	941	339	4.3
1957	524	189	1.9
1958	861	310	4.1
1959	1,322	476	5.2
1960	1,824	657	5.9
1961	1,486	535	3.8
1962	1,841	663	5.0
1963	1,878	676	4.1
1964	1,999	720	3.8
1965	2,107	759	3.9
1966	2,074	747	3.4
1967	2,005	722	2.7

出所：『がんばれ日本経済 (THIS IS 読売臨時増刊)』，1994 年 11 月；総務庁統計局 『日本長期統計総覧第 3 巻』，109 頁.

アメリカの援助によって維持されてきた経常収支も赤字に転じている.

　ブームが過ぎた頃からようやく，増大した利潤を積極的に設備近代化に振り向け，生産性の向上，国際競争力の強化を図る動きが多くの鉱工業部門において見られるようになっていった．その背景は，近代化による産業合理化によって国際競争力を高めることこそが日本経済の生き残る道であるという官民共通の認識である．朝鮮戦争特需によるブームが日本経済の復興に追い風となったことは確かであるが，そのブームが過ぎ去ったとき，日本経済の脆弱性を認識させたということ，さらにそれに対して構造調整による経済の効率化，経済構造変化が不可欠であると日本経済が正しく反応した重要な事実を見過ごしてはいけない.

　ドッジ・ラインによる価格差補給金の削減，単一為替レートの設定が，合理化の必要性を改めて認識させたのである．360円レートを決めて半年も経たない1949年9月13日，政府は「産業合理化に関する件」を決定し，そのための調査審議を行うため通産大臣の諮問機関として産業合理化審議会を設置した．ここでいう産業合理化というのは，国際価格への鞘寄せを目的として各企業に合理化努力を要請し[66]，政府が将来の産業構造から見た各産業の指導方針を確立して企業合理化の指導，推進とその障害を除去する役割を受け持つ，というものである（通商産業省1972，42-44頁）.「政府が指導」といった表現は気に入らないが，開発経済学的に見れば，官民一体になって，はやく第2次輸入代替から第2次輸出代替へ移行しようという政策であり，日本経済の発展局面を考えれば合理的な政策であった[67].

　「産業合理化に関する件」の閣議決定から3か月あまりたった1949年12月24日には産業合理化審議会第1回総会が総理大臣公舎で開かれた．この審議会は鉄鋼部会，産業機械部会といった31の部会に分かれ，さらに分科会に分かれていたが，1949年度中というからわずか3か月の間に部会は45回，分科会が81回開かれたという（通商産業省1972，46頁）.

66）　「国際価格への鞘寄せ」というのは，国際価格と比べて高い日本製品の価格競争力を高めるという意味である（香西1989，296頁）.

67）　第2次輸入代替から第2次輸出代替への移行については，大川・小浜（1993，第I部）などを参照.

産業合理化審議会は，1951 年 2 月に答申（「わが国産業合理化方策について」）を出して，①産業機械設備の合理化及び近代化の促進，②産業補助施設の整備，③生産技術水準向上の助成，④適時・適量資金の確保，⑤中小企業対策の改善推進，⑥重点的施策（電源開発，造船業，石炭鉱業，鉄鋼業の合理化など）などを含む施策を提言した．1952 年 3 月 1 日には「企業合理化促進法」が公布施行された．

　当時の日本では開発戦略をめぐって「貿易主義」と「開発主義」の対立があった（香西 1981，第 5 章）．貿易主義をとる場合，最大のネックは日本産業のコスト高，特に鉄・石炭のコスト高であった（香西 1989，292-297 頁）．石炭の場合は失敗したが，鉄鋼業では第 1 次合理化計画（当初 1951-53 年度，1955 年度まで延長），第 2 次合理化計画（1956 年度スタート）により設備の近代化，生産能力の拡大が実現した．1951 年末から 1955 年末までの 4 年間で，高炉での銑鉄生産能力は 2,488 トンから 5,870 トンへと増加し，これは 235% の伸びであった．特に注目すべきは圧延部門の近代化である（香西 1981，90 頁）．輸入新鋭設備であるストリップミルの生産能力が急速に拡大し，1951 年末から 1955 年末までの 4 年間に，熱間ストリップミルの生産能力が 270 トンから 1,902 トン，冷間ストリップミルが 139 トンから 1,014 トンと 700% を超える伸びを示している（通商産業省 1957，338 頁）．

　産業合理化過程で起こったことは，費用逓減産業は発展し，費用逓増産業（主として石炭鉱業）の育成に失敗したことである．産業合理化政策が開放体制への適応であり，世界市場でのテストを一つの基準としていた以上当然の帰結である（香西 1984，38 頁）．

　このように戦後日本経済は，1940 年代末には経済安定化政策の実行と同時に経済構造転換，国際競争力向上という一種の構造調整政策を開始していた．そのためには，新しい技術を体化した設備投資が不可欠であったことはいうまでもない．しかし単なる設備投資だけでは不十分で，導入技術を自国の経済環境に合わせて活用する能力，すなわち「社会的能力」があって初めて新鋭設備が現実の生産力増量，国際競争力の向上につながるということを忘れてはならない（大川・小浜 1993，第 7 章 5 節）．

第2章 戦後日本の経済民主化

2-1 経済民主化政策[1]

　1950年代に入って日本は政治的独立と同時に経済自立化を達成しようとしていた[2]．よく知られているように昭和31年度（1956年度）の経済白書のキャッチフレーズは「もはや戦後ではない」であった[3]．敗戦から1950年代までの時期は，その後の日本の経済発展を支えた経済システムが形成されていった時期でもある．戦後日本の経済システムは，戦前に形成されたものも，戦時期に「戦時計画経済化・統制経済体制」の下で意図的に作られたものもあるが，敗戦による混乱と連合軍の占領下で強権的に実施された民主化政策によって大きな影響を受けたものもある．岡崎・奥野（1993）は戦後日本の経済システムは戦間期，戦時期にその源流があるとしているが[4]，1950年代さらには1960年代の高度成長期にはぐくまれ浸透していったものも少なくない（伊藤1993，2頁）．

　世界市場の拡大の波に乗るには，経済の安定化と自立化，競争的市場経済へ「政策の舵の切換え」が必要であった．高度成長を「可能にした」要因としては，高度成長の好循環過程実現による国内需要の急拡大と技術導入・近代化投

---

1)　ここの記述は，小浜・渡辺（1996，第3章）によっている．
2)　「対日平和条約」，いわゆる「サンフランシスコ講和条約」が連合国48か国とサンフランシスコで調印されたのは1951年9月8日，1952年4月28日発効．
3)　昭和46年度までの経済白書については，経済企画庁調査局（1972）で見ることができる．第1章で書いたように，昭和31年度の経済白書に「もはや戦後ではない」と書いたのは後藤誉之助である．
4)　岡崎・奥野（1993）の英語版も出ている．Okazaki and Okuno-Fujiwara（1999）．

資による国際競争力の向上がある．その要因としては，①豊富な質の高い労働力の存在，②先進技術の導入支援策や新技術の産業化資金への融資制度をはじめ大量の設備投資を可能にしたさまざまな政府支援策，および③電力・運輸・通信などのハード・インフラの整備，さらに，④終戦から数年間にわたる激しい労働争議の時期を乗り越えて形成された労使間の協調体制（いわゆる「日本的」労使関係），⑤競争的市場の形成などが指摘されている．

　この章では，歴史の教科書でもお馴染みの占領軍の指令による戦後日本の民主化政策，すなわち財閥解体，労働民主化，農地改革といった一連の経済民主化の内容とその意義を検討する．特にその過程で形成されてきた労使協調を基本とする日本的労使関係の成立過程を考えてみたい．戦後改革は全体的に見て所得分配の悪化を伴わない日本の高度成長を準備する役割を果したといえる（中村 1993，145-147 頁）．分配と成長の両立は，現在の開発経済学の言葉で言えば shared growth, inclusive growth ということだろう．この点については，World Bank（1993）も参照．

　占領開始にあたってのアメリカの対日政策は「占領初期の対日方針」と「降伏後における初期の基本的指令」に規定されていた[5]．経済に関する部分には，軍事力の経済的基礎の破壊，産業・金融上の大きな企業グループの解体，物資・施設による侵略の賠償など，いわゆる日本経済の非軍事化・民主化の方向が示され，この基本線に沿った経済民主化が，企業・農業・労働の３つの面から進められた．すなわち，財閥解体，農地改革，労働の民主化を柱とした経済民主化政策が，総司令部の指令の下で急速に押し進められたのである．もちろん冷戦の深化によって，アメリカの対日政策が大きく方向転換したという国際情勢の変化が戦後民主化にも大きく影響していることは事実である．

---

5) 「占領初期の対日方針」は 1945 年 8 月 31 日（9 月 22 日公表），「降伏後における初期の基本的指令」は 1945 年 11 月 1 日（当時非公開）に出された．なお，日本民主化に関するマッカーサー総司令官の見解として次の 5 大改革の指令が出された（1945 年 10 月 11 日）．①参政権の賦与による日本婦人の解放，②労働組合結成の促進，③学校教育の自由化，④秘密捜査と虐待によって絶えず国民に恐怖感を与えていた諸制度の廃止，⑤日本の経済組織の民主化（大河内 1966，5 頁）．

2-2 財閥解体[6]

　財閥解体の狙いは，過去，日本経済の主要部門を押さえ，戦争とも深いつながりを持ってきた財閥を解体することにより，2度と戦争をできなくすること，財閥に集中している企業群の所有を分散させ，経済民主化を図ることにあった[7]．GHQ のクレーマー経済科学局長は「財閥解体」の意図として「財閥に対処する根本原則は2つある．第1は，これら財閥は戦争中巨額な不当利益を得たが，彼らから戦時利得を吐き出させ，すべての日本人に戦争が決して有利な事業ではないということを，深くその脳裏に刻みつけることである．第2に，全体主義的な経済勢力の破砕である」と述べている（有澤・稲葉 1966, 97 頁）．

　ただし中村（1993, 141 頁）が言うように，公平に見て，戦前の財閥の行動のすべてが害悪を流すのみであったとは言えないだろう．アメリカ政府内では，1944 年夏頃から対日占領政策の策定作業の一つとして，財閥をどうするかの議論が始まっていた．そこでは，「財閥は戦争の挑発者だから解体すべし」という意見と，「財閥内部には親欧米主義者が多く，むしろ軍国主義に反対する日本の民主的勢力の砦だから解体すべきではない」という意見が対立していたらしい．1945 年に入って，国務省・陸軍省・海軍省の3省調整委員会（SWNCC）で「降伏後における米国の初期対日方針」案の検討が始まり，そこでも財閥に対する強硬論と宥和論が対立していた．SWNCC のイニシアチブをとった国務省で「日本派」の J. グルー次官（昭和 7-16 年の駐日大使）が 1945年 8 月 16 日に退任し，8 月下旬には，「日本の商工業の大部分を支配する産業と金融の大コンビネーションを解体する」という財閥解体を明示した改定案がSWNCC で決定され，9 月にトルーマン大統領の裁決を受け占領政策の基本方針として，マッカーサーに指示された（三和 1976, 265-266 頁）．

　たしかに，表 2-1 に示すように，当時の日本経済にあって，財閥への集中度は非常に大きかった．持株会社指定時の 1946 年 9 月時点で，三井・三菱・

---

6) ここの記述は，小浜・渡辺（1996, 第 3 章）によっている．

7) 注 5) 参照．

住友の3大財閥を合わせて全国合計払込資本の23%を占めていた。特に，海運業では6割に近く，また，金融業，重工業でも3割を超えていた。重工業の中でも機械器具工業の分野で，三菱だけで20%，3大財閥を合わせると45%に達していた。

「財閥解体」の具体化は，まず，3大財閥に安田を加えた4大財閥本社の「自発的」解体の決定（総司令部経済科学局の直接指導による）で始まり[8]，15財閥[9]の株式・社債の凍結指令（1945年11月2日）から，制限会社の指定（企業の解散や資産処分を制限する「制限会社令」，1945年11月24日公布）により，財閥系企業などの解体逃れの動きを封じた。

アメリカ政府が派遣した財閥調査団（団長：C. エドワーズ・ノースウェスタン大学教授，1946年1月来日，3月報告書提出）は，「財閥組織は軍事的侵略に好都合な機構的配置を提供した」と財閥の戦争責任を「組織」に帰し，財閥の定義をより包括的な産業・資本の集中あるいは独占一般に拡大解釈したうえで，その全面的な解体を勧告した。これを受けて1946年半ば以降，財閥解体政策は新たな局面を迎えた（宮島1992，205頁；櫻田・鹿内1983，184-185頁）。同勧告の方向に沿った総司令部の指示によって財閥解体の実施機関として「持株会社整理委員会」が設置された（1946年8月27日活動開始）[10]。

持株会社整理委員会は，まず三井，三菱，住友の各本社，安田保善社，富士産業の5社を指定持株会社とし，解散に至るまでの指導監督と解散後の清算遂行の指導監督に当たった。その後，持株会社指定は83社に及んだ[11]。加えて，指定財閥家族の財産の管理・処分が行われ，財閥家族・持株会社役員の企業支配力の排除が図られた。

---

8) 安田財閥がいちばん最初に解体を決定し（1945年10月6日），三井，住友がそれに続き（ともに10月22日），三菱の決定が最後となった（11月1日）。こうして各財閥本社は1945年11月時点で本社機能を停止した（宮島1992，20頁）。なお財閥解体に関する当時の「証言」は，安藤（1966），櫻田・鹿内（1983）などに収録されている。

9) 15財閥は，三井本社，三菱本社，住友本社，安田保善社，浅野本社，渋沢同族，大倉組，野村合名，古河合名，川崎重工業，日産重工業，日本窒素，日本曹達，富士産業，理研工業の15社。

10) 持株会社整理委員会の業務概要図が，有澤・稲葉（1966，103頁）にある。

11) 持株会社指定は5次に及び，その83社の内訳は，第1次（1946年9月6日）5社，第2次（1946年11月21日）40社，第3次（1946年12月3日）20社，第4次（1947年3月6日）2社，第5次（1947年9月18日）16社となっていた。

表2-1 3大財閥の払込資本集中度 (1946年9月)

	三井系持株会社			三菱系持株会社			住友系持株会社		
	傘下社数 (社)	払込資本 (千円)	(%)	傘下社数 (社)	払込資本 (千円)	(%)	傘下社数 (社)	払込資本 (千円)	(%)
金融業	4	169,375	5.5	4	159,875	5.9	4	65,425	3.9
重工業	115	2,214,166	72.3	85	1,866,032	69.0	84	1,469,460	88.2
鉱礦業	13	481,300	15.7	6	274,275	10.1	11	111,150	6.7
金属工業	14	270,005	8.8	8	185,000	6.8	16	550,200	33.0
機械器具工業	57	838,567	27.4	47	1,207,655	44.7	46	638,660	38.3
造船業	5	58,125	1.9	6	11,647	0.4	1	1,600	0.1
化学工業	26	566,169	18.5	18	187,455	6.9	10	167,850	10.1
軽工業	46	273,698	8.9	24	73,030	2.7	14	29,312	1.8
その他	47	403,891	13.2	44	604,576	22.4	17	102,485	6.1
海運業	13	179,127	5.9	18	399,922	14.8	3	6,525	0.4
商事・貿易	22	157,145	5.1	16	151,400	5.6	8	58,205	3.5
その他	12	67,619	2.2	10	53,254	2.0	6	37,755	2.3
総計	212	3,061,130	100.0	157	2,703,513	100.0	119	1,666,682	100.0

	3大財閥払込資本合計		払込資本全国合計		払込資本全国合計に占める 3大財閥の割合 (%)			
	(千円)	(%)	(千円)	(%)	合計	三井	三菱	住友
金融業	394,675	5.3	1,216,143	3.8	32.5	13.9	13.1	5.4
重工業	5,549,658	74.7	17,501,369	54.1	31.7	12.7	10.7	8.4
鉱礦業	866,725	11.7	3,070,750	9.5	28.2	15.7	8.9	3.6
金属工業	1,005,205	13.5	3,829,681	11.8	26.2	7.1	4.8	14.4
機械器具工業	2,684,882	36.1	6,018,569	18.6	44.6	13.9	20.1	10.6
造船業	71,372	1.0	1,613,811	5.0	4.4	3.6	0.7	0.1
化学工業	921,474	12.4	2,968,529	9.2	31.0	19.1	6.3	5.7
軽工業	376,040	5.1	4,587,862	14.2	8.2	6.0	1.6	0.6
その他	1,110,952	14.9	9,074,142	28.0	12.2	4.5	6.7	1.1
海運業	585,574	7.9	992,080	3.1	59.0	18.1	40.3	0.7
商事・貿易	366,750	4.9	2,723,796	8.4	13.5	5.8	5.6	2.1
その他	158,628	2.1	5,358,266	16.5	3.0	1.3	1.0	0.7
総計	7,431,325	100.0	32,379,516	100.0	23.0	9.5	8.3	5.1

注: 傘下企業は, 指定時 (1946年9月) に親会社の持株が10% 以上の会社. 在外分は除く.
資料: 安藤 (1979), 147 頁.

さらに，総司令部の指示により 1947 年 12 月 18 日には「過度経済力集中排除法（集排法）」が公布施行され，1948 年 2 月までに 325 社が分割等再編成を行うべき審査対象企業の指定を受けるにいたった（鉱工業 257 社，配給・サービス業 68 社）．また 1948 年 1 月 7 日には，人的関係による支配の排除を目的とする財閥同族支配力排除法も公布施行された．

1947 年 1 月 4 日の公職追放令の改正によって，軍国主義者の公職追放（パージ）の範囲が拡大され，経済界にも及んだ．該当者は，1945 年 9 月 2 日以前に「主要な」企業の「公職」（社長・副社長，会長・副会長，専務取締役・常務取締役，常任監査役）にあった人物のすべてであり，財閥傘下直系企業の役職者は，ほぼすべて該当し，役職からの辞任と今後 10 年間の就任禁止措置を受けた．この措置によって，1947 年の春までに「財閥を構成していた二つの要素，すなわち，人的な結合と持株による結合とを解体する基本的な施策は出そろった」（三和 1976，267 頁）．そして財閥同族支配力排除法によって，これまで実施されていた追放措置の脱漏を補正し，同時に財閥同籍者・関係者の復帰を完全に不可能とし，人的支配の解体の総仕上げが図られた（宮島 1992，210 頁）．

しかしながら，先にも述べたように冷戦の激化によってアメリカの対日政策は転換され，経済力集中排除に関する政策も緩和に向かい，集排法（過度経済力集中排除法）[12] の適用を「競争阻害が歴然たる場合」に限定し，最終的には表 2-2 に示すように日本製鐵や三菱重工業など 18 社を認定するにとどまった．なお，同表には集排法の適用を受けた企業ごとの指令実施状況もまとめている．

1950 年 1 月には財閥商号・商標の使用禁止が規定されたが，実効のないまま講和条約の発効を迎えたため，持株会社整理委員会も 1951 年 7 月には解散し，「財閥解体」はここに完全に終結した．

財閥解体の効果については多くの議論がある．その中で，財閥に対する家族支配が断ち切られ，また株式をはじめ資金源が閉鎖的なものから開放的なものに変わった．さらに，財閥から独立した企業や新興企業の経営者が，資本と経営の分離の下で，企業家精神を発揮して，自由にかつ激しく競争するようにな

---

12) 1947 年 12 月 18 日公布施行，1955 年 7 月 25 日廃止．

2-2 財閥解体　115

表2-2　持株会社整理委員会による集排（集中排除）決定指令・その実施状況

(1) 分割のうえ解散（6社）

指定会社	分割方法	実施年月	分割会社名
王子製紙	3社	1949年8月	苫小牧製紙（現王子製紙工業），十条製紙，本州製紙
大日本麦酒	2社	1949年9月	日本麦酒，朝日麦酒
大建産業	4社	1950年3月	呉羽紡績（製造部門と商事部門との分離）
		1949年12月	伊藤忠商事，尼崎製釘所，丸紅
三菱重工業	3社	1950年1月	東日本重工業（現三菱日本重工業），中日本重工業（現新三菱重工業），西日本重工業（現三菱造船）
日本製鐵	4社	1950年4月	八幡製鉄，富士製鉄，日鐵汽船，播磨耐火煉瓦
帝国繊維	3社	1950年7月	東邦レーヨン，帝国製麻，中央繊維

(2) 分割のうえ存続（5社）

指定会社	分割方法	実施年月	新設会社名
東洋製罐	1社分離新設	1950年2月	北海製罐
井華鉱業	3社分離新設	1950年3月	別子鉱山（現住友金属鉱山），別子建設，別子百貨店
三井鉱山	1社分離新設	1950年5月	神岡鉱業（現三井金属鉱業）
三菱鉱業	1社分離新設	1950年4月	太平鉱業（現三菱金属鉱業）
北海道酪農共同	1社分離新設	1950年6月	雪印乳業

(3) 資産処分のうえ存続（7社）

指定会社	処分資産
日立製作所	19工場
東京芝浦電気	27工場・1研究所
日本通運	所有株式・施設の一部
帝国石油	所有株式・鉱業権の一部
日本化薬	所有株式
松竹	所有株式
東宝	所有株式

出所：日本興業銀行（1957），655-656頁．

った．財閥解体の対象からはずれた銀行を中心とした企業集団が登場し，新しい局面が展開する．これらが日本経済の構造に大きな影響を与えたという点については異論はないと思う．

　先にも述べたように，財閥解体によって旧財閥の所有していた株式は持株会社整理委員会に移転されたが，その量は当時日本の株式総量の40%以上にも

のぼったと推計されている．持株整理が終わり，東京証券取引所（東証）が再開された1949年には，株式全体の70％が個人所有だったといわれている．しかし，この東証再開後に株が暴落し，個人株主の多くが株を手放し，1950年代に入ると，乗っ取り防止のために企業間の「株の持合い」が進んだ（青木・奥野1996，187頁）．

財閥解体によって産業集中度もアルミとビール工業を除いて低下し，株式の公開や企業間の支配関係が断ち切られたことによって，戦後日本における産業の特徴である激しい競争条件が作り出された．そのような厳しい競争を通じて設備拡張と技術進歩が，高度経済成長に大きく貢献したのである（中村1993，142-143頁）．

2-3　農地改革[13]

農地改革は，財閥解体とともに「戦後日本経済民主化」の重要な政策と言われることが多い．ある日本史の教科書には，「経済の民主化としてとくに重要だったのは，農地改革と財閥解体である．2度の農地改革によって，不在地主の全小作地と在村地主の平均1町歩（北海道は4町歩）をこえる小作地が，国家に強制買収され，小作人に安く売りわたされた．その結果，長いあいだ農村を支配してきた寄生地主制は一掃された．……」とある（五味・鳥海2017，341頁）．

農地制度改革要項（農地改革第1次案）が閣議決定されたのが昭和20年11月24日．連合国最高司令官総司令部（GHQ）の農地改革についての覚書が出たのは，昭和20年12月9日[14]．大内（1976，269頁）は，多くの戦後改革がGHQの指令によっていやいや着手されたのに対し，農地改革だけはGHQが方針を決める前に日本が自主的に着手し，第1次農地改革が動き出したと評価している[15]．洋の東西を問わず，同じ組織，同じ政策についても意見の違いはあるものだ．農地改革についても，農林行政に関わる政治家・官僚の中に，

---

13)　ここの記述は，小浜・渡辺（1996，第3章）によっている．
14)　農地改革第1次案とGHQの農地改革についての覚書の内容は，有澤・稲葉（1966，120頁）参照．

2-3 農地改革　　　117

戦前から「地主保護派」と「小作保護派」がいた．敗戦によって，「小作保護派」にバランスが傾いたのだろう．政治家の中では，農林大臣の松村謙三，農林省の和田博雄農政局長（後に大臣），『秘史・日本の農地改革・農政担当者の回想』を書いた大和田啓気，当時農政課長だった小倉武一といった革新派官僚がいた（申 1998, 152 頁）．

　1946 年から 1949 年にかけて実施された農地改革は，農業団体の再編成（農業会の解散，農業協同組合の結成）と並ぶ農村民主化政策の柱であり，それまでの地主的土地所有をほとんど一掃して日本の経済社会に大きな変化をもたらした．農地改革は，当初の対日方針には含まれておらず，上にも書いたように，むしろ「自作農創設」をねらった日本側のイニシアチブによって着手されたものであった．日本側から出された改革内容（1945 年 12 月 29 日の「農地調整法改正法（第 1 次農地改革立法）」）が比較的穏健なものであったため[16]，GHQ は満足せず，対日理事会で作成された制度改革提案に基づく勧告を行った．この勧告に基づき，政府は，1946 年 10 月 21 日に第 2 次農地改革として「自作農創設特別措置法」および「改正農地調整法」を公布施行した．

　その主な内容は次の点にあった（大内 1976, 269-270 頁）．①不在地主の小作地すべてと平均 1 ヘクタール（北海道は 3 ヘクタール）の保有地を除く在村地主の小作地を，2 年間に政府が強制買収する．それは原則として小作人に売り渡される．②農地の価格は全国平均で水田 10 アール 760 円，畑 450 円程度とされた．小作農には 24 年間の年賦払いが認められる．③残る土地の小作料は金納とし，田では平均 10 アール当たり 75 円とする．将来も田で 25％，畑で 15％ 以内の負担率になるようこれを統制する．④小作契約を文書化し，特別の理由があって知事が許可した場合を除き，土地取り上げは認めない．

　これによって農地改革は 1949 年までの間に実行されることとなった．表2-3 は，農地改革前の 1945 年 11 月時点と，農地改革後の 1950 年 8 月時点の小

15）　大内（1976, 269 頁）は，第 89 議会に上程された「農地調整法案」の閣議決定を昭和 20 年 11 月 22 日としていて，有澤・稲葉（1966, 120 頁）の日付と 2 日違うが，ここでの議論には大きな影響はない．
16）　その主な内容は，①小作地のうち，在村地主のものは平均 5 ヘクタールの保有地を残し，不在地主のものはすべて小作人に売り渡させること，②農地価格を公定し，小作料は金納に改める，というものであった．

118　　　　　　　　　第2章　戦後日本の経済民主化

表2-3　農地改革による小作地比率の低下

(単位：%)

	農地改革前 (1945 年 11 月 23 日)	農地改革後 (1950 年 8 月 1 日)
全国平均	45.9	9.9
北海道	48.7	6.1
都府県平均	45.5	10.5
東北	48.2	8.3
関東	50.6	12.2
北陸	49.0	9.1
東山	43.6	10.3
東海	40.5	12.4
近畿	44.9	13.3
中国	40.3	9.8
四国	43.5	9.9
九州	41.0	10.3

出所：安藤（1979），149 頁.

作地率を比較したものである．農地改革前では，都府県の 45.5%，北海道の 48.7% が小作地であったのが，農地改革実施後には都府県で 10.5%，北海道で 6.1% と大幅に低下した．ここから日本の農地改革が徹底して行われ，寄生地主制が姿を消したことがわかるだろう．

　農地改革によって農村における資産と所得が平等化され，農村の生活水準および消費が向上したことは事実であり，それが農村社会の安定につながったことも間違いない．農地改革は，日本の農村から封建的な「地主・小作関係」を消滅させ，農村の民主化を大きく進めただけでなく，自作農化した農民の生産意欲を高め，資本蓄積が進み，農業生産性が上昇したと考えられがちであるが，この点については実証的には明らかにされていない．農業の平均経営規模は戦前に比べむしろ小さくなっている（Hayami and Ruttan 1985, p. 241；川越 1993, 170-172 頁）．

　川越俊彦は，農地改革が農民の意欲を引き出し戦後の農業成長に貢献したという「定説」を実証的に分析している．それによれば，全国，都道府県別，個別農家レベルにおいていずれのデータでも，「定説」を支持する結果は得られず，農地改革が産業としての農業の生産性の向上に寄与したとする見解は疑問だと言っている．もちろん改革の目的は上でも書いたように，農村の民主化と

政治的社会的安定であり，その意味で農地改革は成功したと言ってよいと書いている．農地改革が産業政策として成功したかどうかと，社会的評価は別のことだというのが総括的結論である（川越 1995，257 頁）．

2-4　労働の民主化[17]

　労働の民主化は，昭和 20 年（1945 年）10 月 11 日，マッカーサーから幣原首相に示された民主化 5 大改革の一つであった[18]．労働組合結成の奨励は，労働者保護のための労働三法の制定につながっていったが，法律の制定以前に労働組合が急速に作られていった．戦時下，労働組合は強制的に解散させられ，企業単位で産業報国会が作られた．そのため戦後の労働組合は企業別組合の形をとったものが多い．労働組合は「賃上げ」と「民主化」を求めて激しい闘争を展開することが多く，しばしば経営陣のつるし上げが行われ，北海道美唄炭坑で「人民裁判事件」が起きている（中村 2012，507 頁）．

　労働の民主化は，連合国の中で占領政策の一環として早くから準備されており，占領開始後いち早く着手された．1945 年 12 月 22 日に労働組合法（翌年 3 月 1 日施行），1946 年 9 月 27 日に労働関係調整法（10 月 13 日施行）が公布され，労働組合の結成・活動の自由が全面的に保障された．これに先立って実施された産業報国会[19] の解散，治安維持法の廃止，特高警察の廃止，共産党員を含む政治犯の釈放[20] とあわせて，労働組合結成の動きを促進させた．また，「こ

---

17)　ここの記述は，小浜・渡辺（1996，第 3 章）によっている．

18)　他の 4 つは，婦人の解放，学校教育の自由主義化，秘密審問司法制度の撤廃，経済制度の民主化であった（中村 2012，506-507 頁）．

19)　1938 年に制定された国家総動員法によって，雇用，賃金，労働時間などすべてにわたって国家統制が加えられることになり，労使関係は「労使一体，事業一家，産業報国」をスローガンとする産業報国運動によって規制されることになった．そして 1940 年 7 月には日本労働総同盟，日本労働組合会議が解散し，これと前後して主要組合も解散した．産業報国運動は，事業所別の産業報国会を単位組織とし，これを全国的に統轄する大日本産業報国会，都道府県別に統轄する都道府県産業報国会（会長は地方長官），警察単位の地域支部によって一元的に推進された（労働省 1969，176，178 頁）．

20)　大日本産業報国会および大日本労務報国会の解散は 1945 年 9 月 30 日．10 月 4 日には GHQ から，10 日までに治安維持法・特高警察廃止や政治犯の釈放などが指令された．

れらの動きは，財閥解体資産凍結令，公職追放，独禁法及び集中排除法の公布，全国経営者団体の結成の不許可といった一連の経営民主化政策と繋がって，組合の成長を容易にするための"権力の真空状態"を作り出した」(篠田 1992, 45 頁). さらに，1947 年に入ると労働基準法（4 月 7 日公布，9 月 1 日施行），失業保険法，職業安定法，労災保険法が制定されている. こうした労働関係諸法の成立によって戦後の民主的労働関係の基礎ができたのである. しかもその内容は，労働者の権利を守る面で欧米の先進諸国水準，あるいはそれ以上のものとなった（栗田 1994, 53 頁).

1945 年 12 月の「労働組合法」と 1946 年 10 月の「労働関係調整法」は労働組合の結成・活動を全面的に認め，治安維持法などの撤廃もあわせて，自由な労使関係を実現した. 1947 年 4 月の「労働基準法」は，労働条件の最低基準を明文化していて，最低賃金制度はなかったものの，未組織労働者を含む全労働者を保護する法制であった. 1947 年の「職業安定法」，「失業保険法」には，アメリカ，イギリスでも制度化されていない労働者の権利が含まれていた.

こうした状況を背景にして，表 2-4 に示すように労働組合結成は急速に進んだ. 終戦からわずか 4 か月後の 1945 年末には，はやくも戦前の最高規模に匹敵する 509 組合，38 万人余を組織化したが，労働組合法施行を機に一段と進展し，1948 年には 53%，1949 年には 56% と組織率は高まった. 「労働組合は，ほとんどすべての工場，事業所ごとに工員・職員の別を問わず一部上級管理者を除いた従業員全体をもって組織され，同一企業の各組合は，企業単位の連合体を結成した. 組合結成において中間管理層が指導にあたった例も少なくなく，単位産業報国会がそのまま労働組合に編成替えされたものもみられた. これらの組合結成過程における特徴，とりわけ組合が工場，事業所単位の従業員組合として成立したということは，戦後労働運動の体質を決定づけることとなった」(労働省 1969, 257-258 頁).

労働組合は相次いで結成され，全国団体としては 1946 年 8 月 1 日に社会党系の日本労働組合総同盟（総同盟），続いて 19 日に共産党系の全日本産業別労働組合会議（産別会議）が発足した. 戦後の貧困と深刻な失業情勢が労働争議発生の要因となり，組合結成と争議発生が同時進行した（図 2-1）. 図 2-1 の上のパネルには半日以上のストライキを伴った労働争議の件数の推移を，下のパ

表2-4　産業別労働組合推定組織率 (1945-1964 年)

(単位：%)

	全産業	農林業	水産業	鉱業	建設業	製造業	運輸通信業	商業	金融業	不動産業	サービス業	公務・団体
1945	3.2											
1946	41.5											
1947	45.3											
1948	53.0	12.4	8.2	100.0	45.6	52.0	91.5	41.8	41.8	41.8	43.3	48.6
1949	55.8	9.4	30.6	100.0	61.3	50.6	100.0	41.7	41.7	41.7	44.8	45.8
1950	46.2	7.9	24.3	93.4	26.7	41.6	85.8	36.4	36.4	36.4	37.4	38.1
1951	42.6	10.2	32.1	100.0	25.6	40.5	73.8	19.5	19.5	19.5	41.4	39.0
1952	40.3	10.2	21.0	76.9	30.3	37.2	79.6	18.3	18.3	18.3	36.6	47.6
1953	38.2	11.6	17.9	80.2	27.9	35.6	79.2	16.5	16.5	16.5	37.1	45.5
1954	37.1	13.3	21.0	76.4	24.8	35.4	75.8	15.9	15.9	15.9	38.2	54.3
1955	37.2	12.1	27.3	85.9	27.9	35.1	76.4	15.2	15.2	15.2	35.9	55.6
1956	36.4	9.7	18.8	97.4	30.7	32.6	76.6	14.5	14.5	14.5	31.6	50.2
1957	34.7	8.4	23.3	70.6	28.1	32.9	70.9	15.1	15.1	15.1	31.4	60.7
1958	33.9	12.9	17.4	88.8	30.1	30.2	74.4	13.2	13.2	13.2	31.3	65.5
1959	33.0	12.5	18.5	60.8	27.2	31.9	72.8	13.7	13.7	13.7	27.9	63.8
1960	33.1	9.9	28.1	79.6	29.7	31.4	68.7	14.2	14.2	14.2	27.5	61.7
1961	35.2	12.5	25.9	77.2	32.0	34.4	70.5	14.6	14.6	14.6	29.7	58.9
1962	35.5	15.3	26.3	63.5	27.9	35.9	74.6	15.4	15.4	15.4	28.4	
1963	35.7	21.7	23.3	64.0	28.1	36.3	71.5	16.2	16.2	16.2	28.6	
1964	35.7	19.6	25.3	59.0	27.4	36.6	71.9	17.3	17.3	17.3	28.4	

注1：1945、1946年は12月末、その他は6月末の調査。

注2：推定組織率は、組合員数を労働力調査の雇用労働者数で除したもの。

注3：単位労働組合＝単位組織組合＋単一組織組合の下部（単位扱）。

出所：大河内（1966）、第18表（546-547頁）。

図 2-1 ストライキの件数と参加人数（1946-1985 年）
(a) 半日以上のストライキを伴う労働争議の件数

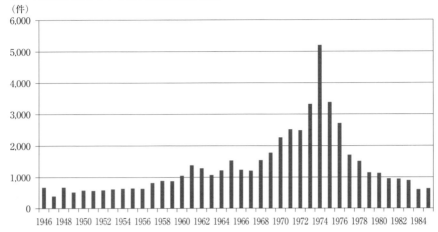

(b) 半日以上のストライキを伴う労働争議の参加人数

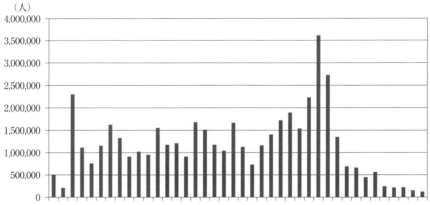

出所：総務庁統計局『日本長期統計総覧 CD-ROM（明治元年から昭和 60 年）』1999 年．

ネルはその争議に参加した人数の推移を示している．GHQ 労働課報告によると，1946 年 6 月の完全失業者数は 560 万人に達し，昭和恐慌時の 300 万人をはるかに超えた（櫻田・鹿内 1983, 156 頁）．争議形態はスト，サボタージュ，

ロックアウト，生産管理などで，特に1946年前半までは生産管理・業務管理が争議戦術の主流を占めた．

生産管理闘争は，経営協議会の設置を要求し，経営協議会を通じて労働組合の経営への発言権を確保することを共通の目標としており，1945年10月の読売争議に端を発する．続いて京成電鉄，日本鋼管鶴見製鉄所，東宝撮影所，東芝など多くの企業で生産管理闘争に突入した．表2-5に1946年末までの主な生産管理闘争を示す．

労働争議の激化に対し，政府は「社会秩序保持に関する声明（1946年6月13日）」（大河内1966，8-9頁）で生産管理否認の方針を示した．6月以降労働争議は若干下火となったが，前述のように1946年8月の2大全国組織結成によって9月から10月にかけて大規模な闘争が展開された．そのきっかけは，9月の国鉄と海員組合の大量人員整理への反対闘争であった[21]．この闘争に続いて，10月1日に首切反対，最低賃金制の要求などを求めてストに入った東芝争議を皮切りに産別会議の指導の下に，257組合，約32万人（うち生産管理14件）が参加した「10月闘争」が展開された．

続いて，民間との賃金格差が開いた官公庁労働者は，越年資金，最低賃金制，団体協約を要求して年末闘争に入った．これに対し吉田首相は年頭の辞で，労組指導者を「不逞の輩」と非難したため，労組の反発を招いた．1947年1月9日に全官公庁拡大共闘委員会（13組合260万人）は2月1日スト決行を決意した．15日の政府の要求拒否を受け，産別・総同盟を加えた全国労働組合共同闘争委員会（全闘）が組織されるとともに，18日には全官公庁共闘委は2・1ゼネストを宣言した．しかし，2・1ゼネストは，直前になってGHQのマッカーサー総司令官により中止させられた[22]．

---

21) 1946年7月24日に運輸省は国鉄労働組合総連合に対し，7万5千人の人員整理を通告．国鉄総連合は，ストをもって首切反対闘争に突入した．9月14日，運輸省は人員整理を撤回し，労働者側の勝利に終わった．また9月12日には，船舶運営会が海員組合に6万人の人員整理を通告したのに対し，海員組合は首切反対ゼネストを決行し，20日に労働者側の勝利に終わっている（労働問題研究会議1977，5-6頁）．

22) 1月31日，マッカーサー総司令官は，行政に致命的打撃を与えるゼネストは許されないとして，禁止命令を出した．このため伊井弥四郎共闘会議議長は中止指令をラジオ放送し「一歩後退，二歩前進」と泣きながら訴えたといわれる（大河内1966，45-51頁；竹前1976，283-286頁）．スト前夜のやりとりについては，伊井（1966）参照．

124 　第2章　戦後日本の経済民主化

表 2-5　主な生産管理闘争（1945-1946 年）

年	月	日	
1945	10	25	読売新聞従業員組合結成，業務管理方式で争議突入．
	12	10	京成電鉄争議，経営管理を実施．
	12	11	読売争議 50 日ぶりで解決．
1946	1	10	日本鋼管鶴見製鉄所，生産管理に入る．
	1	25	石井鉄工所蒲田工場，工場経営委員会設置を含む労働協約を締結．
	1	25	加藤製作所，生産協議会を設置．
	2	1	内務・司法・商工・厚生の 4 相共同声明（生産管理に関連し違法争議行為を処断する）．
	2	8	三菱美唄炭鉱，生産管理に入る．
	2	12	内務省，労働争議取締法式で通牒．
	3	13	東洋合成新潟工場，生産管理に入る（196 日間）．
	3	23	東宝争議，撮影所・劇場の生産・業務管理に入る．
	3	28	東芝車輌，生産管理に入る．
	4	1	日本発送電，経営協議会設置．
	4	5	東芝関東・関西両労連と東芝電気が経営協議会設置．
	4	6	高萩炭鉱，生産管理に入る（70 日間）．
	4	12	生産管理弾圧絶対反対労働者大会（38 組合，7,000 名参集）．
	4	17	日本コロンビア，経営協議会設置．
	4	24	生産管理弾圧反対闘争委員会結成（40 組合，300 名参加）．
	5	4	東北配電労組，経営管理に入る．
	5	13	北炭争議で交渉開始，これに前後して各鉱生産管理．
	5	20	西羊毛工場，生産管理に入る．
	5	20	マッカーサー，暴力的大衆行動に警告の声明．
	5	22	関東配電，経営協議会設置．
	5	24	東北配電，運営協議会設置．
	5	27	総同盟拡大中央委，生産危機突破産業復興に関する件を決定．
	5	30	日通会社側，労資協調，適正利潤確保等で，経営 3 原則を全日通労組に回答．
	6	13	政府，社会秩序保持に関する声明（生産管理を否認）．
	6	13	経営協議会に関する内閣書記官長談を発表．
	6	14	高萩炭鉱，経営協議会設置．
	6	17	厚生省，中労委に経営協議会参考例の作成を依頼．
	6	21	都労連，業務管理に入る．
	6	26	GHQ インボデン少佐，読売新聞社で講演．
	7	15	労調法阻止で対議会闘争東京地方労働者大会．
	7	17	中労委，経営協議会指針を答申．
	7	17	正田製作所，生産管理に入る．
	11	25	東洋時計上尾工場，生産管理に入る．
	12	12	東洋時計上尾工場争議で乱闘死傷事件．

出所：大河内（1966），7-8 頁．

2-4 労働の民主化 125

　「冷戦」の発生を背景とした「2・1ゼネストの中止」をきっかけとして GHQ は過激な労働運動を抑える方針で臨むようになり，1948年の全逓を中心とした全官公庁労組による3月闘争への中止命令（マーカット声明，3月29日）や同年7月の公務員の争議禁止（国家公務員法の改正による公務員への労組法適用除外）を命じたマッカーサー書簡（7月22日．これを受けて政府は31日，公務員の団体交渉権の否認，争議行為の禁止を内容とする政令201号を公布）が出されるなど，戦後労働運動は新しい局面に入った．労働者内部でも共産党の労組支配への反発が民主化運動へとつながり，産別会議も衰退への道をたどった[23]．

　1949年のドッジ・ラインはインフレを終息させたものの，上でも書いたように，深刻な不況を招き，産業界は企業体質の徹底した合理化を余儀なくされた．企業の生き残りを賭けた産業合理化は，人員整理・大量解雇などの問題を意味しており，ここに労使対立が多くの企業でみられた．「大半の大手企業で2から4割の人員整理を出し，1949年の延べ整理件数は1万件，延べ解雇者は50万人に及んだ」（篠田1992，51頁）．こうした状況は，当然，労使間の激烈な争議を招いた．1949年の東芝争議（7月5日，4,600人の人員整理通告）をはじめ，産別最後の闘争といわれる1950年の日立争議（4月8日，5,555人の人員整理通告）など争議は多発したが，結果として組合側は，これらの争議でことごとく敗北した．「しかもそれは単なる争議での敗北にとどまらず，しばしば急進派の指導に反発した穏健派による組合分裂や，組合組織内部での主導権をめぐる同様の交代劇を伴い，各社の急進派勢力は，その後のレッド・パージの追い討ちも重なって，事実上追放される」（篠田1992，51-52頁）．

　戦後日本のこのような激しい労働争議の時期を経て労使間の協調体制が形成される．激しい争議の経験は，新経営陣の間に労使関係の安定，雇用の確保が経営の安定に不可欠の条件であるという認識を定着させる契機となった．こうして雇用を安定し，さらに労働者の福祉や賃金を増大させるために企業成長の最大化を図るという，後に日本的経営と呼ばれる経営方針が次第に定着してい

---

23) 1950年を中心に，共産党員およびその同調者の職場よりの追放（レッド・パージ．報道機関からの追放に始まり，民間産業，政府機関から1万数千人が追放された）が行われたことも，労働運動に対する共産党の影響力を著しく弱めた．

ったのである.

　さらに，戦時中の産業報国会の経験という歴史的偶然があったとはいえ，先に述べたように，戦後日本の組合が，職種別組合でなく企業別組合として組織されたことは，新技術の導入に伴う労働者の配置転換を容易にし，それが新技術導入のコストを引き下げたという事実も見逃してはならない.

　労使が協調し，企業の発展拡大が共通の利益であるとの発想の下では，欧米そして発展途上国に見られるようなホワイトカラーとブルーカラーの身分格差は日本では希薄であった（小宮1993，282頁）．それがQCサークルなどに見られる下からの品質向上運動につながり，日本製品の高い信頼性をもたらした．日本製品に対するこの高い信頼性（少なくともこれまでの）はこのような組織における人間関係によってもたらされたものであって，表面的・形式的に生産性運動を導入すれば高い生産性が実現すると考えるのは大いなる誤解である.

第3章　戦後日本の高度成長とその後遺症

3-1　国民共通の「想い」と政策哲学[1]

1.　国民共通の「想い」

　なぜ日本の製造業は戦後急成長して，高度成長を実現できたのか．小浜（2001）は，マクロの視点からでなく，個別産業の発展という視点から，開発経済学のフレームワークで戦後日本経済を分析したものだ．その本の主たる関心の期間は，復興期の日本から高度成長が終わって低成長期に移行する1970年代初めまでである．発展途上経済としての日本が先進国経済へと発展していく過程を，個別産業の発展という切り口で分析した．経済発展の分析には，マクロの視点も，セクター分析も，個別部門の研究も必要だ．

　日本の高度成長の背景には，「早く復興したい」，「豊かになりたい」，「先進国になりたい」という強烈な「想い」があった．これは国民共通の「想い」だったのではなかろうか．この「想い」を想像できなければ，日本の高度成長は理解できないだろう．しかし，この「想い」は弱肉強食一辺倒の効率主義だけではなかった．

2.　国際社会への復帰

　「2-1 経済民主化政策」で書いたように，日本はサンフランシスコ講和条約が発効して，1952年4月28日独立を果たした．しかし，奄美群島，小笠原諸島，沖縄は，依然，アメリカの施政権下にあった．奄美群島返還は1953年12

---

　1)　ここの記述は，小浜（2001，第10章）によっている．

月 24 日，小笠原諸島の返還が 1968 年 6 月 26 日，沖縄返還が 1972 年 5 月 15
日である．

　日本が国連に加盟申請したのは，1952 年 6 月だったが，安全保障理事会で
ソ連（当時）が拒否権を行使して，すぐには実現しなかった．1956 年 10 月の
日ソ国交正常化を経て，同年 12 月 12 日安保理は全会一致で加盟を勧告し，12
月 18 日，国連総会は全会一致で承認し，日本は 80 番目の加盟国となった[2]．

　日本が OECD（経済協力開発機構）に加盟するのは，1964 年．これについ
ては後述する．

3. 戦後復興の政策哲学：効率と公正の追求（growth and equity）

　1954 年 8 月に大蔵省が発表した『今後の経済政策の基本的考え方』では
「コストの引き下げと雇用の拡大ということは相いれざる矛盾であるかに見え
るけれども，この 2 つの要請を同時に達成することは，容易ではないにしても
決して不可能ではなく，この点を解決して進むことこそ今後の経済政策の目標
である」とはっきり述べている（高橋 1976，384 頁）．

　たいていの開発経済学の教科書には「クズネッツの逆 U 字仮説」が出てい
る[3]．「クズネッツの逆 U 字仮説」は効率の追求と所得分配の追求はトレー
ド・オフの関係にあるというもので，一定の発展段階までは成長や効率を追求
すると，所得分配は悪化するというものである．「クズネッツの逆 U 字仮説」
は「仮説」にもかかわらず，一般的命題かのように思われているようだ．しか
しながら，日本のみならず東アジアの経験は効率の追求と分配の改善が両立し
た好例だと考えられる．「成長・効率と公正の追求（growth and equity）」は，
上の大蔵省の報告書にあるように難しいが両立可能な政策目標だと思う．この
ような的確な政策目標が日本政府によって 1950 年代半ばに明らかにされてい
たという事実をわれわれは忘れてはならない．

　社会の安定は経済発展の必要条件だと思う．人間社会に格差があるのは仕方
がない．でも格差・階層が固定化されている社会はよろしくない．貧しい家に

---

2) 「国連と日本」年表｜国連広報センター（https://www.unic.or.jp/activities/international_
observances/60th/un_japan/）．

3) 例えば，速水（2000，7 章），Todaro and Smith（2020, Chapter 5）などを参照．

生まれても，本人の意欲と能力に応じていい高等教育が受けられる社会，希望次第で優れた技術を習得できる社会，そういう社会では人々は，将来に希望を持って働くことができるだろう．そのためには潜在成長率を高め，ある程度の経済成長率を維持する必要がある．

3-2 戦後日本の経済計画[4]

1. 計画は「悪者」？

「経済計画」はエコノミストの間では分が悪いようだ．1989年11月9日のベルリンの壁崩壊を端緒に，1991年末にはソ連は崩壊し，中国，ベトナムといったアジアの社会主義国でも政治的にはともかく，経済的には計画経済を放棄し，あたかも市場経済こそが唯一の経済パラダイムであるかのような昨今である．東西対立・冷戦は終わり，歴史の終わりと言う論者までいた．しかし，最近では，政治面が強いが「新冷戦」というとらえ方も大手を振って歩いている．

社会主義国の市場経済化にしても IMF のコンディショナリティにしても，基本的には市場の歪みをなくして経済自由化を進めればうまくいくという新古典派経済学の考え方が基礎にあるといえるだろう．静学的には排除さるべき政府の介入も動学的効率性の基準からは正当化される可能性があることを忘れてはならない．経済計画，産業政策について，たしかに，IMF 流の新古典派の理論体系のようにキッチリしたものは確立されていない．しかしだからといって新しいパラダイムを追求しないという姿勢は，知的退廃につながる．この点については，例えば Stiglitz (1994)，Krugman (1995) などを参照．

2. 日本の経済計画

われわれは必ずしも政府の決めた正式の経済計画のみをここで「経済計画」と考えているわけではない．先に書いた外務省特別調査委員会報告『日本経済再建の基本問題（1946年3月）』もマクロの経済計画だと思うし，傾斜生産方

---

4) ここの記述は，小浜・渡辺（1996，第5章）によっている．

式もそうである．表3-1 に示したように，正式決定された最初の政府の経済計画は「経済自立5カ年計画」である．その発端は，高碕達之助経済企画庁長官のようだ．高碕長官はよく知られているように政治家でも役人でもなく実業界の人である．実業界の発想から，「会社ならまず販売とか利益の予算をつくる．そして1年経てばその結果がどうなったか，決算報告をしなくてはならない．国にも決算委員会はあるが仕事の結果を追求する点がかけているように思う」という考え方から経済計画は生まれたようだ（有澤 1976, 374 頁）．

「もはや戦後ではない」で有名な昭和31 年度経済白書の「経済白書発表に際しての経済企画庁長官声明」には経済計画の性格に対する記述がある．高碕が言うには「安全の必要性と，できるだけ速いスピードの要求を調和させる条件として長期経済計画の存在理由がある．長期計画は日本経済のタイムテーブルであるには違いないが，それは汽車の時刻表とは異る．何時何分に日本経済がどこそこに到着するかを正確に予測するのがその主要任務ではない．……日本経済のスピードをどこまで上げても国際収支の十字路で衝突したり，またインフレの壁に突き当たったり，デフレの谷に落ち込んだりしないですむかという旅行案内として役立つのである．……計画立案のねらいは，あくまで方向の指針と速度の基準としての役割にあるのである」．『国民所得倍増計画』にも「計画の性格」という節があり，「わが国の経済計画は，自由企業と自由市場を基調とする体制のもとで行われるものである．……それは経済運営の指針となるべきもの」と述べている（経済審議会 1960, 5 頁）．

3．これまでのマクロ経済計画

1946 年8 月に，重要経済政策の立案・総合調整，経済統制の実施・違反の摘発など広範に及ぶ戦後統制の中心官庁として設立された経済安定本部は，講和条約の発効後の1952 年7 月末にその役割を終えて廃止された．代って同年8 月に設立された経済審議庁は，長期経済計画の策定，各種経済政策の総合的調整，内外経済情勢の客観的・中立的調査分析を主な任務とした[5]．さらに1955 年7 月には，経済審議庁を改称して経済企画庁が発足した．そしてこの経済企画庁に，長期経済計画の策定とその積極的な推進が基本的任務として与えられた[6]．経済企画庁の発足から日本政府が正式に作成してきた長期経済計

3-2　戦後日本の経済計画　　　131

表 3-1　経済計画一覧

名称	策定年月	策定時内閣	計画期間（年度）	計画の目的	実質経済成長率（計画期間平均）
(1) 経済自立 5 カ年計画	1955 年12 月	鳩山	1956-60（5 か年）	経済の自立，完全雇用	4.9%
(2) 新長期経済計画	1957 年12 月	岸	1958-62（5 か年）	極大成長，生活水準向上，完全雇用	6.5%
(3) 国民所得倍増計画	1960 年12 月	池田	1961-70（10 か年）	極大成長，生活水準向上，完全雇用	7.8%
(4) 中期経済計画	1965 年1 月	佐藤	1964-68（5 か年）	ひずみの是正	8.1%
(5) 経済社会発展計画−40 年代への挑戦−	1967 年3 月	佐藤	1967-71（5 か年）	均衡がとれた充実した　経済社会への発展	8.2%
(6) 新経済社会発展計画	1970 年5 月	佐藤	1970-75（6 か年）	均衡がとれた経済発展を通じる　住良い日本の建設	10%
(7) 経済社会基本計画−活力ある福祉社会のために−	1973 年2 月	田中	1973-77（5 か年）	国民福祉の充実と　国際協調の推進の同時達成	9.4%
(8) 昭和 50 年代前期経済計画−安定した社会を目指して−	1976 年5 月	三木	1976-80（5 か年）	我が国経済の安定的発展と　充実した国民生活の実現	6% 強
(9) 新経済社会 7 カ年計画	1979 年8 月	大平	1979-85（7 か年）	安定した成長軌道への移行　国民生活の質的充実　国際経済社会発展への貢献	5.7% 前後
(10) 1980 年代経済社会の展望と指針	1983 年8 月	中曽根	1983-90（8 か年）	平和で安定的な国際関係の形成　活力ある経済社会の形成　安心で豊かな国民生活の形成	4% 程度
(11) 世界とともに生きる日本−経済運営 5 カ年計画−	1988 年5 月	竹下	1988-92（5 か年）	大幅な対外不均衡の是正と世界への貢献　豊かさを実感できる国民生活の実現　地域経済社会の均衡ある発展	3.75% 程度
(12) 生活大国 5 カ年計画−地球社会との共存をめざして−	1992 年6 月	宮澤	1992-96（5 か年）	生活大国への変革　地球社会との共存　発展基盤の整備	3.5% 程度
(13) 構造改革のための経済社会計画−活力ある経済・安心できるくらし−	1995 年12 月	村山	1995-2000（6 か年）	自由で活力ある経済社会の創造　豊かで安心できる経済社会の創造　地球社会への参画	3% 程度（1996-2000 年度）
(14) 経済社会のあるべき姿と経済新生の政策方針	1999 年7 月	小渕	1999-2010（6 か年）	多様な知恵の社会の形成　少子・高齢社会，人口減少社会への備え　環境との調和	(2%)

出所：内閣府「日本の経済計画一覧」（https://www5.cao.go.jp/98/e/keikaku/keizaikeikaku.html）.

画は14を数える（小峰2020）.

　これらの経済計画から読み取れる特徴は次の4点である. ①自由経済を基調とし, 市場メカニズムを補完するもので, 望ましい経済の姿や中長期的経済予測, 政府の政策の方向を示すという性格を持つ「指示的計画（indicative plan）」であること[7]. ②経済状況に応じて新しい計画に柔軟に変更されること. この約50年間に14の計画が策定されており（計画期間は5年から10年となっているが）, 平均して3年強ごとに新しい経済計画に置き換えられた計算になる[8]. ③経済企画庁を調整機関として各関係省庁の協力の下に経済計画が策定され, その過程において経済審議会の場で各界の意見が集約されるという計画策定手続きをとること. ④計量経済モデルを利用することによって, 各経済変

5）　経済審議庁の下では, 1953年2月に「昭和32年度経済表」および同年12月に「岡野構想（総合6カ年計画）」が策定されている. 前者は講和条約締結後の日本が5年後にどのような経済構造を持つべきかを策定したもので, 「世界銀行の調査団が日本の個別産業ないし企業に融資する場合の審査の一基準としてつくられ, 国内産業の合理化計画のひとつの目安にもなった」. 後者は当時の経済審議庁長官であった岡野清豪氏の名をとったもので, 正式には「わが国経済の自立について」と呼ばれ, 「日本経済の発展の鍵が輸出振興にあるとした従来の諸計画作業の方向を」示したものであったが, 政府の正式決定の計画には至らなかった. これらの計画策定と併行して, これらに対応した産業別基盤拡大計画や借款計画が作成されている. その主要なものとして, 電力開発5カ年計画, 石炭3カ年合理化計画, 鉄鋼合理化計画, 食糧増産5カ年計画, 国鉄合理化5カ年計画, 港湾3カ年計画などがあった（経済企画庁1976, 75-76頁）.

6）　これらの経済計画は, 最初の「経済自立5カ年計画」から経済審議会（1952年に設立された総理大臣の諮問機関, 各界の学識経験者30人以内で構成されている）の答申によりとりまとめられ, 閣議決定により政府全体の計画として取り入れられることとなっていた.

7）　日本の経済計画が市場メカニズムを補完する性格を持つものであるということは, 最初の経済計画策定時から認識されていた. 「経済自立5カ年計画」の説明資料のはしがきで, 大来佐武郎（当時経済企画庁計画部長）は次のように述べている. 「本計画は, 個人及び企業の創意と自由な活動を基調とした経済体制のもとに実施されるものであり, 政府の規制は必要な限度にとどめられる建前であるので, その達成は国民全般の理解と努力にまつところが極めて大きい」（小峰1993, 259頁）.

8）　表3-1からわかるようにこれまで計画期間を全うした計画はない. これに対して, 小峰（1993）は「この事実をとらえて, 政府は経済計画に盛り込まれた政策を実行すべく十分な努力をしているとはいえないとする議論があるが, しかし, 逆にこのことは日本の経済計画の柔軟性を示しているといえよう. ……日本の経済計画は一種のローリング・プランであるといってもよい. これまでの12の経済計画は公式にはそれぞれ独立しているが, それぞれの計画は, その前の計画をベースとして, 前の計画で想定されていた経済状況と現実とのギャップを埋めるようにして策定されているのである」（266-267頁）と述べている. そういう評価もあるだろうが, 政治家の常として, 前の総理大臣との違いをアピールしたいという性もあると思う.

図 3-1　経済計画の目標実質経済成長率

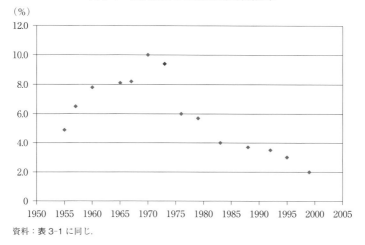

資料：表 3-1 に同じ．

数の相互依存性や予測の整合性をチェックしていること．

　戦後日本の経済計画がそれぞれどのような背景の下に，どのような政策目標を掲げてきたのかを，小峰（1993）などによりながら考えたい．図 3-1 および図 3-2 に，各経済計画の計画期間と成長率の計画値と実績を示したので，表 3-1 と一緒に眺めて欲しい．図 3-1 は，それぞれの計画の目標成長率のトレンドを見たものだ．1970 年代初めまでは，目標成長率は上昇傾向にあったが，その後は低下傾向だ．1973 年 10 月が第 1 次石油危機で，1974 年には戦後日本経済が安定化して初めてマイナス成長を経験した．第 1 次石油危機頃を境に，日本経済は高度成長期から低成長期に移行したといえる．図 3-2 は，表 3-1 の経済計画（1）から（12）を横軸にとって，計画目標の経済成長率と実績の成長率を比べたものだ．図 3-2 の黒塗りの四角は計画の目標成長率で，白抜きの四角が実績である．

　図 3-2 の横軸（5）の「経済社会発展計画（1967-71 年）」までは「白抜き」が「黒塗り」の上にある．実績経済成長率が計画値を上回っているのだ．図 3-2 の横軸（6）の「新経済社会発展計画（1970-75 年）」以降は，「白抜き」は「黒塗り」の下に来ている．

図 3-2 経済計画の目標値と実績

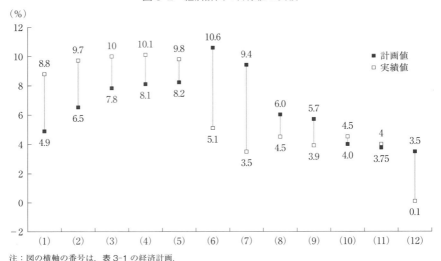

注:図の横軸の番号は,表 3-1 の経済計画.

　1955 年 12 月に最初の公式の長期経済計画として閣議決定された「経済自立 5 カ年計画 (1956-60 年度)」は,1949 年に策定されたが公式に政府の計画とはならなかった「経済復興計画 (1949-53 年度)」[9]と同様,戦後復興と経済自立を目指した計画で,アメリカの援助や特需に依存しない国際収支の拡大均衡と完全雇用の達成を 2 大目標とした.

　高度成長期をカバーするのは,1957 年に策定された「新長期経済計画 (1958-62 年度)」から 1967 年に策定された「経済社会発展計画 (1967-71 年度)」までの 4 つの経済計画である.いずれも高い経済成長率を計画値として掲げており,

---

9) 1949 年 5 月に策定された「経済復興計画」は戦後最初に策定された経済計画で,1949 年度を初年度として向こう 5 年後に生活水準を 1930-34 年の水準にまで回復することを目標とした.実質国民所得および鉱工業生産はそれぞれ年率 8.5%,17.8% で回復・増大することが想定されていた.そのために必要なアメリカからの援助額を明らかにするために作られたものである(経済企画庁 1976,39-40 頁).この計画は,最終段階において吉田首相の反対により陽の目を見なかった.「自由主義者の吉田首相は,社会主義の匂いのする経済計画というものを嫌ったのである」(金森 1990, 499 頁).吉田首相の経済計画嫌いについては,内野 (1978, 76 頁),下河辺 (1994, 222 頁) などでも触れている.

実績はその計画値をさらに上回っている. 特に, 1960 年の池田内閣の下で策定された「国民所得倍増計画 (1961-70 年度)」はその代表的なものである[10]. ただし, 高度成長期後半の 2 つの経済計画では, 高度成長によってもたらされた歪みが意識され, それまでの経済成長最優先から社会開発の推進に重心が移り, 経済成長よりも物価安定や社会開発 (住宅, 生活環境の整備, 公害の除去など) が重要視されるようになった (経済企画庁 1976, 201-202 頁). 計画のタイトルにも「社会」という言葉が入るようになり, その後の「新経済社会発展計画 (1970-75 年度)」, 「経済社会基本計画 (1973-77 年度)」に引き継がれていった.

　1970 年代前半に策定されたこの 2 つの経済計画は, それまでの実績を踏まえて経済成長率の目標を 10% 前後と高く設定したが, ドル危機や石油危機など経済情勢の大きな変化の中で, 実質成長率は 10% 程度の高成長から 4〜5% 程度にシフトし, 再度の改訂を余儀なくされていった.

　1970 年代後半から 1980 年代前半にかけて策定された 3 つの経済計画は, 日本を取り巻く内外の環境変化に対応するものとなっている. 例えば, 1976 年に策定された「昭和 50 年代前期経済計画 (1976-80 年度)」は, 第 1 次石油危機後のインフレと景気後退を意識したもので, 安定成長への移行や省資源・省エネ型への産業転換が主要政策の一つとして強調された. また 1979 年に策定された「新経済社会 7 カ年計画 (1979-85 年度)」では, 日本の貿易収支黒字拡大を背景とした欧米との貿易摩擦を意識し, 内需中心の成長や国際協調・国際貢献をうたっている. さらにこの計画では, 財政赤字に対処するため一般消費税の導入が示された. しかしこの新税は国民の受け入れるところとはならず, 政府は方針を転換して増税ではなく歳出削減努力によって財政バランスの回復を図ることになる (小峰 1993, 261 頁). 1983 年策定の「1980 年代経済社会の展望と方針 (1983-90 年度)」では行財政改革を最優先の政策課題として挙げ,

---

10) 「所得倍増計画」というと池田勇人総理大臣というイメージが強い. あまり知られていないかもしれないが, 諮問は昭和 34 年 11 月 26 日, 内閣総理大臣岸信介から経済審議会会長石川一郎宛で「国民所得倍増を目標とする長期計画いかん」となっており, 答申は昭和 35 年 11 月 1 日, 経済審議会会長石川一郎から内閣総理大臣池田勇人宛である.「国民所得倍増計画は, 池田さんの政策となっているようですが, 実は岸さんの発案だと言えますな」という岩竹照彦元中小企業庁長官の証言もある (小林他 1995, 172 頁).

民間活力を重視した政策目標を掲げた．

　日本の貿易黒字は，1985年度に616億ドル，さらに1986年度には1,016億ドルに達するなど，1980年代半ばになると日本の黒字は国際経済へ悪影響を及ぼすほど巨額なものとなった．中曽根首相の私的諮問機関であった「国際協調のための経済構造調整研究会」の報告書として1986年4月に発表された「前川レポート」は，日本の経済構造を内需主導型へ変換する必要性を強調した．こうした認識を受けて策定されたのが，1988年の「世界とともに生きる日本（1988-92年度）」と1992年の「生活大国5カ年計画（1992-96年度）」の2つの計画である．これらの計画は，対外不均衡の是正と国民生活の質的向上の達成をねらったもので，前者では，内需を中心とした安定成長を目指し，経常収支黒字のリサイクリングなどによる世界への貢献を強調した．また後者では，ドルベースでの所得は世界有数の水準にあるのに，豊かな生活を享受できていないという国民的不満の高まりや地球環境問題に対する認識の高まりなどを背景に「生活大国・地球社会との共存」をスローガンとして掲げている．

　このように，戦後日本の経済計画は，経済成長を最優先するものから，次第に，社会開発・豊かさの実現，国際協調・貢献へと重点を移す方向に変化してきた．また，当初の経済計画と比べて，1970年代以降の経済計画では，主要経済変数に関する詳細な展望は示されず，成長率の計画値も「程度」，「前後」といった慎重な表現が用いられるようになった．これは，内外経済環境の変化が激しく，モデルによる経済指標の予測が不可能な面があること，計画の目的が，経済成長から社会面の改善や国際貢献などに重点を移したため，計量経済モデルでは扱えない変数が増えてきたこと，加えて，実態を踏まえたモデルによる予測に基づく計画設定では，成長率などが低くなり，経済回復の面で問題が出ることが懸念されることなどによるのであろう．

4.　経済計画の役割

　ここでわれわれが考えているのは，計画経済諸国におけるような経済計画ではない．経済発展の主役はあくまで民間部門であり，政府の役割は民間部門のダイナミズムができるだけ実現する経済環境を作ることである．

　計画は経済政策の一つであり，したがって政策目標を決めるのは政治家であ

り，時代背景に影響は受けるものの，政治家の個性による面も無視できない．池田首相の「所得倍増計画」があれほどのブームを呼んだのは「経済の池田」の演出があったことはその通りだろう．佐藤内閣の「中期経済計画」や「経済社会発展計画」以後の経済計画の影が薄いのは政治が計画を重視しなかったからである（中村 1994a，21-22 頁）．

　日本における計画の意義を評価する論点は，かなり共通している．例えば金森（1990，499-500 頁）は，以下のように述べている．経済計画が果した役割については，人によって見方に違いがある．日本は民間の自由な経済活動によって成長したのであって，経済計画は飾りにすぎなかったといって，計画の役割を否定する説もある．だが次の 3 つの理由から，経済計画は成長にかなり寄与したと言っていいと思う．第 1 は，公共事業等政府が直接実施する部門については，総合経済計画が基準となり，その下で各省の所管する分野の具体的な計画が作られた．第 2 に，民間の設備投資については，各企業が計画を作る際に総合経済計画を基準としたため，経済全体との整合性がある程度得られた．第 3 に，経済計画を作るために企業，学者，労働組合，消費者等の代表者が参加する経済審議会が設けられたので，ここでの審議を通じて，国民の合意が形成された．もっとも民間の経済活動に対しては，計画は参考としての役割を持つにすぎず，強制力はない．いわゆる指示的計画である．経済活動の主役は，民間である．この点が旧ソ連等社会主義国の経済計画とは基本的に違う点であって，自由な経済活動を，計画によって縛り付けてしまうということはなかった．日本は自由経済を中心とし，それに計画的要素を組み合わせた．この組み合わせが，成長促進に役立ったというわけである．この点については，宮崎（1976，429 頁），小峰（1993，267 頁）も参照．

　計画や政策の本質は民間と政府の相互作用である．民間と政府の関係で重要なことは国民・民間企業の政府に対する信認であり，政府が国民と一体になって中長期的に自国の経済をどうしようとしているかのヴィジョンである．緊急にすべき政策は何で，中期的な生産目標，輸出目標をどのように考えるのか，といったことを国民に提示することが重要である．それを政府が一つ一つ実現していく過程で，国民の信認が醸成される．この点については，戦後日本の経験は有用だと思う．それについては，何度も引用している，終戦直後の外務省

特別調査委員会報告『日本経済再建の基本問題（1946年3月）』が有澤（1990）に再録されて，大きな図書館に行けば誰でも読めるようになった．さらに英語版も出版されている（Okita 1992）．このような先人のスピリット・努力を，特に若い世代の読者諸氏は直接手にとって感じてほしい．何度も書くが，有澤廣巳安本長官が実現しなかったことを糾弾して，大来佐武郎が時の吉田首相に「こうした事態になったことについて，総理は後世，歴史の批判を受けるだろう」と言って辞表を出した，といったエピソードを是非知ってもらいたい（有澤・大来1966，289頁）．

「国民所得倍増計画（1961-70年度）」策定のブレーンだった下村治は，「日本経済は今や歴的勃興期にある．国民の創造的能力の解放が，このような歴史的高揚の原動力である」と主張し，「成長力論争」を引き起こした（内野1978，155, 158頁）．「歴史的勃興期」という認識が「所得倍増計画」のエッセンスであり，それが民間の設備投資ブームをもたらしたのである．その意味で，計画とか政策は策定者のセンスの問題が大きいかもしれない．そのような強い個性と歴史認識を持った立案者とそれを支えるテクノクラート，さらにはそれを国民に問う政治家の組み合わせがうまくいったときに計画・政策は力を発揮する．

　繰り返すが，1954年8月に大蔵省が発表した『今後の経済政策の基本的考え方』では「コストの引き下げと雇用の拡大ということは相いれざる矛盾であるかに見えるけれども，この2つの要請を同時に達成することは，容易ではないにしても決して不可能ではなく，この点を解決して進むことこそ今後の経済政策の目標である」（高橋1976，384頁）とはっきり述べている．先に書いたように，開発経済学の教科書には有名な「クズネッツの逆U字仮説」が出ている[11]．これは効率の追求と分配・雇用の追求はトレード・オフの関係にあるというもので，一定の発展段階までは成長や効率を追求すると，所得分配や雇用状況は悪化するというもの．「クズネッツの逆U字仮説」は常に成り立つものではないが，一般的命題かのような誤解が流布しているようだ．しかしながら，日本のみならず一般的には東アジアの経験は効率の追求と分配の改善が両

---

11) 「クズネッツの逆U字仮説」はかなり前から知られていたが，有名になったのは，1955年のアメリカ経済学会でのクズネッツの会長講演だ．

立した好例だと考えられる[12]．「成長・効率と公正の追求（growth and equity)」は，この大蔵省の報告書にあるように難しいが両立可能な政策目標だと思う．何度も言うが，このような的確な政策目標が日本政府によって1950年代半ばに明らかにされていたという事実をわれわれは記憶しなくてはならない．下河辺（1979, 232頁）は，第1次全国総合開発計画の作業で一番頭に描いたことは日本国内の地域所得格差をいかに縮めるかということだったと回想している．

全国総合開発計画策定の中，マクロの経済計画の枠組みでインフラ整備が首尾一貫して進められたのではないかと考え，いろいろ調べたが，インフラ整備はどうも縦割り官庁の「悪弊」の下で進められたようで，一つの計画の枠組みの中で進められてきたわけではないようだ（下河辺1979, 236頁）．

経済計画の役割は経済の発展局面，さらには時代によって異なる．高度成長期の日本にとって経済インフラの充実が公共投資の最重要目標となる．例えば岩戸景気（1958年6月〜）の頃は依然として電力不足の時代であった（小竹1980, 424頁）．当時は電源開発や道路整備といった経済インフラ投資の促進は経済合理的な政策・計画目標であった．それが現在も合理的かどうかはわからない．10年以上も省庁ごとの公共投資のシェアが小数点以下のパーセントまで同じであるといった現実は，変化の激しい今日，合理的であるはずがない．既得権益が社会に深く根を張り，それが政策の柔軟性を失わせている．これを政治の貧困と言わずして何と言おうか．

小浜（1993）は将来の日本の貿易赤字の可能性を考え，経済的に体力のあるうちに技術開発に資源を重点的に投入すべきことを論じている．技術を輸出して将来の外貨獲得源にすれば，日本経済の経常収支マネジメントにも有用だし，世界平和にもつながる．「貿易赤字」などと何を寝とぼけたことを言うか，と思う読者は，19世紀のイギリスの国際収支状況と現在のそれを比較してみてほしい．成長戦略・経済構造変化は，アベノミクスの3本の柱の一つだったが，スローガン倒れだったようだ．まだまだ既得権益の壁は厚い．

---

12) 2013年に亡くなったグスタフ・ラニス・イェール大学教授は，クズネッツはものすごくえらい学者だが，この点だけは間違った，と言っている．1995年7月21日，慶應義塾大学でのセミナーでの発言．この点については，Ranis（1979）も参照．

将来の日本をどうしようというヴィジョンに基づいて，限られた予算を優先順位にしたがって配分するというのが政策であり計画である．ヴィジョンもなければ優先順位もない政策は失敗する．もちろんこれまでの経済至上主義を改めるという選択肢もある．例えばヨーロッパの小国型の生き方というヴィジョンもありえるだろう．ヨーロッパの小国型の生き方を日本国民が選んだとしても，アムステルダムのスキポール空港が4,000メートル滑走路を4本持ちながら簡単に隅から隅まで歩いて移動できるという事実も忘れてはならない（もちろん，老人などのために小さな電気自動車が空港内をいつも軽快な警笛を鳴らしながら走っていることはいうまでもない）．

選挙の投票率の低さは，「政治がどうであれ，現在の平和や経済的繁栄は未来永劫続く」という有権者の幻想を象徴しているのかもしれない[13]．われわれは知らず知らずに「ゆで蛙」になっているのだろうか（今井1995参照）．

3-3 高度成長と構造変化

1. 日本は発展途上国だった[14]

「日本は発展途上経済だった」と言うと，それはそうだろう，戦前の日本経済はとても先進国とはいえないよ，という答えが返ってくるかもしれない．例えば1930年代なら，日本の生活水準はアルゼンチンとは比べものにならなかった（表3-2）．だがここで言いたいのは戦後もしばらくの間は先進国経済ではなかったということだ．

いろいろな議論はあるが，われわれは1960年頃までは日本経済は発展途上国経済だったと考えている．当時そんな言葉はなかったが，1950年代の日本経済は，1970年代の韓国や台湾のようなNICs（newly industrializing countries）だったと考えることもできる．

「労働市場の転換点」という観点からも1960年くらいまで日本経済がある意味で発展途上経済であったと考えることができる[15]．これは，簡単に言えば，

---

13) 選挙に行っても1票じゃ何も変わらない，という有権者もいる．でも，2022年6月に行われた東京の杉並区長選挙では，76,743票とった新人が187票差で現職を破って新しい区長が誕生した．
14) ここの記述は，小浜・渡辺（1996, 序章）によっている．

3-3 高度成長と構造変化　　　141

表 3-2　アルゼンチンと日本の所得比較

	アルゼンチン	日本	アルゼンチン/日本
1850	2,144	910	2.36
1860	2,321	n.a.	n.a.
1870	2,514	985	2.55
1880	2,748	1,153	2.38
1890	4,139	1,351	3.06
1900	4,925	1,575	3.13
1910	6,547	1,741	3.76
1920	5,949	2,265	2.63
1930	6,988	2,471	2.83
1940	7,128	3,815	1.87
1945	7,462	1,776	4.20
1950	8,542	2,519	3.39
1960	8,928	5,185	1.72
1970	12,259	12,904	0.95
1980	14,431	20,408	0.71
1990	11,878	26,341	0.45
2000	14,918	33,294	0.45
2018	18,556	38,674	0.48

注：Real GDP per capita in 2011 $.
出所：Maddison Project Database（MPD）2020.

　それまで単純労働がいくらでも安く雇えたような経済から，だんだん単純労働
が不足するような経済へ変わることである．現象的に言えば，中産階級の家に
女中がいるのがあたりまえの経済から，女中が珍しい経済への移行と考えても
よい．あるいは，中卒の労働者に対する需給関係が買手市場から売手市場にな
り，「中卒は金の卵」などと言われるようになることである（安場 1980，158
頁）．
　このような労働市場の変化は経済の構造変化をもたらす．すぐわかるように，
転換点を超えると労働集約的な産業の国際競争力は徐々に低下していくだろう．
まず労働集約的製品の輸出が減っていく．さらに時間が経過すれば，輸入障壁
が低ければ，それまで国産の労働集約的製品を買っていた消費者は輸入品にシ

---

15)　日本の「労働市場の転換点」については論争がある．安場（1980，第5章第4節），南（2002，
　第9章）などを参照.

142 第3章 戦後日本の高度成長とその後遺症

図3-3 戦後日本の経済成長率（5年移動平均）

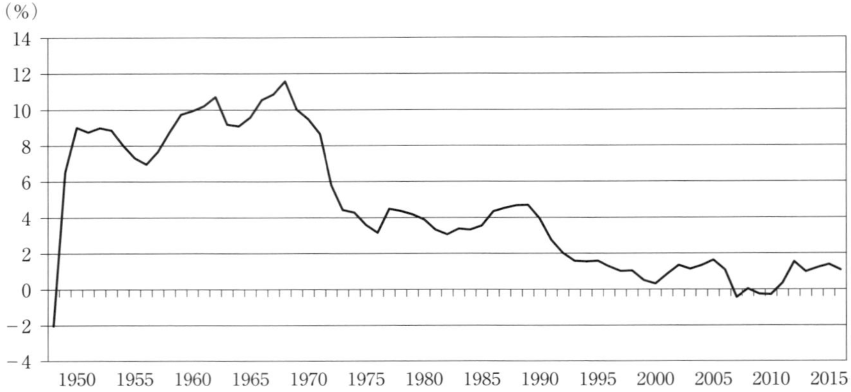

（％）

注：Rate-Real GDP in 2011 $.
出所：Maddison Project Database 2020.

フトしていくだろう．そうすると輸入が増加する．このような構造変化・構造
調整が市場メカニズムの中でおこる経済もあれば，なんらかの政策変更によっ
てそのような構造調整が実現する経済もある．

　1960年代の日本経済は年率10%を超える高度成長を達成し，「奇跡の成長」
といわれた[16]．図3-3は戦後日本の実質経済成長率の推移を5年移動平均で，
図3-4は戦後日本の実質一人当たり所得成長率の推移を5年移動平均で見た
ものである．1950年代から1960年代にかけて日本は高い経済成長を実現し，
その後，急速に経済成長率は低下し，「バブル経済の日本」，「バブル崩壊」を
経て，「失われた10年」，「失われた20年」，「失われた30年」の日本経済にわ
れわれは生きている．「失われた30年」の日本経済については次節で考える．

　高度成長によって，急速に所得水準が上昇した．表3-3は，日米の名目の
一人当たりGDP/GNIの推移を見たものである．表の右の列に示したように
「為替レートのマジック」があることは事実だが，日米の所得格差は急速に小

16）　例えば，Johnson（1982）参照．若い読者にとっては，「日本の奇跡」は，SF漫画の世界かもし
　れない．

図 3-4　戦後日本の一人当たり所得成長率（5 年移動平均）

注：Real GDP per capita in 2011＄.
出所：Maddison Project Database 2020.

さくなった．1950 年，アメリの平均所得は日本の 13 倍以上だったが，1960 年には 6 倍になり，高度経済成長期も終わりに近づいた 1970 年には格差は 2.5 倍程度にまで小さくなったのである[17]．

1950 年代末から 1970 年代初めの高成長について，いくつかの誤解があるように思われる．

第 1 の誤解：日本が戦後高度成長を達成できたのは近代経済成長を開始した時点から所得水準が高かったからである．

いかにもありそうなことだが，これは間違い．近代経済成長を開始した時点の日本の所得水準は，1950 年代のアジアの国々の所得水準と大差なかった．農業生産性についても大きな差は認められない（大川・小浜 1993, 52 頁注 1）．戦争直後の日本でも先行きの展望が十分にあったわけではない．例えば財界鞍馬天狗といわれた中山素平氏も「何の展望もなかった」と話している（田原 1995, 32 頁）．

---

[17]　一人当たり所得が発展水準を表す完全な指標ではない．産油国の中にはイギリスより所得水準が高い国もあるが，イギリスの発展水準がそれらの産油国よりも低いというわけではない．

表 3-3　日米の所得格差

(単位：米ドル)

	日本 (A)	アメリカ (B)	アメリカ/日本 (B)/(A)	為替レート (円/ドル)
1950	138	1,882	13.64	360
1955	267	2,411	9.03	360
1960	457	2,803	6.13	360
1965	917	3,557	3.88	360
1970	1,947	4,841	2.49	360
1975	4,466	7,173	1.61	296.79
1980	8,907	11,558	1.3	226.74
1985	10,974	16,494	1.5	238.54
1990	23,968	21,863	0.91	144.79
1995	40,650	28,130	0.69	94.06
2000	34,620	34,890	1.01	107.77
2005	38,940	44,620	1.15	110.22
2010	43,440	48,950	1.13	87.78
2019	41,580	65,910	1.59	109.01

注：GNI per capita, Atlas method（current US $ ）.
出所：IMF, *International Financial Statistics*, various issues; World Bank database.

　第 2 の誤解：戦後日本の高度成長は典型的な「輸出主導型成長」である.

　Chenery, Robinson, and Syrquin（1986, p. 3）は，日本は「輸出主導型成長」の元祖であるという．これもよく言われることだが，少なくとも需要面について見る限り間違い．高度成長期でも日本の輸出/GDP 比率はほとんど変化していない．この点は韓国とは全く違う（大川・小浜 1993, 283 頁）．もちろん供給面，すなわち国際競争力の向上を重視するという面はきわめて重要である.

　第 3 の誤解：戦後日本の高度成長は産業政策の成果である.

　チャーマーズ・ジョンソンの「開発国家論」に代表される考え方だが，これも大いなる誤解（Johnson 1982）．戦後日本の急速な工業化をもたらしたのは産業政策という「政府の介入」ではなく「民間のダイナミズム」である.

2.　世界銀行借款[18]

　日本は 1964 年に OECD に加盟し，その年の 10 月 10 日には東京オリンピックが始まった（それを記念して体育の日が国民の休日になっていた）．東京オ

リンピックに先立つ 1964 年 10 月 1 日に，東京―大阪間の東海道新幹線が開業
したのである．これとても当時の日本政府がすべての資金を負担できたわけで
はない．一部は世界銀行のローンである．

表 3-4 を見てほしい．主要なインフラ，重工業のための設備投資に，いか
に多くの世銀借款が入っているかがわかるだろう．1960 年代半ばまでは日本
は間違いなく世銀借款の受取国であった．それだけで日本は途上国であったと
いうつもりはないが，これも戦後日本経済の性格を考えるうえで，重要な事実
である．

3. 貿易自由化と産業政策[19]

(1)「輸出主導型成長」と「産業政策」

1950 年代末から 1970 年代初めにかけての日本の高度成長がどういう理由で
実現したかについて，よく言われた議論は，「輸出主導型成長」と「産業政策」
だろう．しかし，上で「第 2 の誤解」，「第 3 の誤解」で書いたように，誤解
だ[20]．

何度も言うが，戦後日本の急速な工業化をもたらしたのは産業政策という
「政府の介入」ではなく「民間のダイナミズム」である．「産業政策のおかげで
戦後日本の高度成長があった」とも思わないし，「産業政策という誤った政府
介入にもかかわらず，日本は成長した」とも思わない．高度成長期の日本の産
業政策を誤解し，政策金融や税制優遇措置をとれば，工業化が加速し，発展が
うまくいくと考える論者もいる．この考え方は全くの誤解だ．ここでは，「産
業政策」に貿易政策も含めて考えている．産業・貿易政策というときもあるが，
単に「産業政策」といっても，それには貿易政策も含めて考えている．

産業政策とは，突き詰めれば，政策を実行する政府と民間の密接なコミュニ
ケーションだ．このように言うと，産構審のような審議会を作りさえすればう
まくいくと考える途上国の政策担当者も多い．それもまた大いなる誤解だ．審

---

18) この節は，小浜（2001，序章）によっている．
19) ここの記述は，小浜・渡辺（1996，第 5 章）によっている．
20) 大野健一が言うように，多くの新興国・途上国は，「産業政策，是か非か」といった神学論争を
すでに卒業し，政策能力を高めて自国の工業化を進めようとしているのだろう（大野 2013，iii 頁）.

表 3-4 世界銀行借款

年	借入人	受益企業	プロジェクト	借款契約額 （1,000 ドル）
1953	日本開発銀行	関西電力	多奈川火力二基	21,500
	日本開発銀行	九州電力	刈田火力一基	11,200
	日本開発銀行	中部電力	四日市火力一基	7,500
1956	日本開発銀行	八幡製鉄	厚板圧延設備	5,300
	日本開発銀行	日本鋼管	継ぎ目なし中継管製造設備	2,600
	日本開発銀行	トヨタ自動車	挙母工場トラックバス用工作機械	2,350
1957	日本開発銀行	石川島重工	東京工場船舶用タービン製造設備	1,650
	日本開発銀行	三菱造船	長崎造船所ディーゼルエンジン製造設備	1,500
	日本開発銀行	川崎製鉄	千葉工場ホット及びコールドストリップミル	20,000
	農地開発機械公団	農地開発機械公団	上北根川地区開墾事業	1,330
	農地開発機械公団	農地開発機械公団	篠津泥炭開墾事業	1,133
	農地開発機械公団	農地開発機械公団	乳牛輸入分	984
	農地開発機械公団	農地開発機械公団	保留分	853
	愛知用水公団	愛知用水公団	愛知用水事業分	7,000
1958	日本開発銀行	川崎製鉄	千葉工場 1,000 トン高炉及びコークス炉	8,000
	日本開発銀行	関西電力	黒部第 4 水力発電	37,000
	日本開発銀行	北陸電力	有峰水力発電	25,000
	日本開発銀行	住友金属	和歌山工場 1,000 トン高炉及び製鋼分塊設備	33,000
	日本開発銀行	神戸製鋼	灘浜工場 800 トン高炉，脇浜工場製鋼設備	10,000
	日本開発銀行	中部電力	畑薙第一，第二水力発電	29,000
	日本開発銀行	日本鋼管	水江工場 60 トン転炉	22,000
1959	日本開発銀行	電源開発	御母衣水力発電	10,000
1960	日本開発銀行	富士製鉄	広畑工場 1,500 トン高炉一基及び転炉分塊	24,000
	日本開発銀行	八幡製鉄	戸畑工場 1,500 トン高炉第二基	20,000
	日本道路公団	日本道路公団	尼崎―栗東間高速道路	40,000
1961	日本開発銀行	川崎製鉄	千葉工場厚板工場新設	6,000
	日本開発銀行	住友金属	和歌山工場コンバインドミル	7,000
	日本開発銀行	九州電力	新小倉火力	12,000
	日本国有鉄道	日本国有鉄道	東海道新幹線	80,000
1962	日本道路公団	日本道路公団	一宮―栗東，尼崎―西宮間高速道路	40,000
1963	日本道路公団	日本道路公団	東京―静岡間高速道路	75,000
1964	日本道路公団	日本道路公団	豊川―小牧間高速道路	50,000
1965	首都高速道路公団	首都高速道路公団	羽田―横浜間高速道路	25,000
	電源開発	電源開発	九頭竜川水至長野及び湯上発電所	25,000
	日本道路公団	日本道路公団	静岡―豊川間高速道路	75,000
	阪神高速道路公団	阪神高速道路公団	神戸市高速道路 1 号	25,000
1966	日本道路公団	日本道路公団	東京―静岡間高速道路	100,000
合計				862,900

出所：世銀借款回想編集委員会（1991），114-117 頁．

議会や業界団体の役割はそれなりにあったと思うが，最も重視すべきは，日常的に行われた官僚と民間企業の非公式な意思疎通だった．その前提条件は，民間企業の政府に対する信認だ．

戦後日本の産業政策・貿易政策の目標は一言で言ってしまえば，一刻も早く先進国への仲間入りをしたい，アメリカに追いつきたい，というものだった．東京でオリンピックを開きたい[21]，先進国のクラブとも言える OECD（経済協力開発機構）加盟もその象徴的目標だった[22]．後で述べるように，OECD加盟のためには貿易・資本の自由化は不可欠だが，そうすると日本企業は壊滅的打撃を受けるかもしれないという論調も当時はかなりあった．この自由化と日本企業の発展の両立を達成しようとする政策パッケージが当時の「産業政策」であった．換言すれば，当時の政治家，官僚，財界の一致した考えは，「国際競争力の強化」にあった．「国際競争力」という概念が経済学的に「曖昧」あるいは「ミスリーディング」だと一言の下にかたづけては当時の現実を見失う（Krugman 1994, Appendix to Chapter 10）．マクロで考えれば，たしかにその通りで，比較優位で考えるべきだ．でも，ミクロで考えれば，すなわち個別の企業の立場からは，絶対優位の世界なのだから，「国際競争力の強化」は，まさにアメリカやヨーロッパの同業企業と競争できるかというまさに死活問題であった．

技術的にも，財務的にも圧倒的に強いと考えられていた欧米先進国の企業との競争に世界市場であるいは自由化後の日本市場で勝てるか，生き残れるか，

---

21) 1964 年の東京オリンピック．

22) 韓国の人たちにとってのソウル・オリンピック（1988 年），OECD 加盟も同じ意味合いだと思う．日本が OECD 加盟への意思を初めて対外的に表明したのは，1961 年 6 月に行われた池田総理とケネディ米大統領との会談の際であったと言われる．1963 年 3 月の OECD 首席代表会議において加盟各国から日本加盟に異存がない旨表明され，その後の予備交渉を経て同年 7 月には「OECD加盟国の義務受諾に関する覚書」の署名があり，事実上の加盟が認められた．その後，OECD 条約に対するわが国国会の承認を得て，1964 年 4 月に正式加盟を果たした．予備交渉において，事務局側から加盟に必要な諸条件が提示された．それは次の 3 点に要約できる．① OECD の三大基本目標である経済成長，発展途上国援助，貿易の拡大を支持すること．② OECD の手続規則，行政的規則，その他各種委員会の軽減に関する規則を受諾すること．③貿易外経常取引及び資本移動の自由化について，OECD 側と合意に達すること．このうち予備交渉の場では主として③が問題となったわけである（通商産業省 1991, 299-300 頁）．

にかかっていた．その背景には慢性的な国際収支の赤字（経常赤字）とそれによる経済政策の制約（国際収支の天井）があった[23]．いかにして貿易赤字を小さくするか，いかにしてサービス貿易収支の赤字を小さくするか，といったことが大きな政策課題であった．このような時代背景，政策目標を理解しないことには，例えば海運再編成の努力も理解することはできない．「所得倍増計画」の枠組みの中で，サステナブルな経常赤字に抑えるためにも日本の海運会社による貿易が必要で，そのためには政府の助成が必要であった（高杉 1991a, 23 章参照）．

当時（1950 年代から 1960 年代にかけて）経済政策の大前提は，先進国に追いつき追い越すことであり，それは庶民の生活水準の向上を意味した．それと完全雇用の確保，公正な分配とは表裏一体の関係にある．当時高度成長期にあってパイの大きさが急速に大きくなっていたので，「公正の追求」といっても富裕層の絶対的な消費水準の低下を伴う所得再分配といったことはなかった．生活水準の向上のためには経済全体の生産性の向上が不可欠であり，そのためには生産性上昇のスピードが速い部門のウエイトをできるだけ早く大きくすることが必要だった．与件の変化に伴う均衡から均衡への移行のスピードを速めたり，調整コストを小さくするといった点で政策の出番があった．

利潤率が異なれば利潤率が低い部門から高い部門に資源（資本や労働）は移動し，資源の最適配分が市場の力によって達成される．こうミクロの教科書に書いてある．この命題が正しい限り，産業政策による政府の市場介入は，資源の最適配分をゆがめ，人々の生活水準の向上を妨げることになる．すべての財・サービスに市場が存在し，情報が完全で，市場の失敗がないなら，これは正しいだろう．

経済学者たちは（とわれわれが言うのはおかしいかもしれないが），ほっておいても戦後日本が経験したようなスピードで，軽工業が依然主要輸出品だった経済が，重工業主体になり，さらには機械・ハイテクの経済構造にスムーズに転換し，日本人の生活水準が現在のようになったと言うのだろうか．それと

---

23) 1960 年代半ばまで，日本の経常収支，貿易収支は赤字トレンドで，経済成長を高めると赤字が大きくなり，経済引き締めに転じなくてはならなかった．

も「産業政策という経済的に合理性のない政府介入にもかかわらず日本経済は
ここまで来た」と言うのだろうか.

　経済発展・政策における人間の要素も重要だ. 昭和40年不況のときの山一
特融も, 田中角栄以外の人が大蔵大臣だったとしても, それをしないと先を見
通せば信用システムの崩壊の可能性があるので,「無担保無制限の日銀特融」
が実施されただろうか. 1960年代にうまくいったからといって現在もうまく
いくとは限らない. こんな当たり前のことが, 特に昔うまくいったやり方ほど
捨てきれない[24]. 長谷川慶太郎ではないが, まさに「成功の記憶を捨てろ」
である (長谷川1996).

　かつて鉄鋼業, 造船業が日本の花形産業だった時期がある. しかしその前は
全く輸出ができなかった時期があった.「日本の鉄で日本人が造った船なんか
すぐ沈むんじゃないの」というギリシャの船主に日本の商社マンたち, 例えば
「悪名高い」日商岩井の海部八郎たちに代表されるような商社マンたちがどの
ような努力で売り込んだか. 経済学者たちは比較優位構造が変化したから, と
一言でかたづけてしまうのだろうか. 商社マンたちが利潤動機でのみ努力した
というのだろうか. むろん他社との競争意識もあったろう. しかしそれだけで
はなかったはずだ. 日本を何とかして先進国に押し上げたいという強烈なスピ
リットが財界にも, 政治家にも, 役人たちにも, ジャーナリストたちにも, も
ちろん経済学者たちにもあったはずだ. 高橋亀吉が, 石坂泰三が, 石橋湛山が,
中山素平がどういう生き方をしてきたかを知ることは, 戦後日本の経済発展を
理解するうえで大切なことだと思う[25]. われわれは後述の特振法の考え方に
反対だが,『官僚たちの夏』(城山1975) に描かれている通産官僚たちのスピリ
ットは, 残念ながらいまの経済産業省にはないのではないか.

　もちろん潜在的な, あるいは長期的な貿易構造は比較優位が決定するだろう.
しかし, それを実現するには, 多くの経済学者が考える以上に, 別の制度的・
人的要素もあると思う. 話は幕末に戻る. 当時倒幕のためには薩長連合しかな

---

24)　この点については, 磯貝 (2022) も参照.
25)　彼らの生き方を知るには, 高橋亀吉については本人による自伝的な書物 (高橋1976) が, 石坂
　　泰三と中山素平についてはフィクションであるが, 城山 (1995), 高杉 (1990, 1991) が面白い. 石
　　橋湛山については全集が東洋経済新報社から出版されている.

い，というのは天下周知の論だったという．しかし机上の空論だった．それを実現したのは坂本龍馬のような各藩の下級武士，幕末の志士たちである（司馬1995，98頁）．理論，それを実現する人間，制度，どれも重要だ．商社悪者論があることは知っている．しかし，客観的にその役割も評価すべきだ．潜在的に国際競争力（ここではミクロの絶対優位）のあるものでも，ほっておいて輸出できるというものではない．上で書いたような，「日本の商社マン」の努力を正当に評価すべきである．総合商社については，山澤・小浜（1986），浅沼・小浜（2021，第5章第8節）なども参照．

(2) 産業政策とは何か

　産業政策とは何か，一般的な経済政策とどこが違うのか．伊藤・清野・奥野・鈴村（1988）は，「産業政策とは，一国の産業（部門）間の資源配分，または特定産業（部門）内の産業組織に介入することにより，その国の経済厚生に影響を与えようとする政策である」としている（3頁）．ただ，現実的には，「何のために（目標）」その国の経済厚生に影響を与えようとするのか，政策の対象となる「産業（部門）」は時代によって，立場（政策担当者か民間企業か，生産者か消費者かなど）によって異なってくる．またそれを実現するための政策手段も時代と環境によって変ってくる．貝塚（1973，167頁）は「産業政策とは通産省が行う政策である」としているのに対して，小宮（1984，15頁）は「言い得て妙」という面もあるが，必ずしも正確ではなく，むしろ「戦後日本で「原局」官庁が実施してきた政策」といった方があたっているように思われる」と述べている．

　第2次世界大戦後の日本経済が直面してきた問題と内外の経済環境は大きく変化してきた．例えば，日本経済は，高度成長の過程で，完全雇用を達成し，アメリカに次ぐ世界第2位の経済規模となり，物的には世界で最も豊かな国の一つとなった．何度も書くように日本政府は効率と公正の同時達成を追求したのである．また，1960年代後半には，長年の外貨制約からも解放された．しかしながら同時に，高度成長は，過疎問題，公害・環境問題などマイナス面をもたらし，新たな課題を生み出してもいる．経済運営の面から見ても変化は大きい．復興期の「統制経済」は，1949年のドッジ・ラインによって「自由経

済」へと転換し，1960年代に推進された貿易・資本自由化によって日本経済は「開放経済」に向かった．さらに1980年代後半以降の急速な国際化の動きによって，国内経済運営のうえでも国際協調の重要性が増してくる「ボーダレス・エコノミー」の時代に移行しつつある．当然ながら，産業政策の課題とその政策手段はこうした大きな流れの中で変化してきた．

　まず，戦後の日本経済において産業育成という「前向きの」産業政策が大きな比重を持っていた終戦から1960年代までの産業政策を眺めてみたい．次に，日本を先進国に押し上げ，国民生活を大きく変えた高度成長期における産業政策，具体的には「開放体制」への転換である貿易・資本自由化の進展とその対応策としての産業政策を考えたい[26]．

(3) 復興・自立期の産業政策

　この時期の産業政策の課題は，経済の「復興」と「自立」，産業の「再開」で，そのために基幹産業の育成・日本の国際市場への復帰の努力がなされた．この時期を代表する産業政策は，傾斜生産方式（1946年12月の閣議決定，1946-48年）と産業合理化政策（1952年3月の「企業合理化促進法」等，1950年代前半）であり，統制型の色彩が強い．傾斜生産方式は石炭と鉄鋼の生産再開に重点を置き，価格・物資の直接統制を通じて実施された[27]．産業合理化政策は，1949年に設定された1ドル＝360円の単一為替レートの下で直面した国際競争に対応するためには多くの産業で合理化が必要であり，そのための設備投資の推進を助けるための体制作りを目的としていた．特に，輸出競争力向上の妨げとなっていた「高炭価・高鉄価問題」への対応に重点が置かれていた．ただし，ドッジ・ラインによる「自由経済」への転換によって，傾斜生産の場合のような直接統制的な政策手段はとれず，1951年に創設された「重要機械等の割増償却制度」，「重要機械類の輸入関税免除制度」，1952年に創設された「重要産業用合理化機械等の特別償却制度」，「試験研究用機械施設の特別償却制度」など

---

26)　戦後日本の産業政策に関しては，小宮・奥野・鈴村（1984），伊藤・清野・奥野・鈴村（1988）が便利だ．また，貿易・資本自由化の背景・対応策については通商産業省（1990, 1991），有澤・稲葉（1966），伊東（1977）などが参考になる．

27)　傾斜生産方式については，第1章参照．

の優遇課税措置，日本開発銀行・日本輸出入銀行等による低利融資など民間企業へのインセンティブ供与へと変化した．しかし，対象業種の指定（鉄鋼，石炭，海運，電力，合成繊維，化学肥料など），インセンティブの差別的適用，外国技術導入規制など政府主導の面は強かった．

また，この時期は深刻な外貨制約の下にあり，各種の輸出促進策がとられるとともに輸入制限措置が広範に実施されていた．外貨割当措置と輸入数量制限措置とからなる輸入制限は，例えば，育成産業と競合する財の輸入に対する外貨の割当を制限するなど国内産業保護政策として有効に働く一方，産業活動への有効な介入手段としても機能した．具体的には，稀少な外貨は，外貨獲得者である輸出産業と将来の主要輸出産業となるべき重要戦略産業が必要な原材料・機械の輸入や欧米の先進技術輸入に優先的に割り当てられていた[28]．

(4) 高度成長期の産業政策

講和条約発効（1952年4月）によって連合軍の占領が終了し，IMF・世界銀行（1952年8月），GATT（1955年9月）に正式加盟して日本は国際社会の一員として復帰した．しかし，IMFについては14条国（国際収支擁護を目的とした為替制限を認められている国），GATTについては12条国（国際収支擁護を目的とした貿易制限を認められている国）としての加盟である．こうした例外的な特典は，日本経済の発展とともにいずれは撤廃されるべきものであった．貿易・資本自由化，すなわち欧米先進諸国との対等な競争が避けられないとすれば，国内産業の効率を早急に高めることが喫緊の課題となる．したがって，高度成長期の産業政策の課題は，貿易・資本自由化への対応であり，具体的には「重化学工業化」を通じた「産業構造高度化」，「国際競争力強化」にあった．

通産省において，産業構造問題および産業構造政策が本格的に取り上げられるようになったのは，1961年4月の産業構造調査会設置以降のことである（通商産業省1990, 3頁）．それ以前の取り組みとしては，1953年11月に産業合理化審議会の中に新設された産業構造部会，1954年3月に設置された日本産

---

28) こうした輸入管理制度の中心は，外貨予算制度（1950年1月〜1964年4月）の下での外貨割当制度であった．なお，外貨予算制度は，日本政府がGHQから外貨管理権を移管された1950年1月に導入され，IMF8条国に移行した1964年4月に廃止された．

業構造研究会（（財）電力経済研究所の協力の下に民間の研究機関として設置された．学界，官界，経済界から多数参加．中心となったのは産業構造部会の参加者）の活動がある．詳しくは，通商産業省（1990, 3-11 頁）参照．

　産業構造調査会は，総会部会，中小企業，貿易，産業金融，産業労働，産業技術，産業体制，重工業，化学工業，繊維及び雑貨，鉱業及び非鉄金属工業，総合エネルギーの計 12 部会からなり，各部会の審議を経て，1963 年 12 月に「産業構造調査会答申」を提出した．その序章の中で「経済政策の究極的目標は……生活水準の向上である．……これをわが国の実態に即していうならば，経済の成長と格差の是正である．産業構造政策とは，この目標を達成するためにもっとも望ましい産業構造すなわち最適産業構造に接近すること，換言すれば産業構造高度化の基本的方向を明らかにするとともに，その実現のために必要な政策手段あるいはその実現のためにもっとも望ましいメカニズムを確立することである．」（通商産業省 1990, 21 頁）と述べている．また第 1 部（産業構造政策の背景とその必要性）の中で，歴史的背景として，内における「急速な近代化の進展」と外における「国際経済体制への適応」を指摘し，貿易自由化の推進などはわが国の進むべき方向であり，わが国としては「国際競争力の強化」による産業構造の高度化によって，1 日も早く名実ともに先進国となることが課題であるとしている（通商産業省 1990, 22 頁）．第 2 部（産業構造高度化の基本的方向と課題）で，最適産業構造策定の基準として，需要面から「所得弾力性基準」，供給面から「生産性上昇率基準」を示し，産業構造高度化と重化学工業化との関係を論じている．最後の第 3 部（産業構造高度化の方途）の中で，企業規模や企業と政府の関係などに関する産業体制政策，産業金融政策，中小企業政策などが論じられている．

　この時期の産業政策は，以下で見るように，一方で貿易・資本自由化を慎重に段階的に進めつつ，他方で自由化によるダメージを極力小さくするように配慮し，自由化に対応できる産業体制・産業基盤の整備に重点が置かれたのである．高度成長期は，産業の急速な発展と貿易・資本の自由化によって産業育成のための政策介入が次第に後退していった時期でもある．すなわち，戦後初期には有効なインセンティブとなりえていた融資制度・優遇税制の重要性は，民間企業の実力の上昇に伴って相対的に低下し，また，貿易自由化によって輸入

割当権を, 資本自由化によって技術導入・外資導入の許認可権を失うなど, 産業活動に対する政府の介入手段は次第に失われていった.

(5) 貿易自由化と新産業体制

日本経済が開放体制へ移行する最初の具体的な動きが「貿易・為替自由化計画大綱」である. 戦後の日本経済は独立回復後も輸入について厳しい規制が課され, 輸入自由化率は 1956 年で 22% に過ぎなかった. その後, 1958 年 33%, 1960 年 41% と逐次高まっていたが, 欧米諸国と比べかなり低い水準にあった. 自由化とは, 輸入数量制限の撤廃であり, 自由化後に関税率が引き上げられることもあった.

輸入自由化促進の直接の契機は 1959 年 9 月に開かれた IMF 総会および同年 10 月に東京で開かれた GATT 総会の場での輸入自由化の強い対日要請であった (そこでの議論は通商産業省 1991, 179-184 頁に詳しい). その背景は, 国際収支の悪化・ドル流出に悩むアメリカの自由化要求やヨーロッパ諸国の急速な自由化の進展である. ただし, 国内でも, 1959 年 5 月 28 日の経団連「貿易自由化の世界的趨勢に対処すべき財界の決意と基本的要望に関する決議」, 同年 8 月 7 日の有澤廣巳, 中山伊知郎, 岩佐凱実ら 8 名による「自由化に関する共同提言」, さらに同年 10 月 19 日の経済同友会「貿易為替自由化に対する提言」など自由化への積極的態度の表明もみられた. 日刊工業新聞社 (1995) には「資本, 貿易の自由化は政府がやったのではなく, 石坂さんの強力なリーダーシップで実現した」(花村仁八郎. 26 頁), あるいは,「(資本) 自由化に関して当時, 石坂さんが経団連会長で「即時, 自由化すべき. これを延ばすことは大人が乳母日傘だ」と言っていた」(中山素平. 36-37 頁) という石坂泰三の信念が紹介されている.

「貿易・為替自由化計画大綱」は 1960 年 (昭和 35 年) 6 月 24 日に閣議決定され, 自由化の基本方針・対策・商品別自由化計画を内容とし,「本計画を推進することにより, 昭和 35 年 4 月現在において 40% であった自由化率 (政府輸入物資を除く昭和 34 年輸入通関総額において占める自由な輸入にかかわる商品額の割合) を, 3 年後においておおむね 80%, 石油, 石炭を自由化した場合にはおおむね 90% に引上げることを目途とする」(有澤・稲葉 1966, 372 頁)

とした.

　商品別自由化計画では，自由化の時期によって商品を「早期自由化（1年以内）」，「近い将来自由化（2〜3年）」，「所要の時日をかけて自由化（3年以内は無理）」，「自由化は相当期間困難」の4つに分類したスケジュールを提示した（表3-5）．分類原則は，①原料費を引き下げるために，原材料はなるべく早期に自由化する，②国産品が十分な国際競争力をもっている商品から自由化する，③合理化や技術開発の途上にある産業は，その進行状況に応じて逐次自由化する，というものである（通商産業省 1991，208-209 頁；竹内 1988，169 頁）．なお，自由化計画のスケジュール（3年後に80%）は，1960年9月の「貿易・為替自由化促進計画」でさらに短縮され「2年後に90%」とされた.

　貿易自由化の進捗状況が表3-6に示されている．自由化率は1964年4月のIMF 8条国移行段階で93%と欧米諸国の水準に達した．ただし，残存輸入制限品目は136を数え，農林水産品に加え，乗用車，工作機械，発電機，電算機など重要工業品も含まれており必ずしも十分なものではなかった．その後，1965年10月の乗用車自由化，1970年4月のボイラー，工作機械，発電機の自由化，1971年6月の自動車エンジン自由化などを経て，1972年4月には自由化率95%，残存輸入制限33品目（農林水産物24品目，工業品9品目）となり，輸入自由化は一段落した．ただし，集積回路の輸入自由化は，素子数200未満が1973年4月，素子数200以上が1974年12月に，また電子計算機・同部品の輸入自由化は1975年12月にずれ込んでいる．国際競争力との関係で自由化を極力遅らせた乗用車工業，電子計算機産業は，保護育成政策の一つの典型である．両産業の自由化経緯は，通商産業省（1991，335-356 頁）に詳しい．電子計算機の自由化が実施された後の1976年4月時点の残存輸入制限品目を表3-7に示す．残存輸入制限品目は27品目で，工業品では皮革・皮革製品のみとなった.

　貿易自由化が公式に決定されて後，新しい開放体制の下での新産業秩序を模索する議論が活発化し，産業再編成への動きが顕在化した．ここでの最大の焦点は「自主調整」か「官民協調による調整」かにあり，官僚主導による統制経済型の政策を維持しようとする「官」と経済運営を市場機構に任せることを要求する「民」との対立といった面があった.

156　　　　　　　第3章　戦後日本の高度成長とその後遺症

表3-5　貿易自由化のスケジュール

早期自由化	銑鉄，普通鋼鋼材，亜鉛鉄板＊，亜鉛鉱石， 光学機械，繊維機械，木工機械，農業用機械，民政用電気機器，船舶，鉄道車両，機械要素， ベンゾール，トルオール，キシロール，カリ塩，石灰窒素，医薬品（ビタミン類等を除く）， 原綿，原毛，絹・綿製品， 自転車用タイヤ・チューブ，ゴムホース， ビール，雑穀，野菜加工品（トマトを除く）＊，果物加工品（バナナ，パイナップル缶詰を除く）＊，特用作物（紅茶，菜種を除く）＊， 生糸繭＊，さけます缶詰，木材加工品＊，油粕＊
近い将来自由化（3年以内）	石油，特殊鋼，フェロアロイ，アルミニウム，マグネシウム， 工作機械（技術開発中のものを除く）， 石炭酸，アセトン，ぶたのーる，ソーダ灰，苛性ソーダ，塗料，天然硝酸ソーダ，ビタミン類， 毛製品，人絹スフ製品，合成繊維製品， 板硝子，自動車用タイヤ・チューブ， 雑貨，精製ラード，工業用油脂，食用油脂
所要の時日のうち自由化	銅，鉛，ニッケル， 技術開発途上の機械，工作機械，金属加工機械，工具，化学装置，乗用車，重電機，産業用電子機器， 硫安，尿素， 麻製品，パルプ，皮革製品，ブドウ酒，ウイスキー，特殊林産物
自由化困難	硫黄，マンガン鉱石， 米麦穀粉，バナナ，パイナップル缶詰，砂糖，酪農製品，小麦

注：＊2つのカテゴリーにまたがるもの.
出所：金森（1995），209頁.

　貿易自由化の実施に伴う国際競争力の強化策が，1960年代前半における日本経済の中核に据えられ，産業構造の望ましいあり方を緊急に検討すべく，1961年4月，通産省内に産業構造調査会が設置された．その中の産業体制部会は「新産業体制」のあり方について検討し，いわゆる戦略産業については，競争と同様に協調も国際競争力強化策の重要な要素であるという考え方が示され，民間企業の自由な活動だけでは不十分であり，なんらかの形で政府も金融界も関与すべきであるとした．その法律的集大成が「特定産業振興臨時措置法案」（1963年3月第43国会上程）である（同法案は，初めは「国際競争力強化

3-3　高度成長と構造変化　　157

表3-6　貿易自由化の推移

実施時期	自由化率（％）	非自由化品目数	残存輸入制限品目数	備考
1958 年 現在	33			
1959 年 4 月	34			コプラ，農薬類などの輸入自由化
10 月	35			セメント，ビニロンなどの輸入自由化
1960 年 1 月	37			
4 月	41			
7 月	42			＊6 月「貿易為替自由化計画大綱」(1963 年 4 月 80%)
10 月	44			＊9 月「貿易為替自由化促進計画」(1962 年 10 月 90%)
1961 年 4 月	62			原綿，原毛，自転車などの輸入自由化
7 月	65			アルミ地金，普通鋼などの輸入自由化
10 月	68			
12 月	70			ステンレス鋼，普通板硝子などの輸入自由化
1962 年 4 月	73	492	466	＊4 月 BTN 分類採用，ネガティブ・リスト移行
10 月	88	262	232	
11 月	88	254	224	毛糸，メリヤス編物などの輸入自由化
1963 年 4 月	89	229	197	バナナ，苛性ソーダなど自由化
6 月	89	227	195	＊2 月対日 IMF 8 条国移行勧告
8 月	92	192	155	粗糖，合成繊維の糸などの輸入自由化
1964 年 1 月	92	189	152	＊4 月 IMF 8 条国移行
4 月	93	174	136	カラー TV，揮発油，灯油などの輸入自由化
10 月	93	162	123	ブルトーザー，トラクーなどの輸入自由化
1965 年 10 月	93	161	122	乗用車の輸入自由化
1966 年 4 月	93	159	120	ココア粉，合成長繊維糸などの輸入自由化
5 月	93	168	126	＊BTN 分類改正により品目数増加
10 月	93	167	124	
1968 年 4 月	93	165	122	香水，口紅などの輸入自由化
10 月	93	164	121	ライム，合金工具鋼などの輸入自由化
1969 年 4 月	93	163	120	ペットフード，バーボンウイスキーなどの輸入自由化
10 月	93	161	118	ブランデー，全自動印刷機などの輸入自由化
1970 年 2 月	93	152	109	ぶどう酒，毛織物などの輸入自由化
4 月	94	141	98	ボイラー，工作機械，発電機，クランク軸などの輸入自由化
9 月	94	133	90	マーガリン，タイプライターなどの輸入自由化
1971 年 1 月	94	123	80	ウイスキー，カラーフィルムなどの輸入自由化
6 月	94	106	60	紅茶，グレープフルーツ，自動車エンジンなどの輸入自由化
10 月	95	87	40	豚肉，蒸気タービン，電子式電話交換機などの輸入自由化
1972 年 2 月	95	86	40	電算機周辺装置，軽飛行機，航空機用レーダーの輸入自由化
4 月	95	79	33	精製糖，ハム・ベーコン，トマトピューレなどの輸入自由化

注1：自由化率は，1959 年の輸入総額を分母とし，自由化品目の 1959 年における輸入額を分子として算出されている.

注2：残存輸入品目数＝非自由化品目数－自由化免除品目数.

注3：1962 年 4 月 1 日よりネガティブ・リストへ移行，商品分類もブラッセル関税率表品目分類（BTN）となる.

資料：通商産業省（1991），219, 326, 335 頁；西村（1994），220 頁.

表 3-7 残存輸入制限品目 (1976 年 4 月 1 日現在)

区分	CCCN番号	品目名	区分	CCCN番号	品目名
畜産物	02.01	牛肉	糖類・でんぷん類	11.08	でん粉及びイヌリン
	04.01	ミルク及びクリーム (生鮮)		17.02	ぶどう糖等
	04.02*	ミルク及びクリーム (加工)	穀類	11.01	小麦粉, 米粉等
	04.04	プロセスチーズ		11.02	ひき割り小麦, ひき割り米等
	16.02	牛肉及び豚肉のかん詰等	地域農産物 その他	07.05	あずき, そら豆, えんどう等
水産物	03.01	近海魚及びたらこ (生鮮等)		12.01	落花生 (搾油用を除く)
	03.02	近海魚及びたらこ (塩蔵等)		12.08	こんにゃくいも
	03.03	帆立貝, 貝柱及びいか (生鮮, 塩蔵等)		21.07	調製食料品 (加糖, ミルク, 海草, 小麦等のもの)
	12.02	食用海草	鉱産物	27.01	石炭
果実・野菜類	08.02	オレンジ及びタンジェリン (生鮮)	革及び革製品	41.02	牛革及び馬革
	08.11	一時貯蔵のオレンジ及びタンジェリン		41.03	染色し, 着色し又は模様付した羊革
	20.05	フルーツピューレ及びフルーツペースト		41.04	染色し, 着色し又は模様付したやぎ革
	20.06	パイナップルかん詰, フルーツパルプ		64.02	革製はき物
	20.07	果汁及びトマトジュース	合計 27 品目		
	21.04	トマトケチャップ及びトマトソース 及び混合調味料			

注：＊＝残存及び非残存の両品目として数えられているもの.
CCCN: Customs Cooperation Council Nomenclature. 現在の日本の貿易品目分類は, HS (Harmonized System) に移行.
出所：通商産業省 (1991), 334 頁.

法案」という名称）．なお，新産業体制論と特振法の経緯については，通商産業省（1990，47-90 頁）に詳しい．

「官（通産省）」の側で先取りして提案された「特定産業振興臨時措置法案（特振法）」の法制化の動きは，貿易自由化対策として企業の合併や合理化を官民協調方式（政府・産業界・金融界各代表者の三者）で推進しようとするもので，特に自動車，特殊鋼，石油化学を「指定業種」として集約化を進めようとした．この法案は，合金鉄，特殊鋼，自動車，自動車タイヤ，石油化学その他これに準ずる産業において，政令で定める業種を当該業種の申し出により，産業合理化審議会の意見を聞いて政令で指定したもの（特定産業という）の振興基準（規格の整備，生産の専門化，設備投資の適正化，合併等に関する事項）について，主務大臣，当該産業界代表者，大蔵大臣が討議し，前二者の合意でこれを決定するというものであった．この場合，特定産業に対しては，振興基準に従って産業活動の効率化に努め，銀行も資金供給にあたり留意し，政府も金融，税制上の必要な措置を講ずるものとし，特定産業は，振興基準に定められた方針に従って産業活動を効率化するために必要があるときは，公正取引委員会の認可を受けて共同行為を実施できるとされた（通商産業省 1991，106 頁；原典は『通商産業省 20 年史』30 頁）．

この法案は，統制的色彩が強い，産業の行動を縛るのはむしろ競争力弱体化につながる，といった各界から批判を受け，官側でも考え方に対立があり，特振法案は昭和 38 年（1963 年）から 39 年（1964 年）にかけて 3 度国会に提出されたが，審議未了，廃案に終わった（通商産業省 1991，106 頁；原典は前田靖幸「通商産業政策の史的展開」『通産ジャーナル』昭和 50 年 5 月号，16 頁）．

特振法に関する本田宗一郎と通産省の佐橋滋企業局長との喧嘩は有名である（坂崎 1995，191-192 頁）．国家のために努力していると考える通産官僚（特に「三木次官佐橋大臣」と言われたくらいだから）のスピリットと，企業家は自己責任で投資を行い新しいものを作り，それが国民を幸せにすると考える本田とのぶつかりあいであった．われわれは本田の考え方を支持する．

この法案に盛り込まれた「官民協調」の考え方は，その後，化学繊維工業協調懇談会（1964 年 10 月 26 日），石油化学協調懇談会（1964 年 12 月 19 日），紙パルプ設備投資問題懇談会（1965 年 5 月 19 日）など各分野での懇談会設置という

形で進んだ．また，産業構造改善を支援するための金融・財政措置は，日本開発銀行の産業体制整備金融枠（体制金融，対象：自動車・特殊鋼・石油化学），合併や設備廃棄を行った企業に対する法人税の軽減措置として実施され，その後の産業再編成に利用された．また，貿易自由化は輸出商品を国際競争にさらすことになるので，輸出産業をバックアップするための輸出金融・税制の優遇措置の強化がはかられた（表3-8）．貿易自由化に伴う経済政策の基本的方向と対策として強調された産業構造の高度化，農林漁業の体質改善および中小企業の近代化，企業の体質改善，産業秩序の整備のための企業努力を促進するために，企業の自己資本の充実を図る方向での税制再検討の結果である．

(6) 資本自由化と産業再編成

　資本自由化（直接投資の自由化）の本格的な動きは1960年代後半に入ってからで，貿易自由化より5年ほど遅れている．1963年2月6日のIMF理事会で8条国移行が勧告され，日本は1964年4月1日にIMF8条国（国際収支を理由とする為替制限の禁止）に移行した．これに伴い外国為替予算制度の廃止など外資関連制度の大幅な改正がなされた．また，これに先立つ1963年2月20日にはGATT11条国（国際収支を理由とする貿易制限の禁止）へ移行している．さらに，1964年4月28日にはOECD加盟を果たし，これにより資本の動きに対する規制の撤廃が対外的に余儀なくされた．IMFは，資本取引については各国政府の規制を認める立場をとってきたが，OECDでは自由化を原則としていた（貿易取引及び資本取引に関する自由化憲章）．1965年5月にはOECD産業諮問委員会が日本に対し，直接投資を中心とした資本取引の自由化を要請したのを皮切りに欧米からの資本自由化圧力が急速に強まった（通商産業省1991，104頁）．

　資本自由化への動きが表3-9にまとめてある．外資審議会が資本自由化措置（100％自由化業種17，50％自由化業種33）を答申したのが1967年6月2日で，これを受けて政府は，資本取引自由化基本方針を6月6日に閣議決定し，7月1日に実施した．これを第1次資本自由化と呼ぶ．対内直接投資については，第1類自由化業種（外資比率50％まで自動認可），第2類自由化業種（外資比率100％まで自動認可），非自由化業種（個別審査業種）の3つに分類し，

3-3　高度成長と構造変化　　　161

表 3-8　自由化期の企業税制の動き

改正年度	内容
1961	機械装置についての耐用年数の一般的短縮（平均 20%） 重要物産免税制度の拡充（新規重要物産免税制度への改称） 重要産業用合理化機械等に係る特別償却制度の拡充（特別償却率の改訂など） 試験研究用機械設備の特別償却制度の改正（従来の 3 年間均等償却を初年度 3 分の 1 の特別償却に変更）
1964	機械装置についてのさらに平均 15% 程度の耐用年数の短縮 輸出企業割増償却制度（～71 年），海外市場開拓準備金制度（～72 年）， 　海外投資損失準備金制度（～71 年）の創設（← IMF 8 条国移行に伴う施策）
1965	法人税率引き下げ（年 200 万円を超える所得金額 38%→年 300 万円を超える所得金額 37%）
1966	特別機械設備廃棄の場合の税額控除制度の創設（～68 年） 合併の場合の税額控除制度の創設（～70 年），資本構成改善税制の創設（～68） 法人税率の引き下げ（旧税率 37%を 36%）
1967	中小企業構造改善準備金制度の創設，中小企業貸倒引当金の特例制度の創設 増加試験研究費税額控除制度の創設，公害防止制度の特別償却制度の創設
1968	電子計算機買戻損失準備金制度の創設，輸出割増償却制度の拡充
1969	公害防止設備の特別償却制度の拡充，事業用資産の買換特例措置の創設 原子力発電設備の初年度 3 分の 1 の特別償却制度の創設
1970	特定合併した場合の割増償却制度の創設，石油開発投資損失準備金制度の創設 下請中小企業振興準備金制度の創設
1971	特恵供与に伴い事業を転換する中小企業者の施設の加速償却制度の創設

資料：通商産業省（1991），92-93 頁．

業種ごとの検討によって分類した．その後，第 2 次自由化（1969 年 3 月 1 日実施，154 業種），第 3 次自由化（1970 年 9 月 1 日実施，320 業種），自動車自由化（1971 年 4 月 1 日実施），第 4 次自由化（1971 年 8 月 4 日実施，原則 50% 自由化，ネガティブ・リストに変更），第 5 次自由化（1948 年 5 月 1 日実施，原則 100% 自由化）と進展した．第 5 次の段階でも残ったのは農林水産業，鉱業，石油業，皮革・同製品製造業，小売業の 5 業種で，この他に電子計算機など期限付自由化業種が 17 あった（表 3-10）．

　一連の資本自由化措置の経緯を見ると，当初は自由化業種の数も限られており，外国企業の直接投資がほとんどありそうもない業種ばかりが自由化業種とされるなど，資本自由化の国内経済に対する影響をできるだけ小さくするという政府の基本方針が感じられる．自動車産業の自由化，自由化業種を列挙する「ポジティブ・リスト」方式から，自由化できない個別審査業種を提示すると

162　　　　　　　　　第 3 章　戦後日本の高度成長とその後遺症

表 3-9　対内直接投資の自由化の推移

	実施時期	非自由化業種数	企業新設の場合の自由化業種数（累計）	
			外資比率 50% まで 株式取得自動認可	外資比率 100% まで 株式取得自動認可
第 1 次自由化前		全業種		
第 1 次自由化	1967 年 7 月		33	17
第 2 次自由化	1969 年 3 月		160	44
第 3 次自由化	1970 年 9 月		447	77
自動車自由化	1971 年 4 月		453	77
第 4 次自由化	1971 年 8 月	7	原則自由	228
第 5 次自由化	1973 年 5 月	5		原則自由

＜参考＞ 1973 年以降の主要自由化業種

業　種　名	100% 自由化時期	備　　考
集積回路製造業	1974 年 12 月	左の期限までは 50% 自由化
医薬品・農薬製造業	1975 年 5 月	左の期限までは 50% 自由化
電子式精密機械製造業	1975 年 5 月	左の期限までは 50% 自由化
電子計算機・同制御自動機構 　の製造・販売・賃貸業	1975 年 12 月	1974 年 8 月 3 日までは個別審査， 　以後左の期限までは 50% 自由化
情報処理業	1976 年 4 月	1974 年 11 月 30 日までは個別審査， 　以後左の期限までは 50% 自由化
写真感光材料製造業	1976 年 5 月	左の期限までは 50% 自由化

注 1：外資比率 50% まで自動認可する業種＝第 1 類自由化業種，外資比率 100% まで自動認可する業種＝第 2 類自由化業種.

注 2：第 1 次自由化時の第 2 類自由化業種は，ビール製造業，グルタミン酸ソーダ製造業，製氷業，製糸業，普通鋼製造業，鍛鋼製造業，自動二輪車製造業，カーバイド製造業，セメント製造業，綿・スフ紡績業，合成繊維紡績業，レーヨン製造業，ピアノ製造業，オルガン製造業，造船業，旅行斡旋業，国際観光ホテルの 17 業種.

注 3：第 3 次自由化では，銀行・証券業の 50% 自由化を含む.

注 4：第 4 次自由化から 50% 自由化が原則となり，例外の非自由化業種（個別審査業種）を書き出す方式に変更.

注 5：第 5 次自由化から 100% 自由化が原則. 例外の非自由化業種（個別審査業種）は，農林水産業，鉱業（外資比率 50% までは自由化），石油業，皮革・皮革製品製造業，小売業の 5 業種.

注 6：1980 年 12 月 1 日，外為法改正（対外取引，資本取引が原則自由化. 外貨預金，外貨借入の全面自由化）.

注 7：1975 年 6 月，小売業の資本自由化実施.

資料：安藤良雄（1979），170 頁；伊東・清野（1984），143 頁；通商産業省編（1991），422 頁.

いう「ネガティブ・リスト」方式への変更がなされた 1971 年になって資本自由化はようやく本格化したといえよう.

　貿易自由化に対する産業政策上の対応策が「特振法」に代表される新産業体制であったとすれば，資本自由化に対する産業政策上の対応策は産業再編成であり，それは 1960 年代後半の大型企業合併の政策的な推進という形をとった.

3-3 高度成長と構造変化　　　163

表 3-10　第 5 次自由化における「例外業種」と「期限付自由化業種」

(1) 例外業種（5 業種）

農林水産業
鉱業
石油業
皮革または皮革製品製造業
小売業

(2) 期限付自由化業種（17 業種）

業種名	期日
肉製品製造業（ハム，ソーセージ，ベーコン，食肉・食鳥処理に係わるものに限る）	1975 年 4 月 30 日
果汁または果実飲料製造業	1976 年 4 月 30 日
トマト加工品製造業	1975 年 4 月 30 日
飼料製造業	1975 年 4 月 30 日
外食産業用調理済み食品製造業	1975 年 4 月 30 日
衣服製造または卸売業（男子・婦人・子供服またはメリヤス外衣に係わるものに限る）	1975 年 4 月 30 日
医薬品または農薬製造業（医薬部外品および動物医薬品に係わるものに限る）	1975 年 4 月 30 日
写真感光材料製造業	1976 年 4 月 30 日
フェロアロイ製造業	1975 年 4 月 30 日
油圧機器製造業	1975 年 4 月 30 日
包装・荷造機械製造業	1975 年 4 月 30 日
電子計算機（付属装置および部品を含む），電子計算機制御自動機構の製造，販売または賃貸業	1975 年 11 月 30 日
情報処理産業（ソフトウエアの作成に係わるものを含む）	1976 年 3 月 31 日
電子式精密機械製造業（医療用または電気計測用のものに限る）	1975 年 4 月 30 日
集積回路製造業	1974 年 11 月 30 日
レコード製造業	1975 年 4 月 30 日
不動産業	1975 年 4 月 30 日

出所：通商産業省（1991），471 頁．

　いずれにしても，貿易・資本の自由化は，日本経済の開放体制への移行を意味している．その唯一の対応策は国際競争に耐えうる企業を作り出すことである．そのためには「企業の合併と統合，生産の集中と専門化を図る必要がある」という産業再編成論を通産省が展開した．それは，日本企業の「規模の過小性が競争の過当性を招き，競争の過当性が規模の過小性を規定する」という認識に基づいていた（鶴田 1976，444 頁）．

戦後から1970年代半ばまでの企業合併件数の推移を見ると，1960年代に入ってから増加し，1963年には997件に達した．その後若干減少したが，1967年以降増勢に転じ，1968年には1,020件と大台を超した．特に10億円を超える大型合併の件数は，貿易自由化計画が発表される1960年以前の10件未満から1963年には45件に増加し，一時的に10件台に減少したが，資本自由化が始まった1967以降には再び30件弱〜40件強の間で推移した．

　このうち工業部門での主要な大型合併が表3-11にまとめてある．まず，三菱商事系4社の再合同（1954年），三井物産合併（1959年），帝国繊維合併（1959年），三菱3重工合併（1964年）のように，戦後財閥解体・集中排除法の適用を受けた企業の統合が資本自由化に先立って行われていた．また1964年には，国際競争力の強化という観点から海運業の大規模な再編成が行われている．資本自由化が進められていく1960年代後半には，日産・プリンスの合併（1966年），日商岩井（1968年），三井東圧化学（1968年），川崎重工業（1969年），住友重機械工業（1969年），新日本製鐵（1970年）などの合併が堰を切ったように実現していった．

　当時の資本自由化に対するこのような政・財・官，さらに一部経済学者の考え方に対し，小宮（1975，第7章）は合併による市場競争の低下を批判している．当時の多くの日本人にとって，先進国の大企業が直接投資で入ってくるということは，純粋に経済的行動としてだけ理解することができなかったのだろう．アジアで日本に次いで急速な工業化を達成した韓国でも，資本や経営資源を持った外国企業には来てほしいが，帝国主義の時代のように支配されては困るといったアンビバレントな気分で外国企業を入れたと思う．直接投資がおおむね経済的行動で，いかにそれをうまく活用するかが経済発展にとってとても重要だとほとんどの途上国が考えるようになったのは1980年代になってからだ．

3-4　戦後日本経済の構造変化

1．経済成長と長生き

　貧しい発展途上国にとって，経済成長によって所得が上がることは，絶対的

3-4 戦後日本経済の構造変化　　165

表 3-11　大型合併一覧

(単位：億円)

合併年月	合併会社	(資本金)	被合併会社	(資本金)	合併後	(資本金)
1958 年 11 月	雪印乳業	10.5	クローバー乳業	2.4	雪印乳業	12.9
1959 年 2 月	第一物産	40.6	三井物産	18.7	三井物産	59.3
1959 年 11 月	中央繊維	5.0	帝国製麻	7.2	帝国繊維	12.2
1960 年 6 月	石川島重工業	78.0	播磨造船所	40.0	石川島播磨重工業	102.0
1964 年 6 月	新三菱重工業	337.6	三菱日本重工業	229.5	三菱重工業	791.2
			三菱造船	224		
1965 年 4 月	神戸製鋼所	432.0	尼崎製鉄	150	神戸製鋼所	580.0
1966 年 4 月	東洋紡績	129.0	呉羽紡績	55	東洋紡績	173.0
1966 年 8 月	日産自動車	350.0	プリンス自動車	120.2	日産自動車	398.0
1967 年 8 月	富士製鉄	820.1	東海製鉄	200	富士製鉄	1,020.0
1968 年 10 月	日商	70.0	岩井産業	62.8	日商岩井	118.9
1968 年 10 月	東洋高圧工業	131.4	三井化学工業	88.1	三井東圧化学	219.5
1969 年 4 月	川崎重工業	180.2	川崎航空機	80.5	川崎重工業	280.0
			川崎車輌	22.5		
1969 年 6 月	住友機械工業	54.0	浦賀重工	32.0	住友重機械工業	71.6
1969 年 10 月	ニチボー	100.0	日本レイヨン	128.2	ユニチカ	223.2
1970 年 3 月	八幡製鉄	1,273.6	富士製鉄	1,020	新日本製鐵	2,293.6

(参考)
1954 年 7 月　三菱商事系 4 社の再合同完了.
1964 年 4 月　海運業の 6 グループへの集約化（大阪商船と三井船舶→大阪商船三井船舶，日本郵
　　　　　　　船と三菱海運→日本郵船，川崎汽船と飯野汽船→川崎汽船，日東商船と大同海運→
　　　　　　　ジャパンライン，日本油槽船と日産汽船→昭和海運，山下汽船と新日本汽船→山下
　　　　　　　新日本汽船）.
1968 年 3 月　王子系 3 社（王子製紙，十条製紙，本州製紙）の合併覚書に調印. 同年 9 月に申請
　　　　　　　取り下げ.
1969 年 1 月　三菱銀行，第一銀行の合併予定発表. その後中止.
1971 年 3 月　第一銀行，勧業銀行合併調印. 同年 10 月第一勧業銀行発足.
1973 年 3 月　太陽銀行，神戸銀行合併調印. 同年 10 月太陽神戸銀行発足.

出所：安藤（1979），179 頁；有澤・稲葉（1966），408 頁.

に「善」だと思う. 上で書いたように日本経済は, 1960 年頃まで途上国経済
だったとわれわれは考えている[29].

　いまの日本が有数の長寿の国だということは, 誰でも知っているだろう.

---

29)　小浜（2001）の序章タイトルは「発展途上経済としての日本」である.

2021 年の日本の平均寿命は，男性 81.47 歳，女性 87.57 歳である[30]．表 3-12 に戦後日本における平均寿命の推移が示されている．戦争が終わって 2 年，昭和 22 年（1947 年）の平均寿命は，男性 50 歳，女性 54 歳である．戦前の日本だと，40 歳台の時代もあった．

　もう一つ，少し長く戦前から最近までの乳児死亡率の推移を見てみよう．図 3-5 は，1899 年から 2019 年までの 1,000 出生当たりの乳児死亡率の推移を見たものである．いまでは 1,000 出生当たり乳児が死んでしまうのは 2 人程度だが，戦前，1939 年までは 100 人を超えていて，ピークの 1918 年は，スペイン風邪の影響だろうか，188 人だった．

　経済が成長すると所得が上がって，必要な栄養を摂ることができるようになるだろう．政府の予算配分哲学にもよるが，経済成長に伴って国民に提供される医療サービスも向上するだろう．日本の国民皆保険制度は，山本周五郎の『赤ひげ診療譚』にも通ずる政策哲学を反映した制度といえるだろう[31]．

2. 経済発展と構造変化

　経済発展とは，不断の構造変化を伴った経済社会の変化，考え方の変化であるといえるだろう．すべての側面を実証的に跡づけることは難しいので，まずは大分類（第 1 次産業，第 2 次産業，第 3 次産業）で，付加価値の構造変化，就労構造の変化を見てみよう（表 3-13）．「ペティ・クラークの法則」である[32]．1947 年（昭和 22 年），付加価値シェアで見ると，第 1 次産業 38.8%，第 2 次産業 26.3%，第 3 次産業 34.9% であった．就業者のシェアで見ると，第 1 次産業 53.4%，第 2 次産業 22.2%，第 3 次産業 23.0% であった．第 1 次産業の付加価値シェアと就業者シェアを比べれば，他の部門とくらべて第 1 次産業の労働生産性が低いことがわかる．

　わかりやすくするため，表 3-13 の数字をグラフにしてみた（図 3-6）．図 3-6

---

30) 「平均寿命」は，生まれたときの平均余命である．

31) 　日本の国民皆保険制度は，昭和 36 年（1961 年）4 月に実現したといわれている．日本医師会の「国民皆保険の歴史」には，1956 年の『厚生白書』には，「1,000 万人近くの低所得者層が復興の背後に取り残されている」という記述が紹介されている．

32) 「ペティ・クラークの法則」については，浅沼・小浜（2021），6-3 節も参照．

表3-12　戦後日本における平均寿命の推移

	男性	女性
1947	50.06	53.96
1950	58.00	61.50
1955	63.60	67.75
1960	65.32	70.19
1965	67.74	72.92
1970	69.31	74.66
1975	71.73	76.89
1980	73.35	78.76
1985	74.78	80.48
1990	75.92	81.90
1995	76.38	82.85
2000	77.72	84.60
2005	78.56	85.52
2010	79.55	86.30
2015	80.75	86.99
2020	81.56	87.71
2021	81.47	87.57

出所：厚生労働省『生命表』『簡易生命表』．

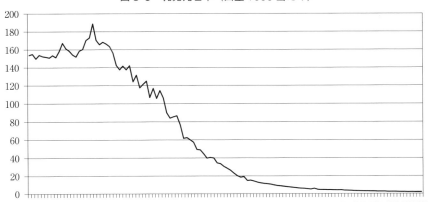

図3-5　乳児死亡率（出生1000当たり）

出所：厚生労働省『人口動態調査 人口動態統計』．https://www.e-stat.go.jp/dbview?sid=0003411721

（単位：%）

表 3-13　産業構造の変化：第 1 次産業・第 2 次産業・第 3 次産業

	1947	1950	1955	1960	1965	1970	1975	1980	1985	1990	1995	2000	2005	2010	2015	2020
＜国内総生産、名目＞																
第 1 次産業	38.8	26.0	19.2	12.8	9.5	5.9	5.3	3.6	3.1	2.4	1.6	1.5	1.1	1.1	1.0	1.0
第 2 次産業	26.3	31.8	33.7	40.8	40.1	43.1	38.8	37.8	36.3	37.2	34.3	32.5	29.9	28.3	28.6	29.0
第 3 次産業	34.9	42.3	47.0	46.4	50.3	50.9	55.9	58.7	60.7	60.4	64.9	67.5	70.6	71.7	70.8	70.5
＜就業者数＞																
第 1 次産業	53.4	48.3	41.0	32.6	24.6	19.4	13.8	10.9	9.3	7.1	5.7	5.1	4.4	4.0	3.6	3.2
第 2 次産業	22.2	21.9	23.5	29.2	32.0	34.0	34.1	33.6	33.0	33.2	32.9	30.7	27.0	24.9	24.1	23.1
第 3 次産業	23.0	29.7	35.5	38.2	43.3	46.6	51.8	55.4	57.7	59.1	61.4	64.2	68.6	71.1	72.3	73.8

出所：小浜・渡辺 (1996), 表 1-4 (17 頁)：内閣府経済社会総合研究所『国民経済計算年次推計』『国民経済計算』：総務省『労働力調査』.

の上のパネルが付加価値シェア，下のパネルが就業者シェアの推移である．付加価値シェアで見ても，就業者シェアで見ても第1次産業のシェアが急速に低下し，第3次産業のシェアが急速に上昇しているのがわかる．第2次産業のシェアは，付加価値で見ても，就業者で見ても大きな変化は見られないが，1990年代に入る頃から少しずつ低下している．

3. 工業構造・輸出構造

ここでは製造業の生産構造変化，輸出の構造変化を概観したい．経済発展のある段階では，「工業化」が経済を牽引する．前項で見たペティ・クラークの法則における第2次産業には，一般的には，鉱業，製造業，建設業などが含まれている．日本のように天然資源が稀少な国では，「工業化」を第2次産業のシェアで見ても大過ないが，正確を期するなら，製造業の対 GDP シェアの変化で見るのが望ましい．

さはさりながら，比較的データが整備されている日本の，しかも戦後をとってみても，一貫した製造業の対 GDP シェアのデータをとることは難しい．図3-7 は，戦後日本の工業化率（製造業の対 GDP シェア）の推移が示されている．上のパネルは，1946 年から 1976 年の国内純生産（NDP）に対する製造業の占めるシェアの推移を見たものである．ただし，1946 年から 1951 年のデータは会計年度の数字であり，1952 年以降は暦年の数字である．下のパネルは GDP に対する製造業のシェアで，1970 年から 2020 年までの暦年の数字だ．データは，1970 年から 1993 年までは「1998 年度国民経済計算（1990 基準・68SNA）」で，1994 年以降は世界銀行のデータベースである[33]．

戦後日本の工業化率の推移を見ると，高度成長期が終わった 1970 年代前半以降，緩やかな下降トレンドを示しているといえる．製造業のシェアだけで日本経済の「活力」あるいは「元気」を読むことはできない．しかし，1950 年代，1960 年代のホンダやソニーと今のホンダとソニーを比べると，昔の方が組織としての体をなしていなかったかもしれないが，元気で活力に溢れていた

---

[33]　1994 年以降は，最近年まで内閣府経済社会総合研究所の統計でも一貫したデータがとれるが，それ以前の数字は，厳密には同じ基準だとはいえない．

図 3-6 産業構造変化

(1) 付加価値シェア

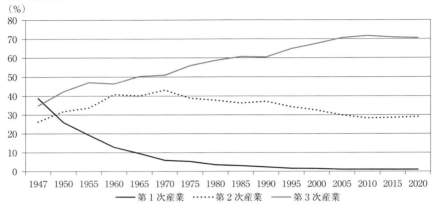

(2) 就業者シェア

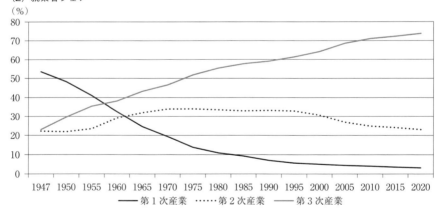

出所：厚生労働省『人口動態調査 人口動態統計』．https://www.e-stat.go.jp/dbview?sid=0003411721

ような気がする．

　次に，製造業の構造変化を見てみよう．表 3-14 に，1950 年から 2000 年にかけての製造業のサブセクターの出荷額シェアの変化が示されている．1950 年（昭和 25 年），繊維工業の出荷額は製造業出荷額総計の 21.4% を占めていた．それが 50 年後の 2000 年には 1.0% にまで低下している．鉄鋼業の出荷額シェ

図 3-7　工業化率の推移

(1) 製造業／国内純生産

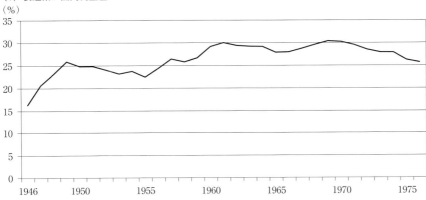

出所：総務庁統計局『日本長期統計総覧 CD-ROM』日本統計協会，1999 年．

(2) 製造業／GDP

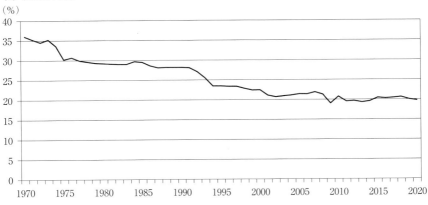

出所：1998 年度国民経済計算（1990 基準・68SNA）；世界銀行データベース．

アは 1970 年までは 9％，10％ のシェアだったが，緩やかに低下している．鉄鋼業は中進国の代表的産業ともいわれる[34]．表の下の方に，軽工業のシェア

---

[34]　日本の鉄鋼業については，小浜（2001，第 3 章），Kohama（2007, Chapter 4）参照．

と機械工業のシェアの推移が示されている．1950 年，日本の製造業出荷額の 4 割以上が軽工業だったが，2000 年には 16％ にまで低下している．一方，機械工業は，1950 年には 13.6％ だったものが，2000 年には 45.6％ にまで上昇した．

長い期間の構造変化を見るとき，きわめて細かい産業分類で見る場合はともかく，表 3-14 のような中分類だと，時間の経過とともにその中身が違ってくることは容易に想像できる．例えば，電気機械工業といっても，1950 年と 2000 年では，その中身は大きく違ってくるだろう．表 3-15 は 2010 年と 2020 年のサブセクターのシェアを見たものである．2010 年は表 3-14 同様出荷額のシェアだが 2020 年は売上金額のシェアである．このことから想像できるように工業統計のシステムが変わっている[35]．2020 年のデータは，2022 年の調査から新しい調査システムでとることができる．

次に輸出構造の変化について見てみよう．表 3-16 に 1953 年から 2000 年までの日本の輸出構造の変化が示されている．いちばん印象的なのは，軽工業の代表ともいえる繊維工業品輸出シェアの推移だろう 1954 年，繊維工業品の輸出は総輸出の 40％ を超えていたが，1960 年代半ばには 20％ を切り，2000 年には 2％ を割り込んでいる．重工業に目を転じてみよう．例えば鉄鋼輸出のシェアは，1953 年，1954 年の 10％ 程度から 1975 年には 18.2％ に上昇し，その後シェアは低下し始めている．日本の輸出は広い意味の機械が主役になっている．1950 年代，機械輸出の総輸出に対するシェアは 10％ 台だったが 1970 年代半ばには 50％ を超え，1980 年代半ばには 70％ を超えている．

戦後 80 年くらいの年月が経っているが，長期的に同じ商品分類，例えば，一般機械，電気・電子機械といった工業についての輸出データをエクセル・ファイルでとることは簡単ではない[36]．表 3-17 は，最近の輸出構造を見たもの

---

35) 工業統計調査は，「公的統計の整備に関する基本的な計画（2020 年 6 月 2 日閣議決定）」における経済統計の体系的整備に関する要請に基づいて，経済構造実態調査に包摂され，製造業事業所調査として実施されることになった．経済構造実態調査は，すべての産業の付加価値等の構造を明らかにし，国民経済計算の精度向上等に資するとともに，5 年ごとに実施する．これまで「工業統計調査」として毎年実施してきた調査は，2022 年から経済構造実態調査の一部として実施し，「経済産業省企業活動基本調査」と同時一体的に実施するという．

36) もちろん大蔵省・財務省は，非常に細かい商品分類で輸出入データを公表している．それを集計したあらい分類のデータが，『日本統計年鑑』などでエクセル・ファイルをとることができるが，時代によって，分類は変わっている．

3-4 戦後日本経済の構造変化　　173

表 3-14　製造業の構造変化（出荷額シェア）

(単位：%)

	1950	1955	1960	1970	1985	2000
食料・飲料・たばこ	13.8	17.9	12.4	10.4	11.0	11.6
繊　維	21.4	16.2	11.2	6.4	3.1	1.0
衣服・他繊維製品	1.7	1.3	1.2	1.4	1.4	1.2
木材・木製品	3.7	4.1	3.5	3.2	1.6	1.1
家具	0.7	1.0	1.0	1.5	1.1	1.0
紙パルプ	4.0	4.2	3.9	3.3	2.8	2.6
出版・印刷	2.9	3.3	2.5	2.9	3.4	4.3
化学製品	11.9	11.0	9.4	8.0	7.7	7.8
石油石炭製品	1.4	1.9	2.4	2.6	4.8	6.6
ゴム製品	2.4	1.4	1.5	1.1	1.1	1.0
皮革・同製品	0.7	0.6	0.5	0.5	0.4	0.2
窯業・土石製品	3.5	3.4	3.5	3.6	3.3	3.0
鉄　鋼	9.6	9.6	10.6	9.5	6.6	3.9
非鉄金属	4.2	4.1	4.3	4.4	2.4	2.0
金属製品	2.8	3.2	3.9	5.4	5.0	5.1
一般機械	4.2	4.7	7.8	9.9	9.2	10.0
電気機械	2.6	3.7	8.3	10.6	15.3	19.6
輸送機械	5.9	5.5	8.5	10.5	13.5	14.6
精密機械	0.8	0.8	1.1	1.3	1.6	1.4
その他	1.6	2.0	2.5	3.6	4.6	1.8
軽工業	41.3	40.4	29.3	22.8	18.2	15.9
機械工業	13.6	14.8	25.7	32.3	39.6	45.6

注：軽工業は上から5産業の合計.
　機械工業は，一般機械，電気機械，輸送機械，精密機械の合計.
資料：小浜・渡辺（1996），17頁；『工業統計表』各年.

だ．よくわからない産業名もある．「原料別製品」は，表3-17では「鉄鋼」，
「非鉄金属」といったサブセクターがあるのでイメージできるが，最近の『日
本統計年鑑』では，サブセクターの数字はとることができない．「原料別製品」
は英語では「Manufactured goods」だ．ますますわからない.

4.　二重構造

　「二重構造」という言葉は，1950年代半ばから広く用いられるようになっ
た[37].　1950年代に中小企業の労働者や農民の収入に比べて，大企業の労働者
の収入が高く，賃金格差が目立つようになった．大企業は，低賃金の中小企業

表 3-15 製造業の構造変化 （2010 年と 2020 年）

（単位：%）

	2010 年 （出荷額シェア）	2020 年 （売上金額シェア）
製造業計	100.0	100.0
食料品製造業	8.3	8.8
飲料・たばこ・飼料製造業	3.3	2.7
繊維工業	1.3	1.7
木材・木製品製造業〔家具を除く〕	0.7	0.8
家具・装備品製造業	0.5	0.7
パルプ・紙・紙加工品製造業	2.5	2.1
印刷・同関連業	2.1	1.9
化学工業	9.1	9.7
石油製品・石炭製品製造業	5.2	5.0
プラスチック製品製造業（別掲を除く）	3.8	3.6
ゴム製品製造業	1.0	1.3
なめし革・同製品・毛皮製造業	0.1	0.1
窯業・土石製品製造業	2.5	2.5
鉄鋼業	6.3	4.2
非鉄金属製造業	3.1	2.9
金属製品製造業	4.3	4.5
はん用機械器具製造業	3.5	3.5
生産用機械器具製造業	4.7	5.7
業務用機械器具製造業	2.4	3.0
電子部品・デバイス・電子回路製造業	5.7	4.3
電気機械器具製造業	5.2	5.6
情報通信機械器具製造業	4.4	4.5
輸送用機械器具製造業	18.8	19.3
その他の製造業	1.2	1.6

出所：工業統計調査，経済構造実態調査.

を下請化して部品生産や仕上げ加工をさせる仕組みができてきた．低賃金労働力の供給源は，低所得の農村であった．「二重構造」はすでに 1930 年代にも見られ，賃金格差もこの時期から発生していたという議論が展開されたのである[38]（中村 1993，108-109 頁）.

尾高煌之助によれば，二重構造は有澤（1957，43 頁）によって提唱された概

---

37) 昭和 32 年（1957 年）の年次経済報告（経済白書）が「経済の二重構造」に言及して人口に膾炙した（https://www5.cao.go.jp/keizai3/keizaiwp/wp-je57/wp-je57-010402.html）.

38) 戦前からの日本の二重構造については，尾高（1984），尾高（1989）も参照.

3-4　戦後日本経済の構造変化　　　175

表 3-16　輸出構造の変化（1953-2000 年）

（単位：%）

	1953	1954	1955	1960	1965	1975	1985	1995	2000
輸出総額	100.0	100.0	100.0	100.0	100.0	100.0	100.0	100.0	100.0
食料品	9.4	7.6	6.3	6.3	4.1	1.4	0.8	0.5	0.4
繊維	36.1	40.3	37.3	30.1	18.7	6.7	3.6	2.0	1.8
織物用繊維	n. a.	n. a.	2.9	2.0	1.8	0.8	0.4	0.3	n. a.
織物用糸	n. a.	n. a.	29.1	22.7	13.5	5.2	2.8	1.6	n. a.
衣類等	2.9	3.4	5.3	5.4	3.4	0.6	0.4	0.1	n. a.
化学製品	5.7	5.5	5.1	4.5	6.5	7.0	4.4	6.8	7.4
非金属鉱物	4.9	4.6	4.6	4.2	3.1	1.3	1.2	1.2	1.2
金属・金属製品	15.1	15.6	19.2	14.0	20.3	22.4	10.6	6.5	5.5
鉄鋼	10.9	10.3	12.9	9.6	15.3	18.2	7.8	4.0	3.1
非鉄金属	n. a.	n. a.	3.3	0.6	1.4	1.0	0.8	1.0	1.1
金属製品	n. a.	n. a.	3.0	3.8	3.6	3.2	2.0	1.6	1.3
機械機器	15.9	13.5	13.4	25.5	35.2	53.8	71.8	74.7	74.3
一般機械	n. a.	n. a.	n. a.	n. a.	7.4	12.1	16.8	24.1	21.5
電気機器	n. a.	n. a.	n. a.	n. a.	9.2	11.0	16.9	25.6	26.5
輸送用機器	n. a.	n. a.	n. a.	n. a.	14.7	26.1	28.0	20.3	21.0
精密機械	n. a.	n. a.	n. a.	n. a.	3.9	4.7	10.1	4.7	5.4
その他	12.9	13.0	14.0	15.3	12.1	7.4	7.7	8.2	9.5

資料：小浜・渡辺（1996），24 頁；『日本統計年鑑』各年.

念で，製造業の内部に大・中・小と規模の異なる企業が併存していて，大企業
ほど労働者一人当たりの（付加価値）生産性が高く，しかも平均賃金も相対的
に高い．「近代的」大企業部門では相対的に資本集約的でスマートな新技術が
採用され，賃金その他労働条件も比較的恵まれているのに対し，「非近代的」
中小企業部門では労働集約的でどちらかというと伝統的な生産様式がとられ，
労働者も劣悪な待遇に甘んじているという[39]．

　資本集約的な産業が労働集約的産業と比べてより「近代的」とは限らない．
例えば一部の機械工業は石油化学工業などと比べるとはるかに労働集約的で，
衣類・縫製工業と同じくらいの資本・労働比率だ．だからといって機械工業が
近代的産業ではないということはないだろう．しかし，機械工業の労働の質と

---

[39]　ここで言う二重構造以外にも，開発経済学における二重構造論もあるし，外資の進出によるロ
ーカル企業との対立を考える二重構造論もある（尾高 1984，序章）．

表 3-17 輸出構造の変化 (2000-2019 年)

(単位：%)

	2000	2010	2014	2019
総額	100.0	100.0	100.0	100.0
食料品	0.4	0.6	0.7	1.0
原料品	0.7	1.4	1.6	1.3
鉱物性燃料	0.3	1.6	2.1	1.8
化学製品	7.4	10.3	10.7	11.4
#有機化合物	2.3	2.8	3.3	n.a.
原料別製品	9.8	13.0	12.9	10.9
#鉄鋼	3.1	5.5	5.4	n.a.
#非鉄金属	1.1	2.0	2.0	n.a.
#金属製品	1.3	1.5	1.6	n.a.
#非金属鉱物製品	1.2	1.4	1.2	n.a.
一般機械	21.5	19.8	19.5	19.7
#原動機	3.2	3.5	3.5	n.a.
電気機器	26.5	18.8	17.3	17.2
#半導体等電子部品	8.9	6.2	5.0	5.2
#映像機器	2.7	1.4	0.8	n.a.
輸送用機器	21.0	22.6	23.1	23.6
#自動車	13.4	13.6	14.9	15.6
#自動車の部分品	3.6	4.6	4.8	n.a.
その他	12.5	11.9	12.1	13.2
#科学光学機器	5.1	3.0	3.3	n.a.

出所：『日本統計年鑑』各年．

衣類・縫製工業の労働の質は異なっているのだ．単純な資本・労働比率の比較で産業の特性を考えてはいけない．われわれは一つの試みとして，産業ごとの賃金率でウエイトを付けた資本・労働比率の比較を試みたことがある[40]．この点に関心の読者は，大川・小浜（1993，第3章）参照．

3-5 バブル崩壊と失われた30年

1. 元気のない日本経済とさまざまな経済危機

　ここのところ，日本経済は元気がない．多くの人がそう感じていることだろ

---

40) Lw/K（L：労働，w：賃金，K：資本）．

う．戦後70年の日本の実質経済成長率を見ると，1960年代の高度成長期以降，トレンドとして成長率が低下していることがわかる[41]．1970年代以降，世界経済にも日本経済にも，いろいろなことが起こった．1973年10月には第4次中東戦争を機に第1次石油危機が，1979年にはイラン革命が起きて第2次石油危機が起こり，日本経済もマイナス成長を経験した．

　1997年7月2日，香港返還の翌日，タイはそれまでのドルペッグを止めて変動相場制に移行し，実態としてタイ・バーツは切り下げられた．アジア通貨危機の勃発である．通貨危機はインドネシア，韓国に波及し，翌1998年8月にはロシア経済危機，1999年1月にはブラジル経済危機に波及した．

　1998年8月17日，ロシアが短期国債のデフォルトを宣言し，アジア危機，ロシア危機の見通しを誤ったLTCM（Long-Term Capital Management）は1998年10月，破綻した．ソロモン・ブラザーズの伝説的債券トレーダー，ジョン・メリウェザーが設立したLTCMはマイロン・ショールズやロバート・マートンといった有名な経済学者を擁して1990年代半ばには高い運用実績を上げたが[42]，ロシア国債のデフォールトはまず起こらない（100万年に3,4回[43]）と見通しを誤った．テール・リスク（tail risk）が起きたのである．

　10年後，2008年9月，リーマン・ショックが起こった[44]．アメリカの大手投資銀行（証券会社）リーマン・ブラザーズは連邦破産法11条（日本の民事再生法にあたる）を申請して破産した．低所得者向け住宅ローン（サブプライム・ローン）を証券化した商品を大量に抱えていたところに住宅バブルが弾けて破綻したのである[45]．確かに住宅価格が上がり続ければ，担保価値が上がるから低所得者でも借り換えで，自分の所得では買えそうもない家を買えると思い，貸し手の甘い言葉を信じたのだろう．でも，住宅であれ，物であれ，価

---

41) 「3-3 高度成長と構造変化」の図3-3参照．
42) マイロン・ショールズ，ロバート・マートンは，ノーベル経済学賞を受賞している．
43) 品質管理で言う「シックス・シグマ」．
44) 「リーマン・ショック」は，和製英語といわれる．でも，1973年10月の石油危機も，日本人が「オイル・ショック」というと，当初は，それはおかしい「オイル・クライシス」だと直された．しかし，いまではよく使われている Krugman and Obstfeld の国際経済学の教科書でも「oil shock」と使われている．
45) この点については，小浜（2010）参照．

格は上がったり下がったりする，未来永劫上がり続けることはない．まあ，日本のバブルの頃，株はどこの会社を買っても必ず上がると言っていた経済学者もいたから，トレンドを楽観的に思い込むのは人間の性なのかもしれない．

よく知られているように，エリザベス女王が2008年にLSE（London School of Economics and Political Science；ロンドン大学政治経済研究院）を訪問した際，並み居る専門家に「なぜ皆さんは今回の経済危機を予想できなかったの（"Why did no one see it coming?"）」とお尋ねになった．半年後，有力な経済学者数人は女王に書簡を送り，「われわれは想像力の欠如で経済危機を予測できなかった」と謝罪した（Eichengreen 2015, p. 3）．

2．バブル崩壊と「失われた40年？」

バブルとは，教科書的には，株価，地価などの資産価格が経済の基礎的条件から大きく乖離して上昇することを指している，と説明される[46]．でも，「基礎的条件から大きく乖離」といわれても，よくわからない気分はぬぐえない．ニュートンがチューリップ・バブルで損をしたとか，いろいろなエピソードは聞かされるが，バブルは，結果として過去を振り返ったときに初めてわかる現象かもしれない．バブルは多くの人が現在の状況をバブルとは考えないから発生するものだろう（白川 2008，405頁）．

「バブル」と言うと「泡」という日本語がでてくるけど，「シャボン玉」の方がいいように思う．世界大恐慌のノンフィクションの *The Day the Bubble Burst* という本を読んだことがある[47]．アービング・フィッシャーなど多くの経済学者がアメリカの好況はずっと続くと言っていた1929年10月24日，どんどん膨らんだシャボン玉が弾けるように株価は大暴落した．

1971年8月の「ニクソン・ショック」でブレトンウッズ体制は崩壊し[48]，1973年には日本も変動相場制に移行し，昭和24年（1949年）4月以来固定さ

---

46) 例えば，小峰（2019，5頁）参照．
47) Thomas and Morgan-Witts（1979）．『ウォール街の崩壊』として講談社学術文庫で日本語訳も出ている．この本でよく覚えている一節がある．ウォール街のホテルに，「きょう部屋はあるか」という男が来たとき，ホテルのフロントが，「お泊まりですか，それとも飛び降りるためですか」と聞く場面だ．
48) 「ニクソン・ショック」について，Garten（2021）は読みやすいノンフィクションだ．

れていた360円レートは，市場で決まるようになった．いまでは想像できない
かもしれないが，1971年12月のスミソニアン合意の時代，ワシントンと羽田
の直行便はなく，多くはアンカレッジ経由だった[49]．いま若い人がクレジッ
トカードを作ると，当たり前のように国際的に使えるカードだ．いまでは想像
できないかもしれないが，1970年代半ば，国内で使えるクレジットカードは
あったが，海外出張のたびに国際カードを発行してもらうといった制約があり，
ドルなど外貨の現金を交換するのも上限があって，交換するとパスポートにい
くら交換したかを書かれた．

　円レートは，1978年に一時170円台の高値を付けたが，1979年の第2次石
油危機以降，1ドル240円前後で推移していた[50]．1985年9月のプラザ合意
以降，一本調子で円高が進んだ．1986年秋には150円台，1987年5月には
140円台，年末には120円台を記録し，円高不況に陥った．当然のことに日銀
は金融緩和に向かう．バブル期の金融政策の推移を見るために，公定歩合の変
更を表3-18に示してある．1986年初めに5％だった公定歩合は1987年2月
までに5回引き下げられて2.5％にまで下がったが，1989年からは公定歩合引
き上げに転じ，1990年8月まで5回の引き上げを経て2.25％から6％にまで
上昇した．

　昔は経済企画庁が，いまは内閣府が景気動向指数を計算していて，景気循環
の基準となる日付を特定して公表しているが，バブル景気は1986年（昭和61
年）12月から1991年（平成3年）2月までの51か月に起こった資産価格の上
昇と好況，さらにそれに伴って起こったいろいろな社会現象を指している．
1980年代後半に起こったバブルは，金融緩和の下で発生拡大した．金融緩和
は直ちに景気の過熱や物価上昇をもたらさなかった．物価上昇の気配が強まる
と日銀は金融引き締めに転じたが，バブルは広い範囲で進行していた．資産価
格と物価変動が乖離している場合，目の前の物価動向だけを見て金融政策を考
えるのでは，バブル防止には手遅れになる可能性がある（香西・伊藤・有岡
2000，217頁）．

---

49)　成田空港の開業は1978年5月．
50)　中村（2012），第8章によっている．

表 3-18 バブル期の公定歩合など

年月日	公定歩合	
1986 年 1 月 30 日	公定歩合下げ　5% → 4.5%	内需拡大，対外不均衡是正
3 月 10 日	公定歩合下げ　4.5% → 4.0%	為替激変回避，内需拡大，対外不均衡是正
4 月 21 日	公定歩合下げ　4.0% → 3.5%	円相場の安定，内需拡大，対外不均衡是正
11 月 1 日	公定歩合下げ　3.5% → 3.0%	景気停滞感の強まり
1987 年 2 月 23 日	公定歩合下げ　3.0% → 2.5%	円高のデフレ効果，為替の安定
1989 年 5 月 31 日	公定歩合上げ　2.5% → 3.25%	
10 月 11 日	公定歩合上げ　3.25% → 3.75%	
12 月 25 日	公定歩合上げ　3.75% → 4.25%	
1990 年 3 月 20 日	公定歩合上げ　4.25% → 5.25%	
8 月 30 日	公定歩合上げ　5.25% → 6.0%	
1991 年 7 月 1 日	公定歩合下げ　6.0% → 5.5%	
10 月 16 日	預金準備率引き下げ	

出所：香西・伊藤・有岡（2000），表 A-1（243 頁）．

　バブルの頃，ある商社の経営者は「財テク」で大きな利益をあげ，マスコミでもよく取りあげられたが，結局，会社は左前になった．金融システムは経済の安定的発展に重要な制度だが，ソフト・インフラの一つなのだ．インフラにはインフラの使命がある．「ウォール・ストリート」は「メイン・ストリート」に奉仕するのが役割なのだ．人々がすべて，銀行員や証券マン，あるいは大学教授だけの世界は存在できないのだ．

　1980 年代の日本経済のバブルも 1990 年代に入って弾けた．株価は 1982 年10 月を底に上昇し始めた[51]．日経平均株価は 1984 年初めに 1 万円台に乗せた後，1987 年 1 月末には 2 万円台を突破して，1989 年末には 3 万 8,915 円を付け，4 万円台も近いといわれた．しかし結果として 1989 年末の 3 万 8,915 円が2024 年 2 月まで史上最高値であり，2024 年 7 月 11 日には 4 万 2,000 円台を付けた．日本の株価は，1990 年 3 月には 3 万円を割り込み，10 月初めには 2 万円近くまで下落した．2009 年 3 月 10 日には 7,055 円の安値を付けている．地価は 1983 年頃から上昇し始め，1992 年頃から下落し始めた．1983 年 1 月の公示価格を基準で見ると，ピークの 1991 年の地価は，東京圏 4.1 倍，大阪圏 4.6

51）　以下の記述は，小峰（2019，第 1 章）によっている．

倍，名古屋圏 4.0 倍，地方圏 2.4 倍になった．

　1990 年代初めにバブルが弾け，世紀の変わり目頃には，日本経済の「失われた 10 年（Lost Decade）」と言われた．その後も日本経済は元気をなかなか取り戻すことができず，「失われた 20 年」，「失われた 30 年」と言われ続けている．「このままでは失われた 40 年に」なってしまうという議論まである（宮内 2022）．

3. 元気を取り戻すには

　いろいろな所に書いているように[52]，経済発展とは長い長い構造変化の過程である．もちろん，物質的な豊かさの指標（例えば GDP）で計る経済発展は，もう要らないという論者もいるだろう．しかし，日本もまだ物質的豊かさを求める経済発展が必要だとわれわれは考えている．

　生産性を上げなければ，経済は元気にならない，という議論がある．確かにその通りだが，どうしたら生産性が上がるのか．一時期，適度なインフレになれば，経済は成長するという議論が盛んだった．いまのままの経済構造を変えることなく，経済成長を進めることは難しい．

　経済成長の主役は民間企業だ．いかにして民間部門のダイナミズムを発揮できるようにするか．稲盛和夫は，いろいろな所に，経営にも，格闘技などの世界で必要とされる「闘魂」が不可欠である，と言っている[53]．その通りだと思う．しかし憂慮すべきは，高度成長を経て，豊かな日本になって，そのようなスピリットが失われ，誤った先進国意識が蔓延し，悪しき平等主義がはびこっているように思う．学校教育でも，「落ちこぼれを出さない」ことが至上命題になっている感もあるし，「自分の頭で考えない」試験も跋扈している[54]．歴史教育にも問題がある．高校までの日本史も世界史もつまらなかったなあ，という印象を語る学生も多い．歴史の試験は，すべて年表持込み可にすればいい．授業も担当の先生の得意な時代だけ講ずればいい．

---

52) 例えば，小浜（2001，5 頁），Kohama（2007，p. 4）．
53) 例えば，稲盛（2022，163 頁）．
54) この問題については久夛良木（2022）参照．

第4章　戦後日本経済の成功と失敗

4-1　成功体験の罠[1]

　個人であれ国であれ，失敗すると，なぜ失敗したのか何が悪かったのだろう
かと考えるだろうし，同じ間違いは繰り返したくないと思うだろう．でも，う
まくいった経験は，甘い記憶として個人の頭にも多くの国民の頭にも残る．冷
静に考えれば，成功体験は過去の出来事であり，その当時と今とでは，個人で
あれ国であれ，政治状況も経済状況も違っているし，国際環境も違っているだ
ろう．

　20世紀，人類最大の失敗は2度も世界大戦が起きたことだろう．19世紀の
普仏戦争以来，ドイツとフランスの戦争がヨーロッパの大戦争，世界戦争を引
き起こした．どうしたら，大戦争を再び起こさないようにできるか，賢い人が，
思想家，政治家，コニャック商人[2]など各層にいて，政治外交交渉では無理
だろうから，経済面でドイツとフランスを運命共同体にしたらいいと考えた．
それが，欧州石炭鉄鋼共同体，EEC，EUとなっていく．

　われわれは自由で民主的な国際秩序が望ましいと考えているが，経済規模で
はともかく，国の数でいえば，権威主義的な国の方が多いといわれる．プーチ
ンの頭の中をのぞくことはできないが，200年300年前の帝国主義的思想で行
動しているようにも見える．ウクライナ侵攻後の言動は「マッチポンプ」だ．

---

1)　この節の記述は，小浜（2022）によっている．
2)　ジャン・オメール・マリ・ガブリエル・モネ（Jean Omer Marie Gabriel Monnet）．ジャン・モ
ネの回想録が日本語に翻訳されている．近藤健彦訳『ジャン・モネ 欧州統合の父 回想録』日本関
税協会，2008年．

ウクライナに侵攻を始めるとき，2014 年のクリミア侵攻のとき，「うまくやれたじゃない」という成功体験が頭にあっただろう（『毎日新聞』2022 年 3 月 10 日）．日本の場合も，過去の成功の記憶が太平洋戦争のときにもあっただろう．

　いまの日本経済は，あまり元気がない．経済発展は不断の構造変化によってもたらされる．1960 年代の日本の高度成長と同じことをしていてもだめなことは，誰でもわかるだろう．日本経済の構造も変わっていれば，国際経済環境も 50 年前とは全然違う．庶民も企業も政府も，「あのとき，ああやってうまくいったし，危機も乗り越えてきた」という記憶や体験は大切だが，それを現在の日本経済，世界経済の構造・特徴にあわせてどうやって構造調整するか，できるか，それが日本の将来を決めると思う．短期中期長期のビジョンをどう確立するか，それができれば日本の未来は明るいし，それに失敗すれば，日本は低迷していくだろう．

　政治家の質は有権者に比例するから，えらそうなことは言えないが，総理大臣経験者が平気で「日銀は政府の子会社」と言ったり，国会議員が「国はいくら借金しても借り替えればいいんだ」と言ったり，困ったものだ．インフレが然るべく制御できれば Modern Monetary Theory（MMT）は理論的に正しいかもしれないという経済学者までいる．歴史をどう理解しているんだろうか．ある総理大臣経験者は，議会の答弁で「ポツダム宣言，読んだことない」と言っているから，戦後日本の 3 桁インフレも，復金債[3] の日銀引き受けも知らないのかもしれない．

　1960 年頃まで，日本は発展途上経済だったと思う．労働市場の転換点を越えたのが，その頃だった[4]．当時日本経済は元気で高度成長期に入っていった．アメリカと日本の一人当たり所得（名目，名目為替レート）を比べると，「3-3 高度成長と産業政策」の表 3-3 で見たように，1950 年ではアメリカの所得水準は日本の 13 倍強，1960 年でも 6 倍強であった．それが 1970 年には 2.5 倍

---

3) 　第 1 章で書いたように，第 2 次世界大戦後，1947 年 1 月に日本経済の復興のため復興金融金庫（復金）が設立された．全額政府出資の政府金融機関で，必要とする資金を復興金融金庫債（復金債）で調達し，その過半を日銀が引き受けた．実態としては国債の日銀引き受けで，それでインフレにならない方がおかしい．

4) 　この点については，小浜・渡辺（1996，序章），小浜（2001，序章），Kohama（2007, Chapter 1）などを参照．

になり（この時点までは 360 円レート），1990 年代には為替レートのマジック
だがアメリカを上回った時期もあった．世界銀行のデータベースでは，2021
年 176 か国の所得データが得られるが[5]，日本の所得は 42,620 ドルで 24 位，
アメリカは 70,430 ドルで 5 位，日本の 1.65 倍だった．

　1950 年代後半から 1973 年の第 1 次石油危機までの高度成長の記憶が日本社
会には強く残ったのだろう．1960 年代と同じように企業を動かしていけばう
まくいくだろう，政府も同じように経済運営をすればうまくいくだろうと考え
たかもしれないが，世の中はたゆまず変化しているのだ．世界中から安い原材
料を輸入してうまく加工した製品を輸出すれば経済が成長するということが，
いつまでも続くわけはないのだ．

　バブル崩壊を経て，「失われた 30 年」にあっても同じ発想が抜け切らない日
本社会．親会社は下請けの中小企業に納入部品の値引きを求める．下請け企業
はぎりぎりまで値引きする．そんな繰り返しで，日本経済が強くなるわけはな
いだろう．日本の産業競争力がどんどん低下するのは当然なのだ．「値引きを
断る」中小企業もあるではないか[6]．「そんなことしたら会社が潰れてしまう」
という向きもあるだろう．お気の毒ながら仕方ないのだ．戦後日本，クリスマ
ス電球やビーチサンダルをアメリカに輸出していた中小企業が東京の下町にた
くさんあった．それらの会社はいまもあるのか．日本の産業競争力はどんどん
落ちてきている．「IMD の世界競争力ランキング」は，1989 年から公表され
ているようだが，日本は 1992 年まで 1 位だった．それが 1997 年に急降下して
17 位になり，2022 年版では 34 位だという．

　最近，日本経済にとって「円高がいいのか」，「円安がいいのか」という議論
が多くの人の間でかわされている．変動が大きい場合，それを和らげるための
市場介入はあるかもしれないが，中長期的には為替レートはマーケットで決ま
るという国際金融制度をわれわれは受け入れているのだ．日本の庶民が今後豊
かになろうとしているのか，没落したいのか．楽して将来を希望に満ちたもの
にしたい，という安易な発想では世の中通らない．産業構造を変えず，円安で

---

5)　GNI per capita, Atlas method（current US＄）．
6)　渡辺（2022）参照．

輸出を増やして成長率を上げようというのは，野口悠紀雄風に言えば「麻薬」
だろう（野口 2022a，第 2 章：野口 2022b，7 頁）．不断の構造変化で，企業の人
的物的投資で，個人の人的資本蓄積が，将来の希望につながる．

　黒田日銀は日本経済が低迷しているから，経済が上向くまで低金利政策を維
持すると言っていた．指値オペまでして，低金利を維持しようとしていた．新
規発行国債の 7 割以上を日銀が買うこともあるようだ[7]．公開市場操作という
が，日銀の国債引き受けと実質的には変わらないのではないか．それでも物価
は上がらないし，景気も上向かない．現下の日本経済を日銀はどう理解してい
るのだろうか．植田日銀になって，ゼロ金利政策は変更されたが，依然金利は
低いままだ．金利を上げれば，ゾンビ企業はつぶれるだろう．日本にはゾンビ
企業をたくさん抱えておく体力はないのだ．金利を上げたら国債費が大変だと
いう論者もいる．大変になるから財政規律も少しは正常化に向かうのだ．税収
が増えたら減税しようというのは悪しきポピュリズムにすぎない．

4-2　戦後日本における電気・電子工業の盛衰

　「トランジスターラジオ」という言葉は，いまや死語かもしれない．若い読
者は，ラジオを聞くのも，テレビを見るのもスマートフォンで十分だと思って
いることだろう[8]．1950 年代から 1960 年代にかけてトランジスターラジオが
普及するまで，ラジオは，比較的大きな箱に入った真空管ラジオで，携帯でき
るようなものではなかった．

　電気・電子工業は，日本経済を牽引していたリーディング・インダストリー
だった．半導体は電子工業の主役といえるだろう．日本の半導体生産企業も，
1970 年以降 20 世紀のうちは元気だった．表 4-1 は 1971 年から 1999 年の世界
の半導体企業のトップ 10 を見たものである．NEC と日立製作所は，どの年も
トップ 10 に顔を出しているし，1981 年以降，東芝もトップ 10 の常連だった．
しかし，いまでは日本企業はトップ 10 から姿を消している．表 4-2 は 2017

---

7)　2022 年 9 月時点で，国債残高の半分以上を日銀が持っていると報道されている．

8)　ラジオも聞かず，テレビも見ないのかもしれない．

4-2 戦後日本における電気・電子工業の盛衰　　187

表 4-1　世界の半導体企業トップ 10 の推移（1971-1999 年）

順位	1971 年	1981 年	1986 年
1	TI（米）	TI（米）	NEC（日）
2	モトローラ（米）	モトローラ（米）	日立製作所（日）
3	フェアチャイルド（米）	NEC（日）	東芝（日）
4	ナショナル・セミコンダクター（米）	日立製作所（日）	モトローラ（米）
5	シグネティック（米）	東芝（日）	TI（米）
6	NEC（日）	NS（米）	フィリップス（欧）
7	日立製作所（日）	インテル（米）	富士通（日）
8	アメリカンマイクロシステム（米）	松下電子工業（日）	松下電子工業（日）
9	三菱電機（日）	フィリップス（欧）	三菱電機（日）
10	ユニトロード（米）	フェアチャイルド（米）	インテル（米）

順位	1989 年	1992 年	1995 年	1999 年
1	NEC（日）	インテル（米）	インテル（米）	インテル（米）
2	東芝（日）	NEC（日）	NEC（日）	NEC（日）
3	日立製作所（日）	東芝（日）	東芝（日）	東芝（日）
4	モトローラ（米）	モトローラ（米）	日立製作所（日）	三星電子（韓国）
5	富士通（日）	日立製作所（日）	モトローラ（米）	TI（米）
6	TI（米）	TI（米）	三星電子（韓国）	モトローラ（米）
7	三菱電機（日）	富士通（日）	TI（米）	日立製作所（日）
8	インテル（米）	三菱電機（日）	富士通（日）	STMicro（欧）
9	松下電子工業（日）	フィリップス（欧）	三菱電機（日）	フィリップス（欧）
10	フィリップス（欧）	松下電子工業（日）	フィリップス（欧）	Infineon（欧）

注：1999 年の三星電子と TI はともに第 4 位.
出所：小浜（2001），115 頁.

年と 2021 年の世界の半導体企業のトップ 10 を見たものである．2017 年は東芝メモリがトップ 10 に入っているが，2021 年には日本企業は姿を消している．半導体企業のランキングは，データソースによってバラツキがあるが，ある資料によれば 2021 年の 12 位にキオクシア（旧東芝メモリ）が顔を出している．

　半導体以外にも日本の電気工業の「身売り」が報道されている．いくつか例を挙げれば[9]，三洋電機の白物家電が中国のハイアールに，NEC のパソコンが中国のレノボに，シャープが台湾のホンハイに，東芝の白物家電が中国の美的集団に買われた．

---

9)　以下の記述は，大西（2017）によっている．

表 4-2　世界の半導体企業トップ 10（2017 年と 2021 年）

順位	2017 年	2021 年
1	三星電子（韓国）	インテル（米）
2	インテル（米）	三星電子（韓国）
3	SK ハイニックス（韓国）	TSMC（台湾）
4	マイクロン・テクノロジー（米）	SK ハイニックス（韓国）
5	ブロードコム（米）	マイクロン・テクノロジー（米）
6	クアルコム（米）	クアルコム（米）
7	TI（米）	ブロードコム（米）
8	東芝メモリ（日）	エヌビディア（米）
9	エヌビディア（米）	TI（米）
10	NXP セミコンダクターズ（オランダ）	インフィニオン・テクノロジーズ（ドイツ）

注：東芝メモリは，2019 年にキオクシアに商号変更.
出所：ビジネス＋IT.

　2011 年 8 月，ホンハイとの提携交渉をしていたシャープの町田会長（当時）は，台北にあるホンハイの技術開発拠点を視察して，巨大な工場に最先端の製造設備を配し，iPhone を驚異的歩留まりで量産しているのを見て驚愕したという．「格下」に見ていたホンハイに抜かれていることにショックを受けたのだ．提携交渉が始まった 2012 年，町田以外のシャープの経営陣は，依然ホンハイを「格下」に見ていて，シャープが持つ最先端の液晶技術が欲しいだけだ，といった認識だったという（大西 2017，17-19 頁）．

　「世界に冠たる日本のモノ作り」という「幻想」が，日本経済の元気のなさの原因の一つだろう．

　自動車の排ガス規制でも，同じようなことが起きている．マスキー法による排ガス規制に対するビッグ・スリー（クライスラー，フォード，GM）とホンダの CVCC エンジンだ．アメリカの議会は 1970 年，マスキー法を制定し，厳しい車の排ガス規制を求めた．これに対し，ビッグ・スリーの経営陣は，口をそろえて，われわれのエンジニアが不可能だというマスキー法の規制は非現実的だと議会で証言した．車の技術に関しては，ビッグ・スリーが世界のトップにあるから，どこの国の自動車メーカーもマスキー法の厳しい排ガス規制をクリアすることはできないと主張した．その厳しい規制を極東の小国日本の自動車メーカーのホンダが CVCC エンジンでクリアしたのだ．

　しかし因果はめぐり，「日本の自動車工業は世界一」といわれた時期もあっ

たが，いまや電気自動車（EV）の時代．EV 技術で日本は「周回遅れ」ともいわれる．

第5章　「官業払下げ」は「クローニー・キャピタリズム」か

5-1　クローニー・キャピタリズム[1]

　不勉強で，「クローニー・キャピタリズム」という言葉がいつの頃から広く使われるようになったかは知らないが，アジア経済危機の要因として，「クローニー・キャピタリズム」をあげる論者がいたことはたしかだ．

　1997年7月2日[2]，タイ・バーツは変動相場制に移行し，実質的にバーツ切り下げとなった．タイの通貨危機はインドネシア，マレーシア，フィリピンなど東南アジア諸国に伝播し（contagion），韓国に波及した．タイ政府が割高の固定相場を維持してきたのは，外国からの借入が大きい国内の大企業に有利な為替政策をとっていたと考えることができる．新古典派の経済政策を是とする論者の考えからすれば，割高のバーツを維持してきたタイ政府の政策は，クローニー・キャピタリズムの政策であり，それが経済危機をもたらした，ということになるのだろう．

　「クローニー（crony）」は，「お友達」「仲間」という意味だから，クローニー・キャピタリズムの国では，政権に近い「お友達」企業に有利な政策をとるだろうから，公平な競争が阻害されることは確かだ．しかし，政府が全く無能で競争力のない「お友達」企業だけを優遇していたら国の経済が衰退するだろう．

　新古典派の経済学が言うように，自由な競争環境を整えれば，経済は発展す

---

1)　日本語では「縁故資本主義」というらしいが，あまりポピュラーではない．
2)　香港が中国に返還された翌日．

ると考えるのはあまりにナイーブだ．市場には市場の，政府には政府の役割がある．経済発展の段階が若ければ若いほど，政府の役割は大きい．

5-2 官業払下げ[3]

「官業払下げ」は，明治政府が自ら建設した近代工場や，明治維新後接収した徳川幕府や全国の藩が建設した工場・鉱山を明治 13 年（1880 年）から明治 29 年（1896 年）頃にかけて民間に払い下げたことを指している（小林 1971, 69 頁）．

　明治初期の「官業払下げ」はクローニー・キャピタリズムの典型だという議論がある[4]．日本の経済発展研究の歴史の中で，「官業払下げ」に関する研究が比較的遅れたのは，小林（1971, 69 頁）によれば，日本の急速な工業化は，政府が「上から」育成した当然の結果であるとする日本資本主義論争以来の「惰性」であって，官業払下げは政府による直接的工業育成政策として自明のことだとされ，具体的事実の発掘さえなおざりにされてきたと書いている．この意見に，われわれは専門家として評価することはできないが，そういう側面があったであろうことは想像に難くない．

　寺西（1990, 64 頁）は，「官業払下げは必ずしも安価というわけではなかったが，さまざまなかたちで商工業者に補助金効果を及ぼしたと考えられる」と言っている．宮本・阿部・宇田川・沢井・橘川（1995, 128 頁）も，官業払下げによって政府は，多額の税金をつぎ込んだ官業をただ同然で政商に売り渡し，彼らを財閥に育て上げたという見解がかつては支配的だったが，官業払下げを受けた岩崎，浅野，古河，三井などが官業払下げ以前に企業経営能力を身につけていたことも見逃せないし，払い下げられた事業のすべてが成功したわけでもないし，払下げを受けた企業がすべて財閥になったわけではないことを考えれば，かつての通説は一面的である，と述べている．

　官業払下げ問題よりも，戦後の公共事業と与党の癒着の方が日本経済のガバ

---

3) この節の記述は，小林（1971），小浜（2006）によっている．

4) 日本史の言葉でいえば「官業」だが，今風にいえば「国営企業」「国有企業」だろう．「官業払下げ」は，「国有企業の民営化」だ．

ナンスとして問題は大きいかもしれない．確証があるわけではないが，魚住（1997，196頁）は，公共工事受注額の3%を端数まできちんと田中角栄に上納していたと書いている．

「官業払下げ」というと，中学高校の日本史で「明治14年の政変」に関連づけて習った「開拓使官有物払下げ事件」を思い出すだろう．明治初め，北海道開拓使という役所があった．明治政府は明治初年（1868年）から1,410万円もの大金をつぎ込んで北海道の開拓を進めてきたが[5]，財政難などから明治14年（1881年），開拓使の廃止を決めた．薩摩出身の黒田清隆が北海道開拓使長官だったが，同じ薩摩出身の五代友厚らの関西貿易商会に38万円，無利息30年年賦で払い下げようとしたことが，『東京横浜毎日新聞』や『郵便報知新聞』で問題にされた．

この「開拓使官有物払下げ事件」がどうなったかというと，武田（1995，45頁）によると，「公正か不正かという単純な図式で言えば，公正のサイドにいた人間（＝大隈重信）が罷免されたが，その代わりに主張だけは通った」ことになる．すなわち伊藤博文ら薩長閥が巻き返し，明治14年（1881年）10月，払下げは中止，10年後の国会開設を約束して自由民権運動の批判をかわし，大隈を罷免したのである（武田1999，157頁）．まさにクーデターであり，「明治14年の政変」と言われる所以である．

たしかに「開拓使官有物払下げ事件」は，クローニー・キャピタリズムだろう．しかし，「官業払下げ」を理解するには，「開拓使官有物払下げ事件」だけでなく，近代経済成長初期の工業振興政策（明治の言葉で，「殖産興業政策」）との関連で，経験ある企業家への工業振興補助金といった側面も見落としてはならない．

財政赤字と官業の累積赤字に直面した明治政府は，明治13年（1880年）11月5日に「工場払下細則」を公布し，小林（1971，78-79頁）によれば3段階にわたって払下げが実施された．第1段階では，財政赤字回収が重視され，興業費10年年賦，営業費即納という厳しい条件だった．鉱山には多くの希望者があったが，工場への希望者はほとんどなかった．第2段階では，松方正義に

---

5) 明治10年代の一般会計歳出は6,000万円から8,000万円程度であった．

よる財政金融改革が進み，民間企業も発展してきて，指名により投資額の5分の1から3分の1の価格で，25年から55年年賦で，「ただ同然」で払い下げられた．第2段階の払下げは，「事業の継続可能者」への払下げに重点が置かれた．第3段階では軍事予算の拡大の中，競争入札で三井・三菱に，優良鉱山が払い下げられた．主な払下げ事例が表5-1にリストされている．

小林（1971）は，官業払下げの主流は第2段階にあると言う．川崎正蔵を例に挙げ，明治政府が川崎に払い下げたのは，彼の資力ではなく，彼の経験に対してであったと言う．そして，官業払下げの真の目標は「官業の民衆への移管継続」にあり，明治政府は客観的な査定を行ったと主張する（79-83頁）．小林（1971）は，軍事工廠や鉄道・電信・鉱山などの利益のあがる官業を払い下げず，赤字の多い官業から払い下げているにもかかわらず，民間企業へ払い下げた赤字工場・鉱山の多くは継承され現存しており，官業払下げを成功させたのは，「政府」ではなく「企業」であったと書いている（90頁）．

山崎（2003）も「官業払下げ」は当時からさまざまな批判があったという．しかし，有利な条件で継承したとはいえ，当時の有力商人たちが経営不振にあって行き詰まり状態にあった官営事業を再建し，後の財閥経営の基幹的事業にまで成長させた経営能力は高く評価してよいと言っている（43-45頁）．

5-3　殖産興業政策[6]

明治初期の急速なキャッチアップを目指した工業振興政策として殖産興業政策がよく知られている．明治政府の工業振興政策は幕府・各藩からの幕営工場・藩営工場，あるいは主要鉱山の継承から始まった．殖産興業政策の中心は官営事業であり，その主役は内務省（1873年設立）と工部省（1870年設立）であった．

殖産興業政策を考えるにあたって，岩倉使節団は大きな意味を持つ．岩倉使節団は明治4年（1871年）11月12日に日本を出発して明治6年（1873年）9月13日に帰国した海外使節団である[7]．この使節団の目的は，幕末に締結さ

6）　ここでの記述は，浅沼・小浜（2021，第5章5-5節）によっている．

表 5-1 主な官業払下げ

払下段階	払下年月	物件	官業時投下資本 (1885年末)	財産評価額 (1885年) 6月末	払下価格	払受人	譲渡年次および譲渡先	所属会社
	1874—12	高島炭鉱	△ 393,848	—	550,000	後藤象二郎	1881 三菱へ 97万円で	三菱鉱業
第1段階	82—6	広島紡績所	△ 50,000		12,570	広島綿糸紡績会社	1902	海塚紡績所
	84—1	油戸炭鉱	48,608	17,192	27,943	白勢成煕		
第2段階	84—7	中小坂鉄山	85,507	24,300	28,575	坂本弥八他	廃止	
	84—7	深川セメント	101,559	67,965	61,741	浅野総一郎		日本セメント
	84—7	梨本村白煉化石			101	稲葉来蔵		
	84—7	深川白煉化石			12,121	西村勝三		品川白煉瓦
	84—9	小坂銀山	547,476	192,003	273,659	久原庄三郎		同和鉱業
	84—12	院内銀山	703,093	72,990	108,977	古河市兵衛		古河鉱業
	85—3	阿仁銅山	1,673,211	240,772	337,766	古河市兵衛		古河鉱業
	85—5	品川硝子	294,168	66,305	79,950	西村勝三 磯部栄一	1892 廃止	
	85—6	大葛金山	149,546	98,902	117,142	阿部潜	1888 三菱	三菱金属鉱業
	86—11	愛知紡績所	△ 58,000		—	篠田直方	1896 焼失	
	86—12	札幌醸造所			27,672	大倉喜八郎	1887 札幌麦酒	サッポロビール
	87—3	紋鼈製糖所	△ 258,492		994	伊達邦成	1895 札幌製糖	1896 解散
	87—6	新町紡績所	130,000		150,000	三井	浅羽靖	鐘淵紡績
	87—7	長崎造船所	1,130,949	459,000	527,000	三菱		三菱重工業
	87—7	兵庫造船所	816,139	320,196	188,029	川崎正蔵		川崎重工業
	87—12	釜石鉄山	2,376,625	733,122	12,600	田中長兵衛		新日本製鉄
	88—1	三田農具製作所	—		33,795	岩崎由次郎他	東京機械製造	東京機械製作所
	88—3	播州葡萄園	8,000		5,377	前田正名		
第3段階	88—8	三池炭鉱	757,060	448,549	4,590,439	佐々木八郎	1890 三井	三井鉱山
	89—12	幌内炭鉱・鉄道	△ 2,291,500		352,318	北海道炭砿鉄道	1899 三井	北海道炭砿汽船
	93—9	富岡製糸所	△ 310,000		121,460	三井	1902 原合名会社	片倉工業
	96—9	佐渡金山	1,419,244	445,250	1,730,000	三菱		三菱金属鉱業
	96—9	生野銀山	1,760,866	966,752		三菱		

注1：△は払下時までの投下資本額である.

注2：兵庫造船所の数字は公式で, 実際は50か年賦, 1割利引計算で59,237円で払い下げた（長崎造船所も91,017円が払下げ価格）.

出所：小林（1971）, 80頁.

---

7) 岩倉使節団については, 浅沼・小浜（2021, 第5章5-4節）参照.

れた諸外国との不平等条約の改正にあったが，同時に，「殖産興業」，「富国強兵」という明治新政府の国策の基礎となるべき社会・経済システムの調査と情報収集にあった．

岩倉使節団の一員として参加した大久保利通は欧米諸国の工業力・技術力に大きなショックを受けた．帰国後明治6年の政変で権力を掌握した大久保は，さまざまな殖産興業政策に着手したが，官営工場の多くは，1870年代末頃には赤字が続き，同じ頃財政が破綻状態に至り，政策転換が迫られた．松方財政に先立つ大隈財政末期に行政改革の一環として1880年に「工場払下概則」が制定され，官業払下げが実施された．

中村隆英は，殖産興業政策は大きく前期と後期に分けられると言う[8]．前期は大久保利通がリードした欧米先進国への急速なキャッチアップを目指す時期で，主な内容は，以下の4つにまとめられる．（1）初期における資金貸付と国立銀行の育成，（2）政府の直営事業としての鉄道・郵便・電信網の形成，（3）官営工場・鉱山の設立と払下げ，（4）民間企業への資金・設備の貸付・払下げ．

外国の技術・産業の導入に目を奪われた時期を過ぎると国内の伝統産業（在来産業）を見直そうという動きが起こった．これを中村隆英は後期殖産興業政策と言う．当時，農商務省にいた前田正名は，松方デフレが激しく続く明治15年，16年（1882-83年）に農商務省を動員して全国の産業調査を行って，それに基づいて産業発展計画をまとめて『興業意見』（1884年）を編纂した．『興業意見』の趣旨は，農業と地方在来産業を地域ごとに計画的に発展させようとするところにあった．

---

8) 以下の記述は，中村（1993，70-73頁）によっている．

第6章　産業政策をどう考えるか

6-1　産業政策と工業化政策

　われわれは発展途上国の経済について勉強してきた．経済発展にはさまざまな要因が複雑に絡み合っている．経済発展研究の古典である Clark (1940) のタイトルには，「Conditions」があり邦訳も「諸条件」となっている．この本は，この諸条件をわれわれの研究経験から分析しようとするものだ．

　われわれは，産業政策についても工業化政策についても書いてきた．英語で言えば，産業政策は Industrial Policy，工業化政策は Industrialization Strategy あるいは Industrialization Policy というのだろう．産業政策の場合，日本の産業政策とか，東アジアの産業政策といった視点で分析されることが多いように思う[1]．工業化政策の場合，輸入代替工業化政策とか輸出志向工業化という視点の分析が多いような気がする．「産業政策」と「工業化政策」は何が違うのだろうか，はたと考えてしまう．

　経済発展の主役は民間部門だ．民間のダイナミズムが主役で，産業政策にしても工業化政策にしても private dynamism を支援するのが役割だ．われわれのような開発経済学をやってきた人間と経済理論の専門家とは考え方が違うのかもしれない．小宮（1984, 6頁）は，経済理論の観点からすれば，資源賦存の状況が他国と異なるとか，工業化に関して latecomer であるとか，戦後の復興過程にあるとかといったことは，そのこと自体が市場の失敗を意味すること

---

1) 例えば，小宮・奥野・鈴村 (1984)，井上・浦田・小浜 (1990)，Inoue, Kohama, and Urata (1993).

ではないという．そうはいっても，どうすれば貧しい途上国の経済発展が促進されるというのだろうか．さらに，有澤廣巳，中山伊知郎，篠原三代平といった「先史時代」の巨人と議論がかみ合わなかった，というが，それは解くべき問題の視点・範囲が違うということだ．

　われわれは，貧しい国が豊かになるための開発戦略の一環としての産業政策を中心に考えている．経済発展を考えるとき，ミクロもセクターもマクロの視点もすべて大事だ．産業政策はミクロあるいはセクターだけの分析視点では不十分で，マクロの視点も必要だ．視点は少し違うかもしれないが，援助プロジェクトの評価をいくら精緻にしてもマクロの視点が不可欠であることと本質的には同じことだ．このことは，世界銀行の *Assessing Aid* レポートで人口に膾炙した[2]．例えば食糧不足に困っている発展途上国に500万ドルの食糧支援をするとしよう．その食糧支援援助プロジェクトのコスト・ベネフィットをいかに精緻に分析しても不十分だ．500万ドルの食糧支援を受けた途上国が，自国の開発予算から500万ドル以上の食糧支援支出をすれば，ドナーは何も言えない．500万ドルの食糧支援で浮いた資金を，例えば地域医療にふり向けたり，初等教育に回す国もあるだろう．それなら問題ない．だが，独裁者が浮いた500万ドルで武器を買うかもしれないし，フランスから高級ワインを輸入するかもしれないのだ．だから，途上国の開発政策全体を考えて個別の援助プロジェクトの評価をしなくてはいけないのだ[3]．

　第3章でも触れたが，大野（2013, iii 頁）は，多くの途上国政府は産業政策が是か非かといった神学論争を卒業し，政策能力の構築によって新産業を立ち上げたいと望んでいると書いている．

6-2　ワシントン・コンセンサスと産業政策[4]

1．ワシントン・コンセンサス[5]

　「ワシントン・コンセンサス」は，1980年代のラテンアメリカ債務危機[6]の

---

2)　World Bank (1998)．メイン・オーサーは，David Dollar と Lant Pritchett.

3)　「Aid money is fungible」なのだ．

4)　この節の記述は，一部，小浜（2007, 2008）によっている．

中から出てきた，「経済改革の最大公約数」ともいえよう[7]．

　1980年代のラテンアメリカ債務危機以前は，対外債務問題は短期的な流動性（liquidity）の問題であるとの認識が主流だった．例えば，現時点で国の対外債務を返済するのに十分な外貨が手元になくても，それは長期的に見て返済のための外貨がないのではなく，3か月とか6か月とかの短い期間をしのげれば返済に十分な外貨収入があるという考えだった．このように対外債務問題の原因が短期的な流動性不足だとすれば，開発政策上の解決策は，IMFなどの国際機関が短期の「つなぎ融資」を供与すれば，問題は顕在化せず地域あるいは世界経済への悪影響は防げるということになる．

　しかし，1980年代のラテンアメリカ債務危機の原因は，短期的な流動性問題ではなく，構造的問題（solvency）であることがわかってきた．経済の効率化を目指した経済構造改革を実現しないと，中期的に経常収支赤字と債務返済不能の悪循環が繰り返されるという理解に至ったのである．

　このような時代背景の下，ラテンアメリカが新たな成長経路に乗るためには，どのような経済構造改革をすればいいかということが，焦眉の急となった．この問題に対する最初のまとまった研究はBalassa, Kuczynski, and Simonsen（1986）であり，Williamson（1990a）によって人口に膾炙した[8]．彼らが当時考えた「経済構造改革の最大公約数（＝ワシントン・コンセンサス）」は，以下の10点にまとめられる（Williamson 2003, p. 324）．

1．財政赤字の縮小：財政赤字を，インフレ税によらずにファイナンスできる範囲に抑える．
2．公共支出配分の見直し：社会的収益基準から見て過度に予算が配分されている政治的にセンシティブな部門から，初等教育，保健・医療部門，インフラ

　5）　この節の記述は，一部，浅沼・小浜（2007）によっている．
　6）　1982年8月のメキシコの債務不履行に端を発する一連の対外債務不履行問題．Easterly（2001）の第6章は，当時のメキシコのシルバ・エルソフ蔵相が対外債務を返済できなくなったと発表するエピソードから始まっている．対外債務問題については，同書，第6章，第7章も面白い．ラテンアメリカの危機と経済改革についてはEdwards（1995）が参考になる．
　7）　以下の記述は，Williamson（1990b），（2003）などによっている．
　8）　ワシントン・コンセンサスについては，Williamson（2008）もわかりやすい．

部門といった高い経済的収益が期待できるものの，これまであまり予算が配分されてこなかった部門へ公的資金を再配分し，所得分配の改善を図る．

3. 租税改革：タックス・ベースの拡大と，限界税率の低減．
4. 金融自由化：市場による金利の決定．
5. 為替レート改革：レートの統一と，非伝統産品の急成長を可能にするような競争的な為替レート水準への調整．
6. 貿易改革：数量輸入制限による保護から関税による保護への転換と，関税率を 10-20% 水準へ引き下げる．
7. 資本自由化：海外直接投資を阻害する障壁の撤廃．
8. 民営化：国有企業を民営化する．
9. 競争促進：企業の新規参入を促して競争を促進する．
10. 財産権：インフォーマル部門を含め私的財産権を確保する．

「ワシントン・コンセンサス」は，あまりに画一的で，新古典派にすぎ，発展途上国の現実にあわないという批判がある．しかし，中長期的に上の「オリジナル・ワシントン・コンセンサス」の実現を目指すことが間違っていたのではなく，問題とされている途上国の市場や制度の未発達や社会構造を無視し，何でもかんでもこれらの改革を一挙に押しつけようとした 1990 年代半ばまでの IMF のコンディショナリティに問題があったのである．小浜は，その頃，ある国の計画大臣と経済改革について議論したことがある．彼女が，IMF が言うように一挙に自由化し規制緩和を一挙に行えば経済はうまくいくと言うので，改革の順番（sequecing）も重要だし，漸進的に規制緩和する方がいい場合（gradualism）もあるだろうと言って，議論はかみ合わなかった．彼女はその後副首相を務め，退任後，ニューヨークの国際機関で仕事をしていた[9]．

もちろん「オリジナル・ワシントン・コンセンサス」には，労働市場の改革など重要な点が落ちており，そのような問題については，「After the Washington Consensus」という視点から Kuczynski and Williamson（2003）が論じている．

---

9) ニューヨークでも何度か会って，食事をしながら議論したこともある．

上の 10 のポイントは，今の日本の構造改革にも当てはまる点がある．必要十分条件だとは思わないが，構造改革の最大公約数として，いまなお妥当する側面も多いと考えられる．何はともあれ Rodrik（2006）が言うように，「ワシントン・コンセンサス」は死んだとか生きている，などと議論しても生産的ではない．われわれが考えるべきは，「ワシントン・コンセンサス」に代わる新しいモデルを構築することであるが，石川（2006，第 1 章）が言うように，未だそのようなモデルをわれわれは持っていないのかもしれない．

2. 「ポスト・ワシントン・コンセンサス」の時代

1998 年 1 月 7 日の WIDER Annual Lecture（Stiglitz 1998a）でスティグリッツが，いまや「ポスト・ワシントン・コンセンサス」の時代であり，開発経済学・開発政策は，そのことを認識すべきであると主張した．経済発展が「ワシントン・コンセンサス」より遥かに広範な次元を含み，「ワシントン・コンセンサス」は必要条件かもしれないが決して十分条件でない，と言うスティグリッツの主張は正論であった．

この講演（Stiglitz 1998a）を受けて，同じ年（1998 年）10 月 19 日，ジュネーブの UNCTAD で行われた第 9 回プレビッシュ・レクチャー（Stiglitz 1998b）で，スティグリッツは「ワシントン・コンセンサス」は，目的と手段をとり違えている，と述べている．「ワシントン・コンセンサス」では，持続的で，公平で，民主的な成長より，民営化や貿易自由化が目的であるかのように考えられている，と批判した．われわれは「ワシントン・コンセンサス」に関する文献を広く読んだわけではないが，持続的で，公平で，民主的な成長が目的で，民営化や貿易自由化が手段である，と考えてきた．民営化や貿易自由化だけで発展がうまくいくとは思わないが，「ワシントン・コンセンサス」は民営化や貿易自由化を目的としているという批判は，よくわからない．

スティグリッツは「開発は社会の変容であり，伝統的なものの考え方，保健や教育に関する伝統的な対処の仕方，伝統的な生産方法から，より「近代的」な方向へ移行すること」だと言う（Stiglitz 1998b, p. 5）．その通りで異論はない．しかし，この考え方は，いわゆる「近代化論」で，経済発展・経済開発に関心を持つ社会科学の研究者（開発経済学者，開発人類学者，開発社会学者，

202　　　　第 6 章　産業政策をどう考えるか

ほか）たちが，ずっと持ち続けてきた考え方と同じような気がする．例えば，
Ohkawa and Kohama（1989, pp. 23-27），大川・小浜（1993, 32-35 頁）は，

前近代社会から引き継がれた伝統的（在来的）要素は，近代的要素の導入によ
る経済発展過程の初期には，依然として色濃く残っており，時には改良されて
強く経済に影響することもある．このような状況を「近代部門―伝統部門構
造」と呼ぶならば，日本の経済発展の初期局面では，それが典型的に観察でき
る．他の後発国でもこの「近代部門―伝統部門構造」が存在しているはずであ
る．この 2 つの要素，すなわち，近代的要素と在来的要素は，人々の行動様式，
技術，生産組織・制度といったほとんどすべての経済的要素に混在している．

と述べている．経済が発展するにつれ，近代的要素のウエイトが高まり，在来
的要素の割合が小さくなっていく．
　スティグリッツは，「近代化」の鍵は，「科学的なものの考え方」だと言う．
このことは正論だが，別に新しいことではない．上で述べたように，経済発展
過程とは，社会のあらゆる場面で，近代的要素が在来的要素を代替していく過
程である．スティグリッツは，変化そのものが目的ではなく，変化が発展とと
もにあり，発展の結果，個人も社会も自分の意思で自分のことを決められるよ
うになるし，個人の生活がさまざまな次元で豊かになると言う．さらに発展す
れば，貧困や病苦が軽減されると言う．
　何はともあれ，スティグリッツの主張（Stiglitz 1998a, b）には目新しいこと
はないが，「開発は社会の変容であり，伝統的なものの考え方，保健や教育に
関する伝統的な対処の仕方，伝統的な生産方法から，より「近代的」な方向へ
移行すること」だという意見に異論はない．Hayami（2003）は「ポスト・ワ
シントン・コンセンサス」の議論に関連して，異なる経済にはそれにあった制
度が必要である，と述べている．

3. IMF と産業政策
　きちんと調べたわけではないが，ここ数年 IMF の文書で産業政策に言及し
たものが目に付くようになった．関心の向きは IMF の website（www. imf.

org）に行って，"industrial policy" で検索してみてください．最近のところ
では，われわれは，"Industrial Policy for Growth and Diversification: A Con-
ceptual Framework"（Cherif, Hasanov, and Spatafora 2022），"Industrial Policy
and the Growth Strategy Trilemma"（Agarwal 2003），"The Return of Indus-
trial Policy"（Irwin 2023）などを読んだ．

　2023 年 10 月 24-25 日に，Ninth IMF-WBG-WTO Trade Conference が開か
れ，Gita Gopinath（First Deputy Managing Director, IMF）が短い開会の言葉
を述べている．初めに「Trade Policies and Rise in Trade Barriers」という節
を立て，ついで「Rise in Industrial Policy」という節を立てて産業政策につい
て触れている．このことからわかるように，市場介入というミクロ経済学の枠
の中でのお話だと思われる．そういった意味で，小宮（1984）と同じ枠組みの
議論だ．Irwin（2023）は，韓国や中国の発展モデルにも言及しているし，「the
New Washington-Beijing-Brussels Consensus」などという表現も出てきて，
われわれには馴染みやすい[10]．

　産業政策の手段もいろいろだ．Cherif, Hasanov, and Spatafora（2022, pp. 6-
10）は，表 6-1 にまとめたように，「財市場」「資本市場」「労働市場」「土地市
場」「技術」に分けて説明している．

6-3　個別産業振興と経済政策

1.「Picking-the-Winner」

　ここまでの議論でわかるように，産業政策というとき，個別の産業，例えば
自動車工業とか電子工業などを，輸入保護だったり，補助金だったり，税の優
遇などで振興する政策と考える論者が多い．「Industry Targeting」とか
「Picking-the-Winner」といわれる政策だ．理論的には幼稚産業保護論と同じ
ような理屈付けがあるのだろう．でも，10 年後 20 年後の世界市場における競
争力を予測していることに変わりはない．戦後，日本の産業政策批判が強かっ

10）Irwin（2023）は短いものなので，元の論文があるかと探したが，ぴったりのものは見つけられ
　　なかった．サブタイトルは，「Should developing economies follow the United States and China
　　by building national champions?」だ．

第6章　産業政策をどう考えるか

表 6-1　産業政策の手段

A.　製品市場 　　貿易政策 　　　輸入関税 　　　非関税障壁 　　投資促進税制優遇 　　　課税免除期間設定，特定法人税優遇， 　　　特定分野課税免除，インフラ投資補 　　　助金など 　　生産者・消費者としての国家 　　　戦略部門の国営企業 　　　政府調達 　　情報ギャップ低減策：「ソフト産業政 　　策」 　　　輸出促進組織：博覧会・展示会，国 　　　内外の投資促進のための品質認定制 　　　度などのプログラム連携 　　　ワンストップ制度：民間部門とのコ 　　　ーディネーション増強，製品の品質 　　　向上，複雑な手続き解消	輸入割当，ローカルコンテント要求，輸出補助金など
B.　資本市場 　　政策金融 　　融資保証 　　ベンチャー・キャピタル，起業支援	官営開発銀行・輸出入銀行
C.　労働市場 　　技能開発 　　労働税制	技能訓練の設計・提供における当該部門との協同による成果向上 優遇部門における給与税の低減による労働コスト低下 課税免除期間設定，自国労働者雇用要求，優遇期限設定など
D.　土地市場 　　低廉な土地供給 　　経済特区（SEZs）	新産業に対する公有地の市場価格以下での提供 経済特区内企業に対する整備されたインフラおよび公的サービスの提供（法人税・輸入関税免除，規制緩和，製品に対する支援など）
E.　技術	R&D に対する税制優遇および補助金（技術波及の外部性による経済合理的な市場介入）

出所：Cherif, Hasanov, and Spatafora（2022），pp. 6-10.

た頃，通産省の幹部が OECD で「Picking-the-Winner」の基準は，所得弾力性基準と生産性上昇率基準で特定すると説明した（Ojimi 1972）．需要面と生産面から特定するというのは悪くはないが，それとて将来を予測するのだから，同じことだ．馬場（1984）によると，「所得弾力性基準と生産性上昇率基準」という考え方は，篠原三代平の1960年の論文で展開されたものらしい[11]．

　通産省・経済省は，政府が旗を振って補助金を付ければ，世界市場で競争力のある企業ができあがると考えているかもしれないが，それは大いなる誤解だ．主役は民間企業のダイナミズムであって，政府の役割は民間企業がダイナミズムを発揮しやすい環境造りなのだ．

2. 為替レートは産業政策か

　現在の円安が輸出企業の業績にいい影響を与えていることは，誰でもわかるだろう．株価を気にする政治が，財務省や日銀に影響を与えているのだろうか．

　日本は戦後，1949年4月から1971年12月まで1ドル360円の固定レートだった．1951年9月8日[12]，サンフランシスコ講和会議で締結されたサンフランシスコ平和条約が1952年4月28日に発効し，連合軍の日本占領が終わり，主権が回復した．日本が IMF に加盟したのは1952年8月だ．

　為替レートが割安か割高かは輸出入に大きく影響する．理屈はその通りだが，「均衡」為替レートがわからないと，実際のレートが割安か割高か判断できない．戦後の日本経済でも円レートが割安か割高かで，専門家が論争していた．なかでも一橋大学の篠原三代平と小島清の論争はよく知られている．「篠原・小島論争」で検索すれば多くの論考を読むことができる．浅井（2011）や篠原（1974）は簡単に入手できるし，わかりやすい．

---

11)　馬場（1984, 468頁）は，篠原（1960）としていて，文献リストにも篠原三代平「産業構造と投資配分」『経済研究』第8巻第4号，1960年とあるが，1957年の間違いではないかと思われる．

12)　日本史の教科書で写真を見たことがあるかもしれないが，日本側の首席全権は，吉田茂（例えば，五味・鳥海2017, 347頁）．吉田以外の全権委員は，池田勇人，苫米地義三，星島二郎，徳川宗敬，一万田尚登．1951年9月8日，ソ連など3か国を除く49か国の全権によって署名された（外務省外交史料館 特別展示「サンフランシスコ講和への道」（開催期間：2012年7月4日-10月31日）展示史料解説）．

6-4 戦後日本の産業政策[13]

ここでは，戦後日本の経験を参照して，「エチレン 30 万トン基準」や「自動車工業再編論」などについて考え，産業政策に関するわれわれの考えをまとめたい．

1. 産業政策は脇役だ

戦後日本の高度成長期における急速な工業化，輸出拡大に対して日本政府，特に通産省が決定的な役割を果たしたと主張する専門家もいる．そのような見解に基づいていわゆる「日本株式会社論」が出てくるわけである．戦後の日本において政府，特に通産省がさまざまな産業・輸出振興政策を実施したことは事実だ．しかし，通産省が常に産業界をリードしていたわけではなく，また通産省の考え通りに常に民間企業が反応していたわけではない．戦後日本の高度成長において最も重要なファクターは産業政策ではなく，民間部門のダイナミズムである．もちろん，産業・輸出振興政策も一定の役割を果たしただろう．しかし，民間のダイナミズム，言い換えれば市場メカニズムに基づいた効率指向的な経済運営を助長するような形で産業政策が行われたところに戦後日本の高度成長の秘密があるといえる．

産業政策による市場への介入や保護政策は市場の歪みをもたらし経済的不効率を生むといった静態的でナイーブな発想は，長期の経済発展過程を考える視点としては狭すぎる．経済発展は長期的な構造変化の過程であり，民間部門の競争条件が確保され，生産性向上に対する強い意欲を企業家が持っている限り，それを助長するような産業政策は長期の開発政策としては合理的なものといえる．日本の産業政策は基本的には民間の活力，イニシアティブを重視したこと，さらには工業化の局面移行を促進するような働きをしたこと，そして民間は政府の言うことをきかなかったり，通産省の思うようには反応しなかった，といった今日の発展途上国の開発政策を考えるうえで示唆に富むアネクドートをい

---

13) この節の記述は，小浜 (2001)，Kohama (2007) によっている．

くつか以下で述べ，戦後日本の発展と産業政策の関係を考えたい．

　第2次世界大戦後，日本には自動車工業，特に乗用車産業は必要なく，アメリカから輸入すればよいという意見がかなり強かった．通産省が戦後日本の工業化計画を，強権をもって描いていたとすれば最近までの日本自動車工業の隆盛はなかったかもしれない．戦後まもなくはトヨタ自動車も日産自動車も仕事がなく，日産も，さらに，いまでこそ無借金経営で有名なトヨタも復興金融金庫（復金）に対し融資申請を出している．政府主導の産業政策をとっていたとすれば，限られた資金から当時の自動車工業には融資しなかったはずである．たしかに復金の理事のなかには自動車工業への融資に強く反対した人もいたというが，最終的にはトヨタにも日産にも融資されている．このことは日本政府が民間のイニシアティブを終戦直後の復興期でも尊重していたことの表れだと解釈することができよう．

　復金や開銀（日本開発銀行＝現日本政策投資銀行）の役割は，電気，石炭，海運，鉄鋼といった基礎産業に資金を提供することにあった，同時に新技術を活用した工業化を振興するという目的もあった．ソニーなどがいい例である．ソニーがトランジスターを開発しようとしたとき，多くの民間銀行は融資に消極的であった．しかし開銀は，技術集約的工業を振興するという目的で，ソニーに融資したのである．トランジスターラジオ，テレビ，写真フィルムといった新産業を振興するため，税制も弾力的に運用された．トランジスターラジオは開発当初2年間，物品税が免除された．

　次に工作機械の輸入から国内生産へ移行していく際の政策を見てみよう[14]．工業発展にとって産業機械，さらにはそれを作り出すマザー・マシーンといわれる工作機械の供給確保はきわめて重要である．工業発展の初期には産業機械も工作機械も先進国からの輸入に頼らざるをえない．工業化が進展するに従って，工作機械は輸入しながら，産業機械の輸入代替が始まる．さらに工業化が進むと工作機械の国内生産も開始される．戦争直後の日本においても工業発展のためには機械産業の振興が不可欠であり，そのためには優れた工作機械が必要であるとの認識を通産省は持っていた．このような時代にあっても日本製機

---

14)　小浜（2001，第5章），Kohama（2007, Chapter 6）参照．

械の品質向上のため，通産省は 1951 年に工作機械輸入補助金制度を導入した．
これは外国の優れた工作機械を指定して，それを輸入した場合には国が半分補
助するという，きわめて補助率の高い補助金制度だった．1951 年という段階
で優れた工作機械の輸入に対し補助金を出したということ自体，特筆さるべき
ことかもしれない．しかしこのような輸入補助金制度が長く続いたとしたら，
工作機械のユーザーは優れた外国の工作機械を半額負担で使えるのだからよか
っただろうが，外貨の節約にもならなかったし[15]，国内の工作機械メーカー
の技術水準も向上しなかっただろう．しかるに通産省がこの特定工作機械輸入
補助金制度に代わって次にとった政策は高性能工作機械の試作に対する補助金
制度であった．この制度でも試作にかかった費用の半分が補助されている．優
れた工作機械の供給確保という目的は同じであるが，輸入補助金から試作補助
金への移行は，将来の輸入自由化を考慮すれば，日本の工作機械工業の効率化
に大いに貢献したと考えられる．

　次は日本政府の考えと民間の反応が乖離した例である．例えば鉄鋼業の場合，
戦前期には鉄鋼一貫生産の高炉メーカーは旧日本製鉄，日本鋼管の 2 社であっ
たが，戦後は住友金属工業，川崎製鉄，神戸製鋼所の関西系平炉 3 社が高炉メ
ーカーへと転身した[16]．戦後日本の鉄鋼業の歴史の中にあっては，政府・既
存のメーカーと新興のメーカーの間の対立事件が有名である．1950 年夏，川
崎製鉄は一貫製鉄所建設計画を発表したが，これに対する政府・既存業界の反
対は凄まじく，当時の一万田日銀総裁が「建設予定地の千葉にペンペン草をは
やしてやる」とまで言ったというエピソードは有名である．しかし川崎製鉄の
西山弥太郎社長は第 1 次鉄鋼合理化計画の中の 1953 年 6 月，日産 700 トンの
ところを 500 トンと称して千葉製鉄所の操業を開始したのである．政府・業界
の反対を押し切ってまで鉄鋼一貫メーカーへ脱皮しようとする民間の強い投資
意欲を示す好例だといえる．

　1965 年のいわゆる「住金事件」も基本的には粗鋼減産をめぐる住友金属と
通産省・他の高炉メーカーとの争いである．当時，日本の外貨準備はきわめて

---

15)　その頃，日本は貿易赤字国だった．
16)　戦後日本の鉄鋼業については，小浜（2001，第 3 章），Kohama（2007，Chapter 4）参照．

少なく輸出拡大は至上命令であった．それで鉄鋼生産量の中に輸出義務量まで設定されていたくらいであった．住友金属はその輸出義務量を上回る輸出を達成していたが，通産省の鉄鋼生産割当ては国内向けと輸出の合計で決められていて，輸出を増やすには国内向け生産枠を食って輸出しなくてはならなかった．これが輸出拡大という大目的に反するとして住友金属が通産省と争ったのが「住金事件」である．通産省は決められた生産枠に対応する量以上の原料炭輸入割当てを認めないと主張するなどさまざまな圧力をかけたが，結局は輸出特認枠を通産省は認めたのである．これも輸出拡大という目的に反するような政策がとれなかったことの実例といえよう．

　鉄の場合とは少し違った意味で通産省の思惑と民間の反応が大きく乖離した例に「エチレン 30 万トン基準」という政策がある．いうまでもなくエチレンは石油化学産業の核であり，石油化学産業が規模の経済の働く代表的産業であることもよく知られている．1967 年 6 月，通産省と業界の設備投資調整機関である石油化学協調懇談会は，規模効果によるコスト削減によって日本の石油化学産業の国際競争力を強化すると同時に，巨大プラント建設に必要とされる巨額の投資資金を賄える企業はそれほど多くはないとの判断による業界再編成を目的として，「エチレン 30 万トン基準」という政策を発表した．この基準の要件は，エチレン・プラント新設の場合は生産能力が年 30 万トン以上であること，適正な誘導品計画があること，原料ナフサのコンビナート内からの供給が確保されていること，センター会社が国際競争力のあるコンビナートを形成するにふさわしい企業であること，などであった．通産省はこのような基準を満たして名乗りをあげるのは 2, 3 社であろうと当初は考えていたが，10 社以上が名乗りをあげた．石油化学産業でも通産省の考える以上に民間の投資意欲が強かったことがわかる（表 6-2）．この基準があくまで，技術的最小最適規模に関する基準であって，産業における企業数を制限したものでない点に注目しなくてはならない．

　日本の通産省にも，そのような企業数の制限という発想がなかったわけではなく，「特振法（特定産業振興臨時措置法）」に見られるように，参入規制による政策介入という考えと，自由な競争による工業振興という，ある意味では対立する考えの間を振り子が振れるごとく，行きつ戻りつしていたというのが真

210 　　　　　　　　　　　　　第6章　産業政策をどう考えるか

表6-2　エチレン30万トン計画

企業	立地	完成時期	備考
丸善石油化学	千葉	1969年	既存誘導品会社の増設
浮島石油化学	川崎	1970年	三井石油化学と日本石油化学との折半投資
住友千葉化学	千葉	1970年	はじめは住友化学，次期増設は東燃石油化学
大阪石油化学	泉北	1970年	三井東洋高圧と宇部興産などの関西石油化学グループとの折半投資
水島エチレン	水島	1970年	山陽石油化学（旭化成，日本鉱業の共同投資）と三菱化成の折半投資
三菱油化	鹿島	1971年	単独投資
新大協和石油化学	四日市	1972年	三菱化成が20万トン設備を1968年に建設し，第2期を新大協和石油化学が建設
東燃石油化学	川崎	1971年	住友千葉化学に続いて建設
山陽エチレン	水島	1972年	山陽石油化学と三菱化成の折半投資，水島エチレンとの輪番

出所：小浜（2001），75頁．

実かもしれない．参入規制が強ければ強いほど，企業家の行動原理はプロフィット・シーキング（生産性・国際競争力の向上による利潤追求）からレント・シーキング（規制・保護による利潤追求）へと移っていく．

　例えば，それまで二輪車メーカーであったホンダが四輪車市場に参入しようとしたとき，通産省は国内自動車工業育成という旗印の下，競争が厳しくなる新規参入を阻止しようと「特振法」を作ろうとした．通産省のこの政策に対しホンダの創業者本田宗一郎は激しく反対し，「ホンダの行き方に干渉するなら通産省は株主になってから言え」とまで言ったという．ホンダは四輪車メーカーへと脱皮し，その後の公害対策技術，海外生産戦略でトヨタ，日産をリードしたことは周知の事実である．

　ホンダはそれ以前の二輪車メーカー時代でも外国との競争を積極的に利用しようという哲学を持っていたこともよく知られている．1950年頃，日本には多くのオートバイ・メーカーがあって，彼らはオートバイの輸入抑制を政府に要求した．これに対し，ホンダは外国のすぐれたオートバイが入って来るからこそ国産オートバイにもいい刺激になる．輸入を自由にして，国産オートバイ産業育成の原動力にすべきで，輸入制限などとんでもない，と大反対したのである．本田宗一郎の発想は単純明快である．日本のほうが遅れているのだから

6-4 戦後日本の産業政策

良いものを勉強しなくてはならない．そのためには見本がなくてはならない．だから輸入すれば良いではないか，というものである[17]．このような民間企業の活力が日本の急速な工業化に大きな力を発揮したことは間違いない．

これらの例からもわかるように，通産省と民間企業はある時は協調し，またある時は対立しつつ，企業間の激しい競争と投資意欲が戦後日本の急速な工業化をもたらしたといえる．もちろん高度成長期の日本と現在の発展途上国を比較するとき，国内市場の大きさ，国際経済環境の違いなど考慮しなくてはならない点も多い．しかし，民間企業と政府が時には協調し，時には対立しつつも輸出拡大という大目的と将来の輸入自由化という与件の下，厳しい競争的環境を維持しつつ効率指向的経済運営を図り，それが高度成長をもたらしたという日本の経験は今日の途上国の開発戦略を考えるうえで，大いに示唆に富む．

戦後日本の高度成長が輸出主導的であったかどうかという議論がある．国民経済計算の支出項目としての輸出のウエイトを見ると，高度成長期の日本の輸出ウエイトはほとんど上昇しておらず，韓国のパターンとは歴然と違う．しかし，輸出主導的であったかどうかというような議論は開発政策の観点からはほとんど意味がないと思う．重要なことは，日本の企業家が輸出という目標に向けて効率向上・国際競争力向上にきわめて熱心であったという事実であり，それをもたらした日本の市場構造なのである．日本の企業家は技術改良・技術輸入に熱心であった．貿易自由化，資本自由化を控え，外国企業との（潜在的）競争が厳しく，その競争圧力が企業をして熱心な技術改良，生産性上昇努力に駆り立てたのである．

「幼稚産業」保護は経済的に合理化されると教科書には書いてある．先にも書いたように，政策論として，すなわち事前的に幼稚産業を特定することは難しい．ラテンアメリカの経験を見ればわかるように，輸入代替のための保護政策は引き伸ばされる可能性が高い．戦後間もなくの時期，日本の工業は手厚く保護されていた．しかし，繰り返し述べているように，多くの日本人は近い将来貿易の自由化，さらには資本の自由化を実施しなくてはならないことを知っ

---

17) もちろん，イタリアやアメリカのオートバイは値段が高かったから，貧しい日本ではそれほど売れないだろうという気持ちもあっただろう．

ていたのである.

われわれは,一定の発展局面では,国内産業保護という政策は,経済的に合理化できる場合があると考えている.しかし決定的に重要な点は,そのような保護された国内市場で効率的な経済運営ができるかどうかという点である.そのために政府は,それぞれの産業の競争力の程度,国際競争力改善の速度などを考慮しつつ,一定の年限を決めて自由化のスケジュールを国民に発表しなくてはならない.そして一旦発表したら,そのスケジュールを変えてはいけない.しかも自由化は漸進的なものであるべきである.このような環境が設定され,政府に対する信認が確保されれば,民間企業は生き残りのため,生産性上昇,国際競争力増強のため,最大限の努力をする.

このような,効率志向的な経済運営,保護された,しかも寡占的な国内市場での厳しい競争,外国企業との世界市場での競争の重視といった日本の経験は,現在の発展途上国にとって,きわめて重要な意義を持つ.

2. 民間のダイナミズムと企業家精神

製造業部門の企業家たちが,強い競争意識を持って,保護下の寡占市場でも(例えば1950年代の鉄鋼業を想像せよ),生産性向上・国際競争力増強に邁進したのは,突き詰めれば,将来の貿易・資本の自由化に伴う「外国企業との潜在的競争圧力」だった.自民党依存の農業や,護送船団銀行業にはそのようなプレッシャーがなかった.

潜在的であれ何であれ,強い競争圧力のないところに個性的な経営者の居場所はない.ホンダの本田宗一郎にしても,ソニーの井深大・盛田昭夫にしてもそうである.本田宗一郎は,空冷エンジンか水冷エンジンかで若手のエンジニアと大げんか.本田は「空冷だったからロンメルは砂漠で戦えたんだ」とまで言ったらしい.若手エンジニアは頭に来て2か月も無断欠勤.でも彼はホンダの3代目社長になったという.あるインタビューで,「創業者で天才エンジニアといわれる本田さんに楯突くような若手に,頭に来ないんですいか」と聞かれて,本田宗一郎は「自分に楯突くような奴じゃなきゃ,会社は任せられない」と応えたという.

第7章　経済発展と構造変化：東・東南アジア経済の高度化

　ここでは，第2次世界大戦後の東アジア，東南アジア諸国の経済発展を概観しながら，経済発展と構造変化について考えたい．データの関係上，東アジアは日本，中国，韓国，台湾を中心に，東南アジア諸国は ASEAN-5 を中心に分析する．

7-1　所得水準のキャッチアップ

　経済発展とは，繰り返すが，庶民の暮らしが豊になることだ．第2次世界大戦後，東アジア，東南アジア諸国は急速な経済成長を実現した．一人当たり所得が，その国の社会厚生水準を表すわけではないが，人々の幸せを形成する，余暇時間，健康，長寿，教育水準の向上，人権の尊重，自由などの要素は，その国の所得水準とプラスの相関をしている[1]．

　経済成長モデルの議論の中で「convergence hypothesis」という仮説がよく議論される．日本語だと「収斂仮説」，「収束仮説」などという．そこでは，「シグマ収束（σ-収束：σ-convergence)」，「ベータ収束（β-収束：β-convergence)」，「絶対的収束（absolute convergence)」，「条件付き収束（conditional convergence)」，「クラブ収束（club convergence)」といったいろいろな「convergence」の概念が出てくる[2]．

　ここでは「β-convergence」について考える．初期の所得水準が低いほど所得成長率が高いという仮説だ[3]．これは経済成長モデルから導かれた仮説で，

---

1)　Koyama and Rubin（2022, Chapter 1）参照．

214 第7章 経済発展と構造変化：東・東南アジア経済の高度化

サブサハラ・アフリカの現実を見るとわかるように，常に「β-収斂」が実現するわけではない．ガーシェンクロンの言う「後発性の利益（latecomers' advantage）」とも似ている．産業革命を始動したイギリスを除けば，すべての国が後発国だ．とはいえ，「後発性の利益」を実現できた国もあれば，ダメだった国もある．後発国の「社会的能力（social capability）」に依存するのだ．この点については，小浜（2001）第3章第2節「後発性の利益と社会的能力」参照．

　まず，「Maddison Project Database 2020」の「2011年ドル表示の実質一人当たりGDP（Real GDP per capita in 2011＄）」を使って，第2次世界大戦後の東アジア，東南アジア諸国の一人当たり所得をアメリカの一人当たり所得と比べてみた．日本の場合は1945年から2018年までのデータをとることができるが，データがとれるのが1950年から2018年までの国もある．図7-1はアメリカの一人当たり所得と各国の一人当たり所得の比率の変化を時系列に見たものである．アメリカと各国の経済成長率と人口増加率によってトレンドは決まってくる．

　図7-1で見た9か国のうちフィリピンを除くと，所得比率は右下がりで，戦後70年，各国の所得水準はアメリカにキャッチアップしていることがわかる．日本の場合，アメリカの一人当たりGDPは，戦争直後は5倍程度だったが，年とともに所得の差は小さくなり，1968年には2倍を下回り，21世紀に入ってからは1.4倍程度である．戦後初期の日本以外の国とアメリカとの所得差は，図7-1に示した日本と比べて大きかった．中国の場合は20倍，韓国16倍，台湾10倍，インドネシア15倍，マレーシア8倍，フィリピン14倍，シンガポール7倍，タイ12倍であった．「Maddison Project Database 2020」でデータをとることができる最近年は2018年．その年，アメリカの所得は中国の4.2倍，韓国の1.5倍，台湾の1.2倍，インドネシアの4.7倍，マレーシアの2.2倍，

---

2) 「convergence hypothesis」に関心の向きは，Barro and Xavier Sala-i-Martin（1992），Barro and Xavier Sala-i-Martin（2004, Chapters 1 and 2），Galor（2011, Chapter 1），Johnson and Papageorgiou（2020），Jones and Vollrath（2013, Chapters 1-3），Lucas（2002）などを参照．開発経済学の教科書でも「convergence hypothesis」にふれているものもある．例えば，戸堂（2015, 第2章，第3章）．

3) クロスカントリーの散布図（scatter plot）がJones and Vollrath（2013, Chapter 3）の3.2節に出ている．

図7-1 アメリカと各国の所得比率（日本，中国，韓国，台湾，インドネシア，マレーシア，フィリピン，シンガポール，タイ）

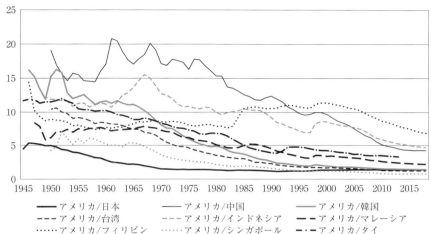

注：GDP pc 2011 prices.
出所：Maddison Project Database, version 2020.

フィリピンの6.8倍，シンガポールの0.8倍，タイの3.3倍であった．

上で見た図7-1は，「Maddison Project Database 2020」のPPP（購買力平価）の一人当たり所得のトレンドだったので，次に，世界銀行のデータベースの「名目ドル」表示の所得データを使って，図7-1同様，アメリカとの所得比率のトレンドを見ることにしよう（図7-2）[4]．ここで使ったのは，「GNI per capita, Atlas method (current US＄)」である[5]．世界銀行のデータベースでは，インドネシアの数字は1969-2022年のものしかとれないが，その他の東・東南アジア，アメリカは，1962-2022年の数字をとることができる．図7-2のデータは名目の為替レートで自国通貨建のデータをドルに変換していて，図7-1

---

4) 一人当たり所得のデータといってもいろいろある．例えば，自国通貨の数字もあればドル表示の数字もある．ドル表示といっても，名目の為替レートでドル変換した数字もあれば，PPPで変換したものもある．名目の数字もあれば固定価格の数字もある．データに関心の向きは，世界銀行のwebsite (www.worldbank.org) に行って，遊んでみてください．
5) 元になったデータベースは World Development Indicators（2023年10月26日版）．世銀のデータベースに台湾はない．

図7-2 アメリカと各国の所得比率
（日本，中国，韓国，インドネシア，マレーシア，フィリピン，シンガポール，タイ）

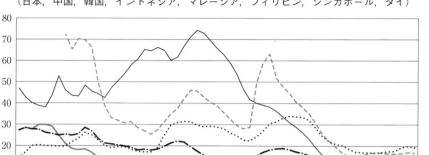

注：GNI per capita, Atlas method (current US$)
出所：World Bank Database.

で使った「Maddison Project Database 2020」の場合より変動が大きい．

　日本の場合，為替レートのマジックだろうが，1989年から1999年にかけてアメリカの一人当たり所得を上回っていた（図7-2）．図7-1の場合と同じく，フィリピンを除くと，各国ともトレンドとしてアメリカの所得にキャッチアップしていることがわかる．所得差も大きいし，トレンドの形も図7-1の場合と少し違っている．例えば中国の場合，1990年までアメリカとの所得比率は拡大し，70倍を超えた（図7-2）．その後，中国の所得はアメリカにキャッチアップし，2022年には，一人当たりの所得比率は6倍弱に縮まっている．

7-2　工業化の進展

1.「経済発展は工業化である」か

　「経済発展は工業化である」という論者までいる．確かにそういう面があることは否定しない．まずは世界銀行のデータベースで，工業化率（製造業の付

7-2 工業化の進展　　　　　　　　　　　　　　　　　　217

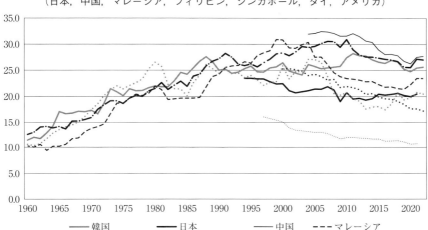

図7-3　工業化率の推移：各国と韓国
（日本，中国，マレーシア，フィリピン，シンガポール，タイ，アメリカ）

注：Manufacturing, value added (% of GDP).
出所：世界銀行データベース．

加価値の GDP に対する比率）の推移を，東・東南アジア諸国について見ることにしよう（図7-3）．図7-1 と図7-2ではアメリカとの比較で時系列の推移を見たが，図7-3では長くデータをとることができる韓国と比較している．韓国やマレーシア，シンガポール，タイは1960年から2022年までの工業化率の数字がとれるのに，なぜか日本とアメリカの工業化率の数字は長くとれない．

「ペティ・クラークの法則」を前提とすれば，長期的には工業化率は徐々に上昇し，その後，低下することが予想できる．図7-3はできるだけ長い系列を図示しようとしたもので，この図だけで東・東南アジアの工業化パターンを判断することは難しい．

2. 日本と台湾の工業化率

上で見た図7-3は，世界銀行のデータベースの数字で書いたので，台湾のデータはないし，韓国の場合は1960年から2022年まで63年分の数字がとれるのに日本のデータは1994年から2021年まで28年分しかとれなかった．そ

図7-4a　日本の工業化率（製造業/NNP）の推移（1930-1976年）

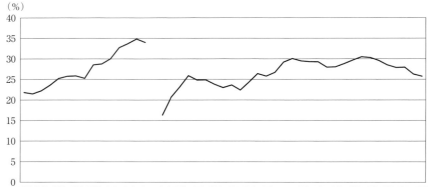

出所：総務庁統計局「日本長期統計総覧 CD-ROM（1868-1985）」日本統計協会, 1999年. 13-12 産業別国民純生産―旧 SNA（昭和5年～51年）

こで，データの定義の違いには目をつぶり，日本については，途中一時期が抜けているが[6]，1930年から2021年の期間について，『日本長期統計総覧 CD-ROM（1868-1985）』と Asian Development Bank（ADB）の Key Indicators for Asia and the Pacific を使って，日本の工業化率（製造業/GDP あるいは NNP）の推移を見た．台湾については，統計局のデータベースで1981年から2022年までのデータをとることができる．

まず図7-4aで1930-1976年の日本の工業化率の推移を見てみよう．1945年のデータはとれない．戦前期の日本は，戦時経済の影響もあって工業化率は急速に上昇している．1930年（昭和5年）に21.5％だった日本の工業化率（図7-4aはNNPベース）は，1943年には34.8％まで13ポイント以上も上昇した．敗戦後の1946年，日本の工業化率は16％余と大きく低下しているが緩やかに上昇し，1960年代末の高度成長期末期には30％を超え，その後，緩やかに低下し始める．

次に図7-4bで1990年から2021年の日本の工業化率の推移を見てみよう．

---

[6] データの定義などの細かいことに目をつぶれば，もう少し長い系列の数字をとることができるだろう．

7-2 工業化の進展　　　　　　　　　　　　　　　219

図7-4b　日本の工業化率（1990-2021年）

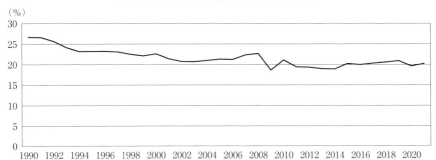

出所：ADB, Key Indicators for Asia and the Pacific 各年.

図7-4c　台湾の工業化率（1981-2022年）

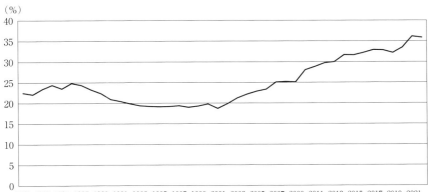

出所：National Statistics, Republic of China (Taiwan)-Statistical Tables.

　日本でバブルがはじけた1990年頃，日本の工業化率は26％くらいだったが，緩やかに低下していて，世紀の変わり目には21から22％まで低下し，最近では20％前後で推移している．2020年には20％を切った．
　では，台湾の工業化率はどうだろうか．図7-4cは，台湾の統計局のデータによって1981年から2022年について工業化率（GDPに対する製造業のシェア）の推移を見たものである．1981年に22％程度だった台湾の工業化率は

1986 年に 25% 程度に上昇したが，21 世紀初めにかけて低下し，2001 年には 18% を切っている．ところがそこから台湾の工業化率は上昇を始め，いまでは 35% 程度だ．多くの国では見られない変化のパターンだ．台湾の製造業の中で構造変化が起こったとしか考えられない．

3. 台湾製造業の構造変化

まず，1981 年から 2022 年について[7]，産業大分類（第 1 次産業，第 2 次産業，第 3 次産業）で台湾の構造変化を見ることにしよう．台湾統計局（Statistical Bureau）のデータベースの産業別 GDP 統計の下の方に産業大分類のデータが出ていて，おまけのように ICT（Information and Communication Technology）産業のデータも別掲されている．

産業大分類で見た台湾の産業構造変化が図 7-5 に示されている．おまけの情報通信技術関連産業のシェアも一緒に書いてある．図 7-5 は 1981 年からのデータしかないが，もっと長いデータがあれば，農業主体の台湾経済をグラフで見ることができただろう．1951 年の人口は 776 万人，名目ドルの一人当たり GDP は 154 ドルだった[8]．いまや，人口は 2300 万人，名目ドルの一人当たり GDP は 32,000 ドルくらいだ（2022 年）．

1980 年代初め，台湾の第 1 次産業のシェアは 7% 程度だったが緩やかに低下し，いまや 1% 台だ．1980 年代初め，第 2 次産業と第 3 次産業のシェアは大差なかったが，1980 年代後半から第 2 次産業のシェアは低下し始め，第 3 次産業のシェアは上昇し始めた．それが 21 世紀初めになると第 2 次産業のシェアが緩やかに上昇し始め，第 3 次産業のシェアが低下し始める．この反転は ICT 産業の発展によるのだろう．

台湾製造業内の構造変化を見てみよう．表 7-1 で，1981 年と 2022 年の製造業の中の構造変化を見てみよう．産業中分類のデータによる構造変化だ．まず目につくのは，軽工業（食品，飲料，繊維，衣類など）のシェアが低下してい

---

7) 台湾統計局のデータベース（https://eng.stat.gov.tw/cp.aspx?n=2334）では，主要統計（人口，GDP，一人当たり所得など）は 1951 年からとれるが，産業別のデータは 1981 年からしかとれない．

8) 脚注 7 に書いた台湾統計局のデータベースによる．

7-2 工業化の進展

図 7-5 台湾の産業構造変化（大分類）：対 GDP 比

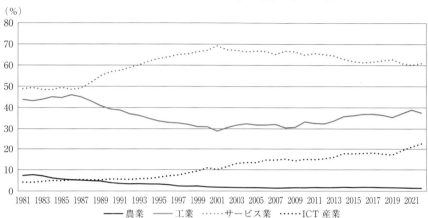

注：Gross Domestic Product by Kind of Activity（2008SNA）(at Current prices, 1981〜)
資料：National Statistics, Republic of China（Taiwan）-Statistical Tables．

ることだ．例えば，繊維工業のシェアは 1981 年には 10.2% だったものが 2022 年には 1.3% にまで低下している．一方，電子機器製造業，電子部品製造業のシェアが大きく上昇している．電子部品製造業のシェアは 1981 年には 4.1% だったものが 2022 年には 48.3% と 44% ポイント以上も上昇した．

産業中分類データで見て，電子機器製造業，電子部品製造業のシェアが大きく上昇しているということは，おそらくこれら電子機器製造業，電子部品製造業の内部でも構造変化が起こっているのではないだろうか．簡単にとることができるデータで直接検証することは難しいが，傍証として，1981 年と 2022 年の産業中分類の産業ごとの付加価値率（付加価値額を粗算出額で割ったもの）を比べてみた（表 7-2）．製造業全体で見ると，1981 年に 23.8% だった付加価値率は 2022 年に 31.8% と 8% ポイントの上昇である．製造業の中で 2022 年の付加価値率が高いのは，飲料・たばこ工業が 67.5%，電子部品工業 49.7%，薬品工業 46.0% だ．1981 年と 2022 年を比べると飲料・たばこ工業の付加価値率は 20.4% ポイント，電子部品工業 17.7% ポイント，薬品工業 23.0% ポイントも上昇している．

222　　第7章　経済発展と構造変化：東・東南アジア経済の高度化

表 7-1　台湾製造業の構造変化

（単位：付加価値シェア，%）

	1981	2022
C. 製造業計	100.0	100.0
CA. 食品・飼料	7.0	2.2
CB. 飲料・たばこ	6.0	1.4
CC. 繊維	10.2	1.3
CD. 衣服	5.8	0.5
CE. 皮革・皮革製品	3.7	0.3
CF. 木材	1.9	0.2
CG. 紙・パルプ	3.1	0.9
CH. 印刷	1.4	0.6
CI. 石油・石炭製品	3.7	1.0
CJ. 化学原料	6.0	3.9
CK. 化学製品	0.9	1.2
CL. 製薬	0.4	0.9
CM. ゴム製品	1.0	0.6
CN. プラスチック製品	3.6	2.1
CO. 非金属鉱物	5.5	1.7
CP. 基礎金属	4.5	4.8
CQ. 金属製品	4.4	5.1
CR. 電子部品	4.1	48.3
CS. コンピューター・電子製品・光学機器	4.4	10.2
CT. 電気機器	4.4	2.5
CU. 一般機械	2.9	4.2
CV. 自動車	3.3	2.0
CW. その他輸送用機器	3.6	1.8
CX. 家具	1.4	0.3
CY. その他製造業	6.8	2.1

資料：台湾統計局データベース．

4. From Brain Drain to Brain Circulation

　UC バークレーのサクセニアンたちが言うように「From Brain Drain to Brain Circulation（頭脳流出から頭脳循環へ）」は，国際経営にも，国際分業にも，開発政策にも大切な洞察だと思う[9]．「Brain Circulation」を「頭脳循環」とするか「頭脳還流」とするかは悩むところだ．例えば，シリコンバレー

　9）　この議論に関心の向きは，Saxenian（2002, 2006, 2012），Saxenian and Sabel（2008）などを参照．

7-2 工業化の進展　　　　223

表7-2　台湾の産業別付加価値率

(単位：%，% ポイント)

	1981	2022	2022－1981
A. 農林水産業	49.3	47.9	－ 1.4
AA. 農業	69.5	70.5	1.0
AB. 畜産	17.7	14.8	－ 2.9
AC. 林業	74.6	61.4	－ 13.2
AD. 水産業	47.8	44.4	－ 3.4
B. 鉱業	59.7	52.3	－ 7.3
C. 製造業	23.8	31.8	8.0
CA. 食品・飼料	16.4	19.2	2.8
CB. 飲料・たばこ	47.2	67.5	20.4
CC. 繊維	24.8	27.2	2.4
CD. 衣服	26.7	23.1	－ 3.6
CE. 皮革・皮革製品	24.8	44.6	19.8
CF. 木材	24.2	24.8	0.6
CG. 紙・パルプ	25.6	25.4	－ 0.2
CH. 印刷	35.2	35.3	0.1
CI. 石油・石炭製品	9.7	6.1	－ 3.6
CJ. 化学原料	19.1	13.4	－ 5.6
CK. 化学製品	19.9	26.6	6.8
CL. 製薬	23.0	46.0	23.0
CM. ゴム製品	25.0	36.7	11.7
CN. プラスティック製品	25.2	30.6	5.4
CO. 非金属鉱物	34.2	28.7	－ 5.6
CP. 基礎金属	18.7	17.6	－ 1.1
CQ. 金属製品	21.8	31.0	9.1
CR. 電子部品	32.0	49.7	17.7
CS. コンピューター・電子製品・光学機器	23.6	32.1	8.4
CT. 電気機器	25.5	23.3	－ 2.2
CU. 一般機械	25.3	26.3	0.9
CV. 自動車	29.5	29.1	－ 0.4
CW. その他輸送用機器	27.4	25.2	－ 2.2
CX. 家具	25.5	25.1	－ 0.5
CY. その他製造業	36.9	30.3	－ 6.7
D. 電気・ガス	56.1	－ 14.4	－ 70.5
E. 水道	57.0	43.3	－ 13.7
F. 建設	37.0	30.2	－ 6.8
G. 商業	65.5	73.0	7.5
H. 輸送・倉庫	47.8	52.7	4.8
I. 宿泊・飲食	54.0	46.9	－ 7.1
J. 情報・通信	71.1	56.9	－ 14.2
JA. 出版・映画・放送	46.0	42.2	－ 3.8
JB. 通信	83.2	58.4	－ 24.8
JC. コンピューター・情報関連サービス	70.3	63.0	－ 7.3
K. 金融・保険	81.1	69.5	－ 11.7
L. 不動産	65.3	74.9	9.6
M. 科学・技術支援サービス	65.3	56.4	－ 8.8
N. その他ビジネス支援サービス	72.1	68.9	－ 3.2
O. 政府サービス，防衛・社会保障	59.2	67.6	8.5
P. 教育	87.1	82.2	－ 4.9
Q. 健康・社会支援サービス	57.7	61.7	4.0
R. 芸術・エンターテインメント	57.4	62.3	4.9
S. その他サービス	75.1	64.5	－ 10.6
サービス計	38.9	45.4	6.6

資料：台湾統計局データベース．

で最先端の技術を身につけ，経営能力も身につけた台湾，インド，中国，イスラエル出身のエンジニアが故郷に帰って起業する場合だと「頭脳還流」がいいと思う．しかし，例えば台湾出身のエンジニアがシリコンバレーに渡って経験を積んでシリコンバレーで起業し，同時に台湾でも起業するケースなどは「頭脳循環」だろう．いまではコミュニケーション手段は格段に進歩し，シリコンバレーの社員と台湾の社員の間の「対面会議」のコストも実質ゼロだ．経営者が物理的に台湾とシリコンバレーの間を移動するコストも20世紀と比べると格段に安くなっている．

　昔は「頭脳流出（Brain Drain）」といえば，貧しい発展途上国の有能な科学者やエンジニアが整備され自由な研究環境，潤沢な研究費，高い給与を求めて欧米の大学や研究所に移り住むイメージだった．自国の経済発展を担うべき有能な人材が豊かな先進国に行ってしまうというネガティブなイメージだった．

　「Brain Circulation（頭脳循環/頭脳還流）」の時代になり，イノベーションもオープン・イノベーションの時代になり，産業政策も「Picking-the Winner」でなく「open industrial policy」の時代を迎えているのだ．

　1951年の所得水準を上でも書いたが，昔の台湾は貧しい農業国だった．AnnaLee Saxenian も「台湾の1962年の一人当たり GNP は170ドルで，ザイール，コンゴと同じ水準だった」と書いている[10]．台湾の製造業は昔，ほとんどが中小企業で，ファミリー企業で，新しいことに挑戦する精神に欠けていた．

　20世紀，新しい経営システム，新しい金融の考え方，新しい生産技術は，先進国の大企業，あるいは多国籍企業で生まれ，それらが新興国，発展途上国に移転していく「core-periphery model」が主流の世界だった．

　新興国であれ途上国であれ，有能な若者が運に恵まれれば（経済的余裕のある家の子弟だとか，奨学金を得られるとか），欧米の大学・大学院に留学することはできるだろう．シリコンバレーに近いスタンフォード大学の大学院を終了し，シリコンバレーで起業する若者もいるだろう[11]．彼らがビジネスに成功し，シリコンバレーに根を下ろす場合もあれば，故郷に帰って起業する者も

---

10)　例えば，Saxenian and Sabel（2008, p. 385, footnote 6），Saxenian（2012, p. 42, note 7）．ザイールは，1997年にコンゴ民主共和国に国名変更．

いれば，アメリカでも故郷でもビジネスを興し成功する者もいる．「Brain Circulation」の時代だからといって，故郷が自分の持つ経営ノウハウやハイテク技術を活かせない経済環境なら，有能な経営者は帰らないのだ．

前著でも書いたように，西暦 1300 年頃，中国の技術水準は世界一だった．だが産業革命が起きたのは 18 世紀のイングランド．中国ではすぐれた技術を生産に結びつける制度がなかっただけでなく，自国より優れた技術・知恵を外国から導入するという社会ではなかった（Jones and Romer 2010, p. 239）．制度の失敗である．「発明」が「産業革命」をもたらしたことは間違いない．革新的発明だけが「産業革命」を起こすなら，なぜイギリスより先に中国で「産業革命」が起きなかったかを説明できない（浅沼・小浜 2021，21 頁）．

5. マレーシア経済の多角化と高度化

50 年くらい前からマレーシアに行っている年配の読者は，クアラルンプールって緑が多くて，東京や大阪より涼しい町だという印象を持っているのではないだろうか．いまシャングリラ・ホテルがあるところの道を挟んだ前には広い原っぱのような空き地があって，100 軒くらいの屋台がひしめいていた．ホテルの朝食に飽きると食べに行ったものだ．いまクアラルンプールに行くと，1996 年にできたペトロナス・ツインタワーに代表されるような高層ビルやきらびやかなブランドショップの立ち並ぶ街という印象が強い．

100 年単位でマラヤあるいはマレーシアの経済を見れば，むかし学校で習ったように天然ゴムとスズを中心とした経済構造だったといえるだろう．20 世紀初めマラヤの輸出の 62% がスズで 32% が天然ゴムだった[12]．

天然ゴムはプランテーションで生産されると習った．プランテーションは大規模農園と習ったかもしれないが，イメージはわかない．百聞は一見にしかず，天然ゴムのプランテーションの横を車で走るか，そのビデオを教室で見ればい

---

11) 50 年前，シリコンバレーは無名の土地で，夜 8 時半過ぎると食事をするところもなかったと，マーガレット・オメーラは書いている（「50 年前，無名の土地がシリコンバレーになった背景：夜 8 時半以降は夕食を食べるところがなかった」『東洋経済オンライン』2024 年 1 月 18 日）．オメーラ教授は，シリコンバレーについて大きな本を書いている（O'Mara 2019）．

12) 1909-11 年の数字．以下の記述は一部 Kohama（1982）によっている．

226   第 7 章 経済発展と構造変化：東・東南アジア経済の高度化

表 7-3 マレーシアの主要輸出品シェア（2022 年）

（単位：%）

電気・電子製品	38.2
石油製品	9.8
パーム油・同製品	8.9
LNG	4.4
科学機器・精密機器	3.4
原油	2.0
木材・同製品	1.6
ゴム手袋	1.2
棒鋼	1.0
冷暖房設備・部品	0.5
小計	71.0

出所：JETRO 資料.

い．行けども行けども整然と植えられたゴムの木．日本で見る観葉植物のつる
つるした緑の葉の木ではない．天然ゴムの木は白樺の木のような背の高い木だ．
　天然ゴムも錫も一次産品．一次産品は価格変動が大きいので，モノカルチャ
ーではないが，2 つの産品に大きく依存するのは危険だとして，まずは，一次
産品の中で多様化を図った．それが，パーム油，木材，石油・天然ガスだ．例
えばパーム油の総輸出に対するシェアは，1960 年には 1.7% だったものが
1975 年には 10% を超えている．オイルパームもプランテーションで作られて
いる．マレーシアに行く機会があれば，空港へのアプローチで全山オイルパー
ムのプランテーションという景色を見ることができるだろう．
　マレーシアのパーム油生産は急速に増加した．1950 年，世界生産合計の 5%
くらいだったマレーシアのパーム油生産シェアは，1980 年には 50% を超えた．
輸出のシェアも大きく上昇した．1951 年世界輸出合計の 9.8% だったマレーシ
アのパーム油輸出シェアは，1980 年には 60% を超えている．はじめマレーシ
アのパーム油輸出の 9 割は粗パーム油で，輸入国で精製されていた．マレーシ
ア国内でパーム油の精製が始まったのは 1974 年．パーム油の精製による付加
価値は 30% くらいだといわれている．粗パーム油はオイルパームの実からプ
ランテーション内で絞られている．時間が経つと油分の中の遊離脂肪酸が増え
て商品価値が落ちるからだ．粗パーム油を絞る工程はまさに農村工業だが，粗

パーム油を精製する工場は，小規模な石油化学プラントのような生産設備だ．

　マレーシアは一次産品の多角化だけでなく，工業振興にも力を入れた，乗用車の国産化，半導体生産も進めたのである．表 7-3 は 2022 年のマレーシアの主要輸出品シェアを見たものである（表 7-3 に示した品目で総輸出の 71%）．依然として一次産品輸出もかなりのシェアだが，電気・電子製品輸出が総輸出の 38.2% を占める．

第8章　政治の腐敗と経済発展

8-1　腐敗・汚職：洋の東西を問わず，時代を問わず

　洋の東西を問わず，時代を問わず，政治の腐敗，政治家・役人の汚職，民間企業から政治家・役人への賄賂などのニュースに事欠かない．戦後日本を振り返っても，1976 年に発覚したロッキード事件，1988 年に発覚したリクルート事件など，枚挙にいとまがない．第 5 章でも書いたように，魚住（1997, 196頁）は，公共工事受注額の 3% を端数まできちんと田中角栄に上納していたと書いている[1]．なにも 20 世紀の日本だけではない．Bardhan（1997, p. 1320）は，紀元前 4 世紀のインドにおける役人の汚職について書いている．

　古代ギリシャでも，古代ローマでも「良き統治」「良い政府」について議論されている．プラトンもアリストテレスも，キケロも「良き統治」，「良い政府」について書いている．「良き統治」は，社会の人々全員の幸せを考える統治であり，自分の，あるいは特定のグループのための統治ではない．古代中国でも，孔子に代表される思想家たちが「良き統治」を説いている[2]．

　「Corruption の研究」は，タブーだった時代もあったらしい．Leff（1964）の初めには，掲載誌の editor が書いたと思われる短いコメントがある．そこでは，「Corruption」の研究はほとんどタブーであり，途上国の発展モデルに

---

1) 魚住昭は，共同通信社出身のフリージャーナリスト，ノンフィクション作家．引用した『特捜検察』のほか，『特捜検察の闇』，『渡邉恒雄 メディアと権力』，『野中広務 差別と権力』（講談社ノンフィクション賞）などの著作がある．

2) Mungiu-Pippidi and Hartmann（2019, 1. 1 Classic views on why corruption is bad for a polity），Mulgan（2012）.

「Corruption」の要素を組み込んで分析することは，やってはならないことだとする専門家もいた．以下の Nathaniel H. Leff の分析は誤解を生むかもしれない．でも，社会における人々の行動を理解するに大いに示唆に富んでる，と書かれている．腐敗・汚職はその国の心理構造・社会構造に深く根ざしていると Leff は言う．そして，いまでは常識だが，官僚主導型の政策が全知全能の神のごとく経済成長の障害を克服できるというのは幻想にすぎないという．さらに，多くの途上国では，官僚機構は leading sector ではなく lagging sector だと書いている．その国特有の心理構造・社会構造に深く根ざしている腐敗・汚職構造を短い期間で打破するのは困難だとしている．

「政治の腐敗と経済発展」については多くの研究が公表されている[3]．「Corruption」については，経済の専門家だけでなく，政治学者，社会学者などの専門家が多くの研究を発表している[4]．まず，昔読んだマウロの論文を読み直した．Mauro（1995）は，「腐敗と経済成長」に関するクロスカントリーの実証分析だ．分析結果は，腐敗は民間投資を低下させ，したがって経済成長を低下させるというものである．例えばバングラデシュの腐敗の水準がサンプルの「1 標準偏差分」改善したと仮定すると（分析対象の国でいうとウルグアイ並みの腐敗水準），投資率が 5% ポイント上昇し，経済成長率も 0.5% ポイント以上上昇するというシミュレーションも計算されている．

「Corruption」の議論では，最近でも 1887 年の Acton 卿の言葉を引用する専門家も多い[5]．

---

3) 「corruption growth」や「corruption development」といったキーワードで検索すれば，多くの論文を見つけることができる．比較的新しい Mungiu-Pippidi and Hartmann（2019）には，多くの文献が引用されているので便利だ．

4) 多くの文献を渉猟したわけではないが，例えば Samuel P. Huntington の古い本を見ると，Modernization and Corruption という短い節があった（Huntington 1968, pp. 59-71）．いろいろな時代，いろいろな国について，さらには宗教と「Corruption」の関係について，ハンティントンの考えが述べられている．封建社会が近代化すると「Corruption」は少なくなるとハンティントンは言う．直感的にもそうだと思う．日本と中国を比べると，日本の方が中国より「Corruption」は少なく，イスラム教の社会よりヒンドゥー教の社会の方が「Corruption」は少ないとハンティントンは書いているが，これについては不勉強でわからない．

5) 例えば，前川（2021），Acemoglu and Johnson（2023, p. 89）など．

Acton 卿の言葉：

Power tends to corrupt, and absolute power corrupts absolutely. Great men are almost always bad men, even when they exercise influence and not authority, still more when you superadd the tendency or the certainty of corruption by authority. There is no worse heresy than that the office sanctifies the holder of it. (Letter to Archbishop Mandell Creighton, Apr. 5, 1887)

　安倍政権批判で知られる前川喜平元文部科学事務次官は，『権力は腐敗する』の「はじめに」でアクトン（19世紀イギリスの思想家・歴史家）の言葉を書いている．アクトンの思想の精髄は，「自由とは良心の支配である」という言葉にあると前川は言う．

8-2 「Corruption」のタイプ

　他の分野の経済分析と同じく，「腐敗・汚職」，「Corruption」の研究も，マクロの視点，セクターの視点，ミクロの視点，どれもが必要だろう．ミクロの「Corruption」は，なかなかなくならないと思う．公共事業に関する贈収賄事件が時々報道される．例えば，ある県で小さい橋の架け替え事業の入札があったとする．入札に参加しようとする建設会社とすれば，できるだけ秘密の入札上限価格に近い金額で応札した方が利益は大きい．そこで県会議員や県の職員に賄賂を贈って入札上限価格を知ろうとする．こういう贈収賄事件は違法行為で典型的なミクロの汚職だ．でも，このような汚職はゼロにはならないだろう．まさに，「浜の真砂は尽きるとも」だ[6]．ほかの建設会社との競争もあるし，談合（入札談合）もあるだろう[7]．

　概念として「Corruption」を定義することは難しくない．上で「良き統治」，「良い政府」は，社会の人々全員の幸せを考える統治であり，個人の，あるいは特定のグループのための統治ではない，と書いた．「Corruption」は個人の，

---

6)　歌舞伎の白浪五人男（青砥稿花紅彩画）で弁天小僧の正体がバレたときの台詞．「知らざあ言って聞かせやしょう 浜の真砂と五右衛門が歌に残せし盗人の 種は尽きねえ七里ヶ浜……」．
7)　談合は，日本では，独占禁止法違反であり，刑法の談合罪に抵触する．

あるいは特定のグループのための統治ということになる．Ang（2024）が言うように，"corruption of the poor"と違って，合法で，社会に組み込まれた制度で，倫理的に見てどうかはともかく"corruption of the rich"ともいうものがある．ロビイングは，厳密に考えれば，適法か違法かは別として，特定のグループのための政策実現を目指す以上，「良き統治」とはいえないかもしれない．

為替レートは，マクロ経済を考えるうえで，最も重要な価格の一つだ[8]．輸出企業の業界団体は，自国の為替が安いほど都合がいい．その業界団体が低金利政策を採る政党に献金するのは，違法な「Corruption」なのだろうか．それとも自由で民主的な経済社会における民間企業の合法かつ合理的行動なのだろうか．それとも，マクロ，あるいはセクターの「Corruption」だろうか．「ミクロの Corruption」はともかく，「セクターの Corruption」，「マクロの Corruption」は，経済政策の質を左右する．

8-3 Corruption 指標・Governance 指標

Corruption の指標を作るのは難しいが，それでも Corruption Perceptions Index, Varieties of democracy（V-Dem）など，いくつかの Corruption の指標が公表されている．Transparency International は 1995 年から毎年 Corruption Perceptions Index を公表している[9]．"Corruption Index"ではなく "Corruption Perceptions Index"だ．ある政府が，ある国が腐敗しているか汚職の程度がどれほどひどいかは，海水の塩分濃度が 3.5% だとか，きのうの最高気温は 35 度だったというような客観的指標で把握はできない．専門家が，あるいは国際機関が，それぞれの国の腐敗度，汚職度がどのくらいかという「認識」から指標化するしかない．そういった前提条件を知ったうえで，Corruption 指標を見なくてはいけない．

---

8) 金利も重要な価格であることは当然だ．

9) いまでは 180 か国の指標が公表されているが，「Corruption Perceptions Index（腐敗・汚職認識指数）」の公表がスタートした 1995 年では 41 か国であった．2002 年に 100 か国を超え，2007 年に 180 か国を超えた．

8-3 Corruption 指標・Governance 指標　　　233

2023 年の "Corruption Perceptions Index（腐敗・汚職認識指数）" を見て
みよう．180 か国のスコアが公表されている．ロシアに侵攻されたウクライナ
は，Corruption でも有名というか悪名高い国だ．何しろ，軍事支援で貰った
砲弾を，一部の軍人たちが横流しして私服を肥やした，といった報道まである．
それでもウクライナの腐敗・汚職認識指数は，2023 年でアルジェリア，ブラ
ジル，セルビアと並んで 104 位だ．まだ下に 70 か国以上あるというのも驚き
だ．表 8-1 は，2023 年の腐敗・汚職認識指数が公表されている 180 か国のう
ち，クリーンな国と汚職の激しい国，およそ 20 か国を例示したものである．

表 8-1 の「クリーンな国」と「腐敗国」を見比べると，経済的に豊かな国
がクリーンで貧しい国で腐敗・汚職が広がっているように見える．でも因果関
係は難しい．豊かになるとクリーンになるのだろうか．それとも腐敗・汚職を
撲滅すると経済が発展して豊かになるのだろうか．2022 年の一人当たり所得
と "Corruption Perceptions Index（CPI）" の関係をクロスカントリーで見
た[10]．2022 年，180 か国の CPI が公表されている．CPI は 0 から 100 の間で
変動し，数字が大きくなるほどクリーンな国だ．2022 年だと，一番クリーン
なデンマークの指数が 90，フィンランドとニュージーランドが 87 で続いて
いる[11]．一方，一番汚職がひどいのはソマリアで指数は 12．その上が南スー
ダン，シリアの 13，その上がベネズエラの 14 である．

CPI データがとれる 180 か国中，世界銀行のデータベースで一人当たり所得
がとれる国は 166 か国である．図 8-1 は，2022 年の CPI と所得水準の scatter
plot である．所得水準が高くなるほどクリーンになるように見える．

「Corruption」だけでなく，もう少し範囲を広げた Worldwide Governance
Indicators（WGI）作成の試みもある．約 200 の国について以下の 6 つのガバ
ナンス指標をアグリゲートしたものである．WGI は 1996 年から公表されてい
る．

1. Voice[12] and Accountability（発言の権利と説明責任）

---

10)　一人当たり所得は，世界銀行のデータベースの GNI per capita, Atlas method（current US＄）.
　　執筆時点では，2022 年が最新.
11)　アメリカは表 8-1 に登場しないいが，24 番目である.

表 8-1　腐敗・汚職認識指数（2023 年）

クリーンな国		腐敗国	
順位	国	順位	国
1	デンマーク	161	エリトリア
2	フィンランド	162	アフガニスタン
3	ニュージーランド	162	ブルンジ
4	ノルウェー	162	チャド
5	シンガポール	162	コモロ
6	スウェーデン	162	コンゴ民主共和国
6	スイス	162	ミャンマー
8	オランダ	162	スーダン
9	ドイツ	162	タジキスタン
9	ルクセンブルク	170	リビア
11	アイルランド	170	トルクメニスタン
12	カナダ	172	赤道ギニア
12	エストニア	172	ハイチ
14	オーストラリア	172	北朝鮮
14	香港	172	ニカラグア
16	ベルギー	176	イエメン
16	日本	177	南スーダン
16	ウルグアイ	177	シリア
19	アイスランド	177	ベネズエラ
20	オーストリア	180	ソマリア
20	フランス		
20	セーシェル		
20	イギリス		

出所：Transparency International (https://www.transparency.org/en).

2. Political Stability and Absence of Violence/Terrorism（政治の安定と安全な社会）

3. Government Effectiveness（効率的な政府）

4. Regulatory Quality（規制の質）

5. Rule of Law（法の支配）

6. Control of Corruption（汚職のコントロール）

---

12)　「Voice」については，Hirschman (1970) 参照.

図 8-1　所得水準と CPI（腐敗・汚職認識指数）

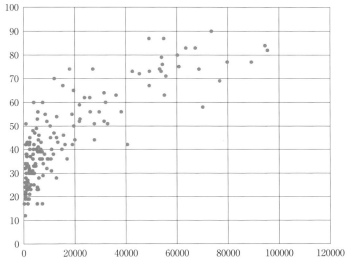

出所：Transparency International（https://www.transparency.org/en）.
Foreign direct investment, net inflows (% of GDP)：世銀データベース（WDI）.

　WGI は国別年次別にトータルのスコアを見ることができるし，上の 6 つのガバナンス要素ごとのスコアを見ることもできる．時系列に各要素のスコアの変化を見ることもできるし，クロスカントリーに各要素のスコアを比較することもできる．関心の向きは，WGI のホームページ[13]や Kaufmann, Kraay, and Mastruzzi（2010）を参照してください．

8-4　Corruption の現実

1．トルコ大地震と違法建築

　2023 年 2 月，トルコ南東部で大地震が起き，5 万人以上の死者が出たという．これだけ被害が大きくなったのは「人災」の側面があるといわれている．トルコの建築基準法にも日本と同じく耐震基準があるが，賄賂を贈れば耐震基準を

---

[13]　https://www.worldbank.org/en/publication/worldwide-governance-indicators

満たさない建物も登記できたというのだ．腐敗した政治家や地方政府の役人たちが賄賂を貰って耐震基準を満たさない建物の建設を認めたことが，地震の被害を大きくしたというのだ．

2. インドネシアの社会

　1965年にスカルノから実権を奪ったスハルトは1968年にインドネシアの大統領に就いた．1998年5月に退陣するまで30年余にわたってインドネシアを統治したのである．スハルト時代のインドネシア社会について「KKN」という言葉がある．「Korupsi, Kolusi, Nepotisme」の略で，「腐敗・汚職，癒着・談合，縁故主義」といった意味だ．

　もう一つ，「マダム・テンパーセント」という言葉もあった．企業がインドネシア政府の公共事業プロジェクトを成約すると，プロジェクト総額の1割をスハルト夫人に贈らなくてはいけない，という慣習を指している．対インドネシア外交にも携わったある日本の外交官の「外交証言録」にも出てくるから，上で書いた「田中角栄の3パーセント」と同じく，証拠はなくても皆が知っていたことなのだろう．このエピソードは，"decentralized corruption" と "centralized corruption" をわれわれに教えてくれる．スハルト時代の corruption，「マダム・テンパーセント」は，"centralized（"one-stop shopping"）corruption" について考えさせられる．スハルト後のインドネシアでは，"decentralized corruption" が問題となった．もちろん腐敗・汚職のない社会の方がいいに決まっている．でも，公共事業をとろうとする民間企業にとって，大統領夫人に1割の賄賂を贈れば，それ以外の賄賂がないのなら費用が計算しやすい．スハルト後のインドネシアでは，中央の政治家，役人，地方の政治家，役人，さまざまなレベルでさまざまな賄賂が必要となって，「コストの計算が見通せない」といった声もあった[14]．

---

14)　スハルトは，アジア危機の経済混乱の中，1998年5月下旬に退陣表明した．よく覚えているが，その日，小浜はナイロビで会議があって，チューリッヒ経由で未明にナイロビの空港に着いた．まだ暗いうちにホテルについてテレビをつけると，スハルト退陣のニュースだった．朝，8時半に会議が始まって，みんなに「スハルト退陣のニュース，見たか？」と言ったら，大騒ぎ．しばらく本来の会議が始まらなかった．

8-5 利益誘導型政治は「Corruption」か

「利益誘導型政治」というと印象は悪いが，政治家が国全体のことを考えて限られた予算をどう配分するかを考えることは，政治家の本務であるといえる．例えば，国会議員が自分の選挙区に国のプロジェクトとして橋をかけたり，新幹線の駅を作ることは，必ずしも「Corruption」とはいえないだろう．前節で書いた Worldwide Governance Indicators（WGI）の 6 つの要素のうち，「1. Voice and Accountability」，「3. Government Effectiveness」に関係する．

日本の政治でいえば，公共事業のかなりの部分が「国土強靱化」といった誰も反対できない政策目標の枠組みの中で国家予算が付けられている．要は，きちんとプロジェクト評価が行われているかどうか，それが細部まで国民に開示されるかにかかっている．しかし，内部収益率が低く出た場合，ちょっぴり鉛筆なめる，例えば需要見通しを少し増やすと，内部収益率が上がって経済的にフィージブルになることがある．こういった操作をされると国会の予算委員会の議論で，野党議員も追及することは難しいだろう．

どうも「Corruption か否か」という政策議論は，スパッと割り切れない．「頭のいい人間は政治家にならない」という論者もいるが，政治家の質は有権者の質に比例すると思う．要は有権者が賢くならなければ，政治の質は向上しないという，当たり前の結論になってしまうのだ．

8-6 経済政策の目標と手段[15)]

合法的な企業活動と，違法な「Corruption」をはっきりと区別することは難しい．グレイなところもあるし，時とともに法律も変化する．経済政策の目標もいろいろあるし，政策手段が相反する場合もある．

2024 年初めの日本では，依然，「ゼロ金利政策」が続いていたが，近く「金利のある日本」に戻るという雰囲気が漂っていた．ゼロ金利政策が始まった頃，

---

15) この節の記述は，一部，小浜（2023）によっている．

10年以上前だろうか，一人の日銀副総裁は2年もすれば日本経済は元気になると断言していた．2年経っても3年経っても元気な日本経済は戻ってこなかったが，間違いを認めることもなく任期が来て彼は退任した．経済学の教科書を読み返すまでもなく，他の事情が同じなら，低金利は企業投資にはいい影響があるだろう．でも，低金利政策の最大の問題は，民間ではゾンビ企業が生き残ることだし，中央政府では，財政再建が遅れることだ[16]．無駄な公共投資は政府債務を増大させる．それは将来の増税で返すのだろうか，ハイパーインフレにしてインフレ税で何とかしようというのか．

　次は「マクロ経済スライド」というごまかしはダメというお話．一見，1980年代南米のハイパーインフレ下でとられたインデクセーションに似ているが，少し意味合いが違う[17]．年金の「マクロ経済スライド」というのは，例えば物価が2%上がっても年金はインフレ率以下の，例えば1.9%しか上げません，ということだ．「マクロ経済スライド」という年金の仕組みで，年金は実質目減りしますよ，と政治家は誰も言わない，説明しない．野党も議会で反対しない．国民を騙す，あるいは誤魔化すのは良くないことだ．財政が厳しいので，年金の「マクロ経済スライド」という仕組みを受け入れて欲しいと国民に頼むべきだ．

　「長期のエネルギー政策」についてもわからないことがある．かつて2030年代に原発ゼロという政策が打ち出されたことがある．しかし，いまでは2030年のエネルギー供給の2割強を原子力で賄うという計画らしい．だが，2050年だとエネルギー供給シェアの計画は示されていない．

　現状では「核燃料サイクル」が計画通りに進んでいない以上，原発に反対の人々が「トイレのないマンション」と揶揄するのは肯ける．日本で商業用原発が運転を始めたのは1966年．当時は発電コストが安い未来のエネルギー源と喧伝された．1970年に3基だった原子力発電所は，1980年には21基，1990年には39基，2000年に51基，2010年には54基まで増えた．

　2011年の福島原発事故のあと，人々の原発に対する考えは大きく変わった

---

16)　短期的には新規国債発行のコストが小さくてすむのは確かだが．

17)　インデクセーションは，例えば契約の条項に金額がある場合，政府が公表する物価指数で自動的に金額をインフレ率で修正することを指す．

が，それでも政府は原発の発電コストは，火力より安く，再生エネルギーの半分くらいという試算を公表している．どこまでをコストと考えるかは政策哲学の問題だろう．ドイツと日本のエネルギー供給構造を単純に比較するのは乱暴かもしれないが，どういう長期ビジョンを描くか，その背景にある哲学を政府は国民にわかりやすく説明しなくてはならない．

第9章　不思議の国アルゼンチン，そして日本

9-1　不思議の国アルゼンチン

　経済発展の実証分析で知られるサイモン・クズネッツは[1]，かつて冗談めかして，「世界には先進国，途上国，日本とアルゼンチンという4つの類型がある」と言ったと伝えられている[2]．小浜はかつてクズネッツと直接話す機会が何度かあったが，残念ながら「4類型」については話さなかった．

　いろいろな所に書いているが，アルゼンチンは不思議な国だ[3]．100年単位の長い視点で見ると，「先進国アルゼンチン，途上国日本」というイメージではないだろうか[4]．長期の所得データはなかなかとりにくいが，マディソンのデータベースで1885年から2018年の一人当たり所得を比べてみた（図9-1）．1885年は日本が近代経済成長を始めた頃だ[5]．意図して1885年からの所得を比較したわけではない．アルゼンチンと日本両国の一人当たり所得データをとることができる期間が，たまたま1885年から2018年だったというだけだ．図9-1からわかるように，この期間，日本の高度成長期以前は，アルゼンチンの

---

1)　クズネッツの「近代経済成長」の概念は，長期の経済発展を考えるうえでとても重要だ．この点については，浅沼・小浜（2007）参照．クズネッツの弟子だった安場保吉氏は，「クズネッツは，あの膨大な実証研究をたった一人のリサーチ・アシスタントと二人でやったんだから，驚異的としか言いようがない」と言っていた．

2)　例えば，"The Tragedy of Argentina: A century of decline," *The Economist*, Feb 17th 2014；「春秋」『日本経済新聞（2017年5月21日，朝刊）』などを参照．

3)　例えば，小浜（2018）参照．

4)　日本経済は1960年前後に労働市場の転換点を超えるまでは，発展途上経済だったと考えている．この点については，小浜・渡辺（1996，序章）参照．

5)　「近代経済成長」の概念については，浅沼・小浜（2007，序章第2節）などを参照．

図 9-1　一人当たり GDP：アルゼンチンと日本

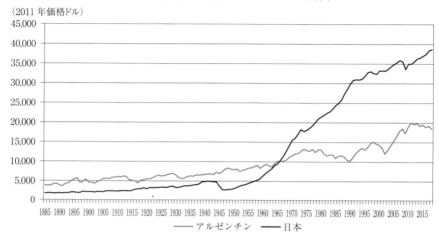

出所：Maddison Project Database 2020.

所得が日本を上回っている．日本の所得がアルゼンチンを上回るのは 1966 年のことだ．

　南米のパリといわれるブエノスアイレス．地方都市から夜，ブエノスアイレスに帰って来て，ヌエベ・ド・フーリオ（片側 7 車線の 7 月 9 日大通り）を車で走ると，大通りの綺麗な街灯が迎えてくれているようで，ブエノスアイレスはまさに南米のパリだなあと思う．でも，景気が悪いと街灯が消されていて，暗い気持ちにさせられる．

　ブエノスアイレスには，世界三大劇場の一つコロン劇場がある．小浜は昔，ロリン・マゼール指揮のウィーン・フィルをコロン劇場で聴いたことがある．ブエノスアイレスは南米にあるのでヨーロッパとは季節が逆．アルゼンチンはステーキもすばらしいし，ワインもいい．ブエノスアイレスの高級住宅街は美しいし，フロリダ街も歩いて楽しい．昔より少し治安が悪くなったとはいえ，酔っぱらって歩いてホテルに帰るのも問題ない．アルゼンチンはいい国だ，経済を除けば．

　アルゼンチンは天然資源豊かな国だ．かつて 3,000 万の人口に 6,000 万頭の牛がいたときもあった．「3 つの 100」といわれることもある．アルゼンチン人

は，1年に100キロの牛肉を食べ，100キロのパンを食べ，100リットルのワインを飲む，と言うのだ．「資源の呪い（resource curse）」という概念がある．教科書には，強い一次産品輸出（例えばアルゼンチンだとトウモロコシや牛肉の輸出）の結果，為替レートが増価して，工業製品輸出が阻害されるといった説明があるだろう．ここではもう少し広い意味で「資源の呪い」を使いたい．アルゼンチンは，天然資源が豊かすぎて工業化が進まない．語弊を恐れず言えば，「大金持ちの子弟は勉強しない」とでも言えばいいだろうか．

　ここではたと困るのは，天然資源豊富な国でも経済がうまくいきつつある国もあるじゃないか，という現実だ．例えば，かつてインドネシアは石油輸出国であった．1980年代，インドネシアの経済テクノクラートは経済構造調整を進めようとしていた．ある経済閣僚と，「Unfortunately you are rich in natural resources」と話したことを思い出す．持続的経済成長には，不断の構造変化が求められる．戦後日本の高度成長がうまくいったために，成長の罠に陥ったのだろう．われわれはいまだ「失われた30年」から脱することができずにいる（小浜 2023b）．

9-2　日本も不思議の国か[6]

　上で書いたように，クズネッツの「世界には先進国，途上国，日本とアルゼンチンという4つの類型がある」という話は，折に触れ引用される．2014年2月15日の *The Economist* はアルゼンチン特集だった．表紙はメッシの後ろ姿で，「アルゼンチンの寓話：他の国は100年の没落から何を学ぶか」というキャプションがついていた．

　アルゼンチン経済が破綻した2001年12月，『フィナンシャル・タイムズ』は，「Risky tango in Tokyo」いう社説を掲載した．そこには「国際金融界では悪いジョークが語られている．日本経済も危ない．アルゼンチンと日本の違いは，まあ5年さ」と書かれていた．5年後に日本経済が破綻はしなかったので，いまのところ「悪い冗談」ですんでいるが．

---

6)　この節の記述は，一部小浜（2015）によっている．

244　　　第9章　不思議の国アルゼンチン，そして日本

　アルゼンチン経済については，かなり勉強したつもりだが，わからないことも多い．前著でわれわれのアルゼンチンとの関わり合いについて書いた（浅沼・小浜 2013，第5章）．広い国土に豊かな天然資源，人々の教育水準も高い．かつてアルゼンチンが日本などと比較にならない先進国だったのは不思議ではない．上の図9-1からわかるように，100年前，1924年の一人当たりGDP（2011年価格）を見ると，マディソンの推計によるとアルゼンチンは6,464ドル，日本は3,316ドルとおよそ2倍の所得差があった．

　ブエノスアイレスの町を歩くと，かつての先進国が変化することなく，何十年も停滞している印象を受ける．アルゼンチン経済の停滞の理由は，政治だろうか，政府と民間との関係だろうか．アルゼンチンの人たちは，官も民も，政治家も財界人も国を信頼していない，国の将来に期待していない．働かずに豊かになりたいと思っているのじゃないだろうかとさえ思える．豊かな国に育つと，そういう発想になるのかもしれない．日本でも，若い世代は「豊かな国」に育ったメンタリティで生きているのだろうか．

　われわれが「古い日本人」なのかもしれないが，借りた金を返すのは当たり前だと思う．むかし，アルゼンチン債務危機のとき，東京で日本の総理大臣と世界銀行，IMFのトップが会談したことがある．同席した友人の話によると，総理は日本語で「借りた金を返すのは当たり前だろう」と言ったという[7]．

　アルゼンチン政府は借金をきちんと返そうとは思わないらしい．農業余剰を増やし，それによって物的資本，人的資本を蓄積し，そうして経済成長して豊かになろう，などと考えるのは，日本のような貧しい（resource-poor）国の人間の発想なのか．税収を増やすのも面倒だから，少し金利を高くしたドル建て国債を出して，政府が必要とする資金を調達すればいい．償還期限が来て返せなければ，デフォルト．そこからが腕の見せ所で，いかにヘアカットするか．「100借りたら，返済は60ぐらいでいいか」と考えているかもしれない[8]．ア

---

7)　この総理大臣，新聞やテレビなどマスコミでは，どうも軽い政治家だという評判だった．でも，それは違っていた．昔，小浜が自民党の委員会で話をしたことがある．「軽い政治家」といわれていた彼が委員長だった．ある話題に触れたとき，隣に座っていた委員長氏，小浜の発言に対して，会議室の後ろにいた秘書に手を上げ何か資料を持ってくるように言った．新聞記事などいろいろな資料がファイルされていて，赤鉛筆でいろいろ線が引いてあった．それを見ながら，委員長氏，とても的確なコメントしたのを思い出す．

ルゼンチンは「不思議の国」だ.

　われわれは日本人なので，日本の経済発展の経験，例えば，たかだか140年くらいの経験を「まともな」経済発展経路と考えがちだが，日本人以外の専門家から見ると，日本の発展経路は，ユニークなものに見えるのかもしれない.多くの国の長期的経済発展の実証研究で知られるサイモン・クズネッツが日本とアルゼンチンは「不思議の国（?）」と言った真意を聞いておけばよかったと思う[9].

9-3　日本とは違うアルゼンチン

　アルゼンチンに行くと，日本とは違う景色，街並みだけれど，なんとなく懐かしい気分になる[10].　エセイサ国際空港からブエノスアイレスの市街まで20キロメートルくらいだろうか.　空港から出て高速道路，といっても東京やニューヨーク市街のような高架の道ではないし，成田から東京に向かう道のような自動車専用道路とも雰囲気が違う.　空港から出てしばらくは，草が刈り込まれた平坦な草原の中を走る.　道の左右，平日でも所々にピクニックで来ている人たちがいて，煙が見える.　分厚い牛肉を焼いているのだろうか.

　アルゼンチンでは，上で書いたように，昔は年間100キロの牛肉を食べたという.　いまではアルゼンチンの年間一人当たり牛肉消費量は，40キロから60キロ程度だ.　日本の年間一人当たり牛肉消費量は，6キロか7キロだ.　昔，ブエノスアイレスの知り合いに，「お客さん呼ぶとき，牛肉，どのくらい用意するの」と聞いたら，すぐに「一人1キロ」という答えが返ってきた.

---

8)　アルゼンチンの債務問題については，Makoff（2024）という近著がある.

9)　むかし，大川一司教授とグスタフ・ラニス教授が，「日本と発展途上国の比較分析プロジェクト」を組織していた.　比較的大きな共同研究で，世界各国から30人くらいの専門家が参加していた.その研究成果の一部は，Ohkawa and Ranis（1985），大川（1986）として公刊されている.　この共同研究には，世界各地域の9人の専門家からなるAdvisory Committeeもあって，クズネッツが委員長であった.

10)　小浜が初めてアルゼンチンに行ったのは，1985年8月末.　以来十数回行っている.　すべて出張ベースだが，長いときで2か月，短いときは3泊.　合計すると7か月か8か月，アルゼンチンにいただろうか.　ほとんどブエノスアイレスだ.　会うのは政治家，官僚，財界人，学者研究者，ジャーナリストたちだ.

246 第9章　不思議の国アルゼンチン，そして日本

　むかし，アルゼンチンの人口が 3,000 万人で牛が 6,000 万頭いたといわれる．アルゼンチンの国土面積は 278 万平方キロ，日本は 37 万 8,000 平方キロ．アルゼンチンは，日本の 7 倍強の広い国土に，4,600 万人の人が住んでいる．マクロの人口密度を計算すると，日本が 1 平方キロ当たり 331 人なのに対し，アルゼンチンは 17 人．アルゼンチンの人口密度は，日本のおよそ，20 分の 1 だ．

　ブエノスアイレスから郊外に 2 時間，3 時間走っても，行けども行けども真っ黒な土の湿潤パンパが続き，牛が所々に群れている光景は，日本人からは想像もできない景色だった．豊かなパンパ，むかしは肥料をやるという概念がなかったといわれる．人口よりも多くの牛がいるアルゼンチン．整備された牧場に牛がきちんと管理されて飼育されていると思っていた自分が，小さな島国に生きてきた日本人だと感じ入った．

9-4　経済危機の繰り返し[11]

　上でも書いたように，世界大恐慌の頃，アルゼンチンは世界の先進国だった．ブエノスアイレスにあるコロン劇場は，世界三大劇場の一つだ．初代のコロン劇場が出来たのは 1857 年，いまのコロン劇場が開場したのは 1908 年である．上でも書いたように，100 年前，アルゼンチンの所得水準は日本の倍くらいだった．

　名目ドルで比較しても 1967 年まではアルゼンチンの所得は日本より高かった．でも，世界銀行のデータベースによると，アルゼンチンの 2022 年の名目一人当たり GNI は 1 万 1,000 ドル強，日本は 4 万 2,000 ドル強である．戦前のアルゼンチンは豊かな先進国の経済を謳歌し，ブエノスアイレスは南米のパリといわれた．一方，戦後のアルゼンチン経済は，ペロニズムによる経済政策の失敗，軍政，ハイパーインフレーション，対外債務のデフォルト（債務不履行）とさんざんな印象だ[12]．アルゼンチンの歴史は，栄光と挫折のサイクルだ（浅沼・小浜 2013，126-132 頁）．

---

11)　この節の記述は，小浜（2018）によっている．
12)　戦後だけでも 1951 年，1956 年，1982 年，1989 年，2001 年，2014 年にデフォルトを余儀なくされた．世界の金融危機の歴史の分析としては，Reinhart and Rogoff（2009）が面白い．

1. 元祖ポピュリズム

アルゼンチンを外から見ていると，元祖ポピュリズムの国だし，債務危機，債務不履行，経済危機の国に見える．借金はまともに返す気がない国に見える．2001年の危機のときアルゼンチンのサムライ債で火傷を負った日本の年金基金もあったようだ．サムライ債だから為替リスクはないと考えてアルゼンチン国債を買った運用責任者は素人といわれても仕方がない．国際経済学・オープンマクロ経済学を勉強した学生なら，為替リスクの前にデフォルト・リスクを考える．日本国債が1%にも回らないのに，同じリスクで6%，8%で回るはずはないのだ．ある推計によるとヘアカット率[13]は79%というから，アルゼンチンのサムライ債を100億円買った年金基金は21億円しか戻ってこなかったのだ．

アルゼンチンの主な輸出品といえば，小麦，大豆，トウモロコシ，牛肉[14]．上で書いたように，アルゼンチン農業には，肥料をやるという概念がなかったという．狭い耕地を有効活用するために品種改良を図り，土地改良に努め，肥料を多投する日本の集約的農業とは全く違う（青山2018，120頁）．

日本人とアルゼンチン人を取り替えたら，「豊かな大地に勤勉な国民という理想の国」ができるだろうという落語のような話がある．落ちは，「天然資源稀少な狭い国土に働くのが嫌いな国民」がいる国になるだけさ．

小浜は，むかし，UIA（アルゼンチン工業連盟）という財界の集まりで話したことがある．UIAの会長が「なんで日本企業はアルゼンチンに投資しないんだ」と言うから，「アルゼンチン企業だって国内に投資しないじゃないか」と応えたら，UIAの会長，「こんな危ない国に投資できない，だから日本企業に投資してほしいんだ」と言った．初めは冗談かと思ったが，本気で言ってたらしい．アルゼンチン企業が危なくて投資できないような投資環境の国に，外資が進出するわけがない．

むかし，ホンダのオートバイ工場のアルゼンチン進出が議論されていた．小浜は，「ホンダは海外進出に積極的な企業で，他の日本企業も注目している．

---

13) デフォルトのあと，借金の額面の何パーセント返済で合意したかの割合．
14) 口蹄疫汚染国として日本はアルゼンチンからの牛肉輸入を禁止していたが，2018年，防疫体制が整ったとして南部パタゴニア産牛肉に限って輸入を解禁した．

ホンダのオートバイ工場の進出を認可すべきだ」と工業庁長官・次官に机を叩いて迫ったが，結局認可されなかった．100 社以上の小さいバイクメーカーがひしめいていて，その既得権益を壊すだけの政治力がなかったのだ[15]．その後，メルコスール（南米南部共同市場）を見据えて 1997 年，トヨタがピックアップトラック工場で進出した[16]．

2. ハイパーインフレ退治

UIA の会長にはビックリしたが，逆の意味で感心したビジネスマンにも会った．よく知られているように，アルゼンチンの歴史を振り返ると，ハイパーインフレの国という印象が強い．1980 年代，中南米では年率でなく月次でインフレ率を議論していた．驚くべきことに，1989 年 9 月には，「weekly rate of inflation」で議論されるようになった．1991 年 4 月，ドミンゴ・カバーロ経済大臣は兌換法に基づくカレンシー・ボード[17]を導入した．ハイパーインフレ退治の短期的政策としては理解できるが[18]，中長期的な政策としてはよろしくないと思う．経常収支の調整は，中長期的には変動相場制で調整すべきなのだ．

1990 年代半ばだったろうか，ブエノスアイレスのあるパーティーでカバーロ経済大臣とテチントという企業グループ[19]のトップと話したことを思い出す．彼は，「兌換法以来，アルゼンチン・ペソは実質で 17% 増価した．自分たちのような大企業は 17% くらい生産性が向上しているのでリアル・アプリシエーション[20]を吸収できているが，中小企業はかなり価格競争力が低下して

---

15) 日本の経験については，小浜（2001，201 頁）参照．

16) 2016 年 3 月の新工場開所式にはマクリ大統領（当時）も出席した．

17) キーカレンシー（この場合は米ドル）に通貨をペッグして，マネーサプライを外貨準備にリンクする制度．このときは，1 ドル＝1 ペソに為替レートを固定し，経常収支黒字で外貨準備が増えたときはマネーサプライを増やし（金融緩和），経常赤字で外貨準備が減ったときはマネーサプライを減らす（金融引締）．

18) 1989 年のインフレ率は年率 3,000%，1990 年 2,000%，1991 年 133%，1992 年 11.9% であった．世界銀行のデータベースによる GDP デフレーターの数字．

19) 当時，テチントは世界で最も多く中国にシームレスパイプを輸出していた．

20) 1 ドル＝1 ペソに固定されているから，アルゼンチンの物価上昇率がアメリカより高ければ実質為替レートは増価して，価格競争力が低下する．

いると思う」と言った．カバーロ経済大臣は笑って何も言わなかったが，印象に残っているのは，財界のトップが自社の生産性の数字を知っているのは当然としても，それを通貨のリアル・アプリシエーションと関連づけて議論していたことだ．

2015年12月にマクリ政権がスタートして，「元祖ポピュリズム」の国アルゼンチンもいよいよ経済改革が動き出すかと期待したが，世の中それほど甘くはなかったようだ．ペソがこれほど下落すれば，何もしなければ資本逃避が起き，外貨準備が枯渇して経済は破綻するから，IMFに緊急融資を求めないわけにもいかず，金利を60%に引き上げても国際金融市場は，過去のアルゼンチンの歴史を思い起こして，依然疑心暗鬼だろう．アルゼンチン経済に対する市場の信認を回復しなくてはどうしようもない．

IMFは緊急融資をするだろうが，厳しい改革条件（コンディショナリティ）を付けることは間違いない．そのコアは，社会の中の脆弱な層を保護しつつ財政赤字を縮小するという難しい経済改革だ．ポピュリズムが染みついたアルゼンチンの庶民には緊縮政策は不人気だ．アルゼンチン人は政府を信用していない．ペソが貯まったら，すぐにでも「ドル転」しようとする．こんな危ない国の通貨をたくさん持っているわけにはいかないのだ．

2023年12月にミレイ政権がスタートした．アルゼンチン国民はどう見ているのだろうか．選挙運動中，ミレイ候補は「中央銀行はもう要らない，ペソはやめてドル化する」と言っていた．経済学者という触れ込みだが，アルゼンチンのような大国でドル化をいうのは理解できなかった．大統領に就任した途端，「ドル化」はとり下げてしまった．誰も政府を信用しないだろう．

3. 饂飩屋の釜

「饂飩屋の釜」[21]のような政権だと，人々は政府を信用しなくなる．徐々に徐々にゆで蛙になる．いまでもアベノミクスは成功だったと自画自賛している与党の政治家はいるだろうが，3本の矢の中で肝心の構造改革は進んでいない．

---

21) 饂飩屋の釜は「湯だけ」．転じて「言うだけ」の意．ワシントンポストが，日本の北朝鮮外交について，「日本は，やるやると言うけど，言うだけ」という記事を載せていたらしい．

経団連加盟の大企業は景気がいいのだろうか．多くの日本人は好景気を実感していないという．個人消費が伸びないのはその証左だ．企業も本当に経済の先行きが明るいと感じていれば，内部留保を積み上げるのではなく積極的に設備投資をするだろう．

参考文献

Abramovitz, Moses. "Resource and Output Trends in the United States since 1870," *American Economic Review*, Vol. 46, No. 2, May 1956.

Acemoglu, Daron. *Introduction to Modern Economic Growth*, Princeton, NJ: Princeton University Press, 2009.

Acemoglu, Daron and James A. Robinson. *Why Nations Fail: The Origins of Power, Prosperity, and Poverty*, Crown Publishers, 2012.（鬼澤忍訳『国家ななぜ衰退するのか』上・下，早川書房，2013 年）

Acemoglu, Daron and Simon Johnson. Power and Progress: Our Thousand-Year Struggle Over Technology and Prosperity, London: Basic Books, 2023.

Agarwal, Ruchir. "Industrial Policy and the Growth Strategy Trilemma". *Finance and Development* (IMF), March 2023.

Aghion, Philippe, Eve Caroli, and Cecilia Garcia-Penalosa. "Inequality and Economic Growth: The Perspective of the New Growth Theories," *Journal of Economic Literature*, Vol. 37, No. 4, December 1999.

Ahluwalia, Montek Singh. *Backstage: The Story Behind India's High Growth Years*, New Delhi: Rupa Publications, 2020.

Akerlof, George A. and Robert J. Shiller. *Animal Spirits: How Human Psychology Drives the Economy, and Why It Matters for Global Capitalism*, Princeton, NJ: Princeton University Press, 2009.（山形浩生訳『アニマルスピリット』東洋経済新報社，2009 年）

Allen, Robert C. *The British Industrial Revolution in Global Perspective*, Cambridge University Press, 2009.（眞嶋史叙・中野忠・安元稔・湯沢威訳『世界史の中の産業革命—資源・人的資本・グローバル経済』名古屋大学出版会，2017 年）

安藤良雄編著『昭和経済史への証言　下』毎日新聞社，1966 年.

安藤良雄編『近代日本経済史要覧（第 2 版）』東京大学出版会，1979 年.

Ang, Yuen Yuen. "Mismeasuring Corruption Lets Rich Countries Off the Hook," Project Syndicate, Mar 22, 2024.

青木昌彦・奥野正寛編著『経済システムの比較制度分析』東京大学出版会，1996 年.

青山文平『励み場』ハルキ文庫，2018 年.

有澤廣巳「経済拡大は雇用問題を解決しうるか」『世界』1957 年 3 月.

有澤廣巳監修『昭和経済史』日本経済新聞社，1976 年.

有澤廣巳「インタビュー有澤廣巳（聞き手：矢野智雄）」，経済企画庁編（1988）所収.

有澤廣巳「戦後復興（聞き手：大来佐武郎）」，有澤廣巳『戦後経済を語る』東京大学出版会，1989 年.（a）

有澤廣巳『学問と思想と人間と』,『有澤廣巳の昭和史』編纂委員会／編『有澤廣巳の昭和史（全3冊）』東京大学出版会, 1989年.（b）

有澤廣巳『歴史の中に生きる』,『有澤廣巳の昭和史』編纂委員会／編『有澤廣巳の昭和史（全3冊）』東京大学出版会, 1989年.（c）

有澤廣巳『ワイマール共和国物語　上巻』東京大学出版会, 1994年.（a）

有澤廣巳『ワイマール共和国物語　下巻』東京大学出版会, 1994年.（b）

有澤廣巳・稲葉秀三編『資料・戦後二十年史　2経済』日本評論社, 1966年.

有澤廣巳監修, 中村隆英編集『資料・戦後日本の経済政策構想』東京大学出版会, 1990年.

有澤廣巳・大来佐武郎「占領下の経済政策」, 安藤（1966）所収.

Arrow, Kenneth J., B. Douglas Bernheim, Martin S. Feldstein, Daniel L. McFadden, James M. Poterba, and Robert M. Solow. "100 Years of the American Economic Review: The Top 20 Articles," *American Economic Review*, Vol. 101, No. 1, February 2011.

浅井良夫『経済安定本部調査課と大来佐武郎』, 成蹊大学経済研究所『研究報告』No. 11, 1997年3月.

浅井良夫「360円レートの謎」『経済研究（成城大学）』192号, 2011年3月.

浅沼信爾・小浜裕久『近代経済成長を求めて―開発経済学への招待』勁草書房, 2007年.

浅沼信爾・小浜裕久『途上国の旅―開発政策のナラティブ』勁草書房, 2013年.

浅沼信爾・小浜裕久『幕末開港と日本の近代経済成長』勁草書房, 2021年.

Asian Development Bank. *Asia's Journey to Prosperity: Policy, Market, and Technology Over 50 Years*, ADB, 2020.（澤田康幸監訳『アジア開発史―政策・市場・技術発展の50年を振り返る』勁草書房, 2021年）

馬場正雄「総括コメントⅠ」, 小宮・奥野・鈴村（1984）所収.

Balassa, Bela, Pedro-Pablo Kuczynski, and Mario Henrique Simonsen. *Toward Renewed Economic Growth in Latin America*. Mexico City: El Colegio de Mexico; Washington DC: Institute for International Economics, 1986.

Bardhan, Pranab. "Corruption and Development: A Review of Issues," *Journal of Economic Literature,* Vol. XXXV, September 1997.

Barro, Robert J. and Xavier Sala-i-Martin. "Convergence." *Journal of Political Economy*, Vol. 100, No. 2, April 1992.

Barro, Robert J. and Xavier Sala-i-Martin. *Economic Growth*, Second Edition, Cambridge, Mass.: The MIT Press, 2004.（大住圭介訳『内生的経済成長理論』上・下, 九州大学出版会, 2006年）

Barro, Robert J. "Inequality and Growth Revisited," Asian Development Bank Working Paper Series on Regional Economic Integration No. 11, January 2008.

Baumol, William. "Macroeconomics of Unbalanced Growth: The Autonomy of Urban Crisis," *American Economic Review*, Vol 57, No.3, June 1967.

Chenery, Hollis. "Patterns of Industrial Growth," *American Economic Review*, Vol. 50, No. 3, September 1960.

Chenery, Hollis, Sherman Robinson and Moshe Syrquin. *Industrialization and Growth: A Comparative Study*, New York, NY: Oxford University Press, 1986

Cherif, Reda, Fuad Hasanov, and Nikola Spatafora. "Industrial Policy for Growth and Diversification: A Conceptual Framework," Departmental Paper Series DP/2022/017, September 2022, IMF.

陳舜臣『実録アヘン戦争』中公文庫，1985 年.

Clark, Colin, *The Conditions of Economic Progress*, London: Macmillan, 1940.（大川一司・小原敬士・高橋長太郎訳『経済進歩の諸条件』上・下，勁草書房，1953, 1955 年）

Dercon, Stefan. *Gambling on Development: Why Some Countries Win and Others Lose*, Hurst & Company, 2022.

Dollar, David and Aart Kraay. "Growth Is Good for the Poor," *Journal of Economic Growth*, Vol. 7, No. 3, September 2002.

Easterlin, Richard A. "Does Economic Growth Improve the Human Lot?" in Paul A. David and Melvin W. Reder, eds., *Nations and Households in Economic Growth: Essays in Honour of Moses Abramovitz*, New York, NY: Academic Press, 1974.

Easterlin, Richard A., Laura Angelescu McVey, Malgorzata Switek, Onnicha Sawangfa, and Jacqueline Smith Zweig. "The happiness-income paradox revisited," *The Proceedings of the National Academy of Sciences* (PNAS), October 2010.

Easterly, William. *The Elusive Quest for Growth: Economists' Adventures and Misadventures in the Tropics*, Cambridge, Mass.: The MIT Press, 2001.（小浜裕久・織井啓介・冨田陽子訳『エコノミスト 南の貧困と闘う』東洋経済新報社，2003 年）

Edwards, Sebastian. *Crisis and Reform in Latin America: From Despair to Hope*, New York, NY: Oxford University Press (Published for the World Bank), 1995.

Eichengreen, Barry. *Hall of Mirrors: The Great Depression, the Great Recession, and the Uses–and Misuses–of History*, Oxford: Oxford University Press, 2015.

Foreman-Pack, James. *A History of the World Economy,* Second ed., Hertfordshire: Harvester Wheatsheaf, 1995.

Friedman, Thomas L. *The World Is Flat: A Brief History of the Twenty-first Century*. New York, NY: Farrar Straus & Giroux, 2005.（伏見威蕃訳『フラット化する世界』上・下，日本経済新聞社，2006 年）

復興金融金庫『復金融資の回顧』復興金融金庫，1950 年 4 月.

Fukuyama, Francis. "The End of History?" *The National Interest*, No. 16, Summer 1989.

Fukuyama, Francis. *The End of History and the Last Man*, New York, NY: Free Press, 1992, 2nd edition, 2006.（渡部昇一訳『歴史の終わり』上・下，三笠書房，2020 年）

Galor, Oded. *Unified Growth Theory*. Princeton, NJ: Princeton University Press, 2011.

Garten, Jeffrey E. *Three Days at Camp David: How a Secret Meeting in 1971 Transformed the Global Economy*, New York, NY: HarperCollins, 2021.（浅沼信爾・小浜裕久監訳『ブレトンウッズ体制の崩壊―キャンプ・デービッドの 3 日間』勁草書房，2022 年）

Gerschenkron, Alexander. *Economic Backwardness in Historical Perspective: A Book of Essays*, Cambridge, MA: Harvard University Press, 1962. (池田美智子訳『経済後進性の史的展望』日本経済評論社, 2016 年)

Gilpin, Robert. *The Political Economy of International Relations*, Princeton, NJ: Princeton University Press, 1987. (大蔵省世界システム研究会訳『世界システムの政治経済学：国際関係の新段階』東洋経済新報社, 1990 年)

五味文彦・鳥海靖編『新もういちど読む山川日本史』山川出版社, 2017 年.

Gordon, Robert J. *The Rise and Fall of American Growth: The U. S. Standard of Living Since the Civil War*, Princeton University Press, 2016. (高遠裕子・山岡由美訳『アメリカ経済―成長の終焉』上・下, 日経 BP, 2018 年)

Growth and Development Commission. *The Growth Report: Strategies for Sustained Growth and Inclusive Development*, World Bank, 2008.

Halberstam, David. *The Best and the Brightest*, New York, NY: Random House, 1972. (浅野甫訳『ベスト＆ブライテスト』上：栄光と興奮に憑かれて；中：ベトナムに沈む星条旗；下：アメリカが目覚めた日, 朝日文庫, 1999 年)

半藤一利『日本のいちばん長い日』文春文庫, 2006 年.

半藤一利『昭和史　戦後篇　1945-1989』平凡社ライブラリー, 2009 年.

長谷川慶太郎『成功の記憶を捨てろ』東洋経済新報社, 1996 年.

速水佑次郎『新版　開発経済学―諸国民の貧困と富』創文社, 2000 年.

Hayami, Yujiro. "From the Washington Consensus to the Post-Washington Consensus: Retrospect and Prospect," *Asian Development Review*, Vol. 20, No. 2, 2003, pp. 40-65.

Hayami, Yujiro and Vernon W. Ruttan. *Agricultural Development - An International Perspective*, Revised and Expanded Edition, Baltimore: The Johns Hopkins University Press, 1985.

林健太郎『ワイマル共和国―ヒトラーを出現させたもの』中公新書, 1963 年.

Hirschman, Albert O. *Exit, Voice, and Loyalty: Responses to Decline in Firms, Organizations, and States*, Cambridge, MA: Harvard University Press, 1970. (矢野修一訳『離脱・発言・忠誠―企業・組織・国家における衰退への反応』ミネルヴァ書房, 2005 年)

法政大学産業情報センター・橋本寿朗・武田晴人編『日本経済の発展と企業集団』東京大学出版会, 1992 年.

Huntington, Samuel P. *Political Order in Changing Societies* (The Henry L. Stimson Lectures Series), New Haven, Connecticut: Yale University Press, 1968. (内山秀夫訳『変革期社会の政治秩序（上・下）』サイマル出版会, 1972 年)

伊井弥四郎「2・1スト前夜」, 安藤 (1966) 所収.

池波正太郎『一升桝の度量』ハルキ文庫, 2015 年.

今井賢一「このまま「ゆで蛙」になりたくない」『朝日新聞』1995 年 4 月 15 日, 4 面.

稲葉秀三「インタビュー稲葉秀三（聞き手：矢野智雄）」, 経済企画庁編 (1988) 所収.

稲盛和夫『経営 12 カ条―経営者として貫くべきこと』日本経済新聞出版, 2022 年.

猪木武徳『戦後世界経済史―自由と平等の視点から』中公新書，2009 年.

猪木武徳『経済社会の学び方―健全な懐疑の目を養う』中公新書，2021 年.

井上隆一郎・浦田秀次郎・小浜裕久編『東アジアの産業政策―新たな開発戦略を求めて』日本貿易振興会，1990 年.

Inoue, Ryuichiro, Hirohisa Kohama and Shujiro Urata, eds. *Industrial Policy in East Asia*, Tokyo: Japan External Trade Organization, 1993.

Irwin, Douglas. "The Return of Industrial Policy." *Finance and Development* (IMF), June 2023.

磯貝高行「ホンダ覚醒　よみがえる革新の DNA―三部ホンダ社長　過去の成功体験は邪魔」『日経ビジネス』2022 年 9 月 2 日.

Isard, Walter. "Location Theory and Trade Theory: Short-Run Analysis," *Quarterly Journal of Economics*, Vol. 68, No.2, 1954.

石川滋『国際開発政策研究』東洋経済新報社，2006 年.

伊東光晴監修・エコノミスト編集部編『戦後産業史への証言―産業政策』毎日新聞社，1977 年.

伊藤元重「企業と市場―問題状況と研究の方向」，伊丹敬之・加護野忠男・伊藤元重編『リーディングス日本の企業システム 4　企業と市場』有斐閣，1993 年.

伊藤元重・清野一治「貿易と直接投資」，小宮・奥野・鈴村（1984）所収.

伊藤元重・清野一治・奥野正寛・鈴村興太郎『産業政策の経済分析』東京大学出版会，1988 年.

Johnson, Chalmers. *MITI and the Japanese Miracle*, Stanford, CA: Stanford University Press, 1982.（矢野俊比古監訳『通産省と日本の奇跡』TBS ブリタニカ，1984 年，佐々田博教訳『通産省と日本の奇跡：産業政策の発展 1925-1975』勁草書房，2018 年）

Johnson, Paul and Chris Papageorgiou. "What Remains of Cross-Country Convergence?" *Journal of Economic Literature*, Vol. 58, No. 1, March 2020.

Jones, Charles I. and Paul M. Romer. "The New Kaldor Facts: Ideas, Institutions, Population, and Human Capital," *American Economic Journal: Macroeconomics*, Vol. 2, No. 1, January 2010.

Jones, Charles I. and Dietrich Vollrath. *Introduction to Economic Growth*, 3rd edition, New York, NY: W. W. Norton, 2013.（初版の翻訳：香西泰監訳『経済成長理論入門』日本経済新聞社，1999 年）

Kahneman, Daniel and Angus Deaton. "High income improves evaluation of life but not emotional well-being," *The Proceedings of the National Academy of Sciences* (PNAS), September 2010.

貝塚啓明『経済政策の課題』東京大学出版会，1973 年.

金森久雄編『戦後経済の軌跡―再論・経済白書』中央経済社，1990 年.

金森久雄『わたしの戦後経済史』東洋経済新報社，1995 年.

勝又壽良『戦後 50 年の日本経済―金融・財政・産業・独禁政策と財界・官僚の功罪』東洋

経済新報社，1995 年.

Kaufmann, Daniel, Aart Kraay and Massimo Mastruzzi. "The Worldwide Governance Indicators: Methodology and Analytical Issues," World Bank Policy Research Working Paper No. 5430, September 2010.

川越俊彦「農地改革」，香西泰・寺西重郎編『戦後日本の経済改革―市場と政府』東京大学出版会，1993 年.

川越俊彦「戦後日本の農地改革―その経済的評価」『経済研究（一橋大学経済研究所）』46巻 3 号，1995 年 7 月.

経済企画庁編『現代日本経済の展開―経済企画庁 30 年史』経済企画庁，1976 年.

経済企画庁編『戦後経済復興と経済安定本部（経済企画庁発足 40 周年記念研究事業）』大蔵省印刷局，1988 年.

経済企画庁編『経済要覧　平成 7 年版』1995 年.

経済企画庁調査局編『資料　経済白書 25 年』日本経済新聞社，1972 年.

経済企画庁戦後経済史編纂室編『戦後経済史（経済安定本部史）』大蔵省印刷局，1964 年.

経済審議会編『国民所得倍増計画』大蔵省印刷局，1960 年.

Keynes, John Maynard. *The Economic Consequences of the Peace*. New York, NY: Harcourt, Brace and Howe, 1920. The Collected Writings of John Maynard Keynes, Vol. II. （早坂忠訳『平和の経済的帰結（ケインズ全集第 2 巻）』東洋経済新報社，1977 年）

Kharas, Homi. *The Rise of the Global Middle Class: How the Search for Good Life Can Change the World*, Washington DC: The Brookings Institution, 2024.

Kindleberger, Charles P. *The World in Depression: 1929-1939* （Revised and Enlarged Edition）, Berkeley, CA: University of California Press, 1986. （石崎昭彦・木村一朗訳『大不況下の世界―1929-1939（改訂増補版）』岩波書店，2009 年）

小林英夫・岡崎哲二・米倉誠一郎・NHK 取材班『「日本株式会社」の昭和史　官僚支配の構造』日本放送出版協会，1995 年.

小林正彬「日本の工業化と官業払下げ」『経営史学』第 6 巻第 1 号，1971 年.

Kohama, Hirohisa. "Development Strategy and Growth Performance - A Comparative Study of Burma and Malaysia," IDCJ Working Paper Series, No. 21, March 1982.

小浜裕久「貿易赤字国日本を想え」『通商白書で読む日本経済 1993-94（経済セミナー増刊）』1993 年 6 月.

小浜裕久「第一次大来レポート調査（アルゼンチン経済開発調査）」，日本アルゼンチン交流史編集委員会編『日本アルゼンチン交流史―はるかな友と 100 年』日本アルゼンチン修好 100 周年記念事業組織委員会，1998 年.

小浜裕久『戦後日本の産業発展』日本評論社，2001 年.

小浜裕久『日本の国際貢献』勁草書房，2005 年.

小浜裕久「日本の近代経済成長―初期条件と制度的革新についての覚書」『経済志林（解析的経済史への招待―尾高煌之助教授退職記念論文集）』第 73 巻第 4 号，2006 年 3 月.

Kohama, Hirohisa. *Industrial Development in Postwar Japan*, London: Routledge, 2007.

小浜裕久「アジア通貨危機と IMF・日本」，Working Paper #07-01，Graduate School of International Relations, University of Shizuoka, 2007 年 10 月.

小浜裕久「アジア通貨危機と IMF・日本」『国際経済』第 59 号，2008 年.

小浜裕久「世界経済危機と資本主義の将来」『国際経済』第 61 号，2010 年 10 月.

小浜裕久『ODA の経済学（第 3 版）』日本評論社，2013 年.

小浜裕久「アルゼンチン経済は変わるか」『世界経済評論 IMPACT』2015 年 12 月 21 日.

小浜裕久「「不思議の国」アルゼンチン」，SRID Newsletter, No.490, December 2018.

小浜裕久「成功体験の罠」『世界経済評論 IMPACT』2022 年 6 月 20 日，http://www.world-economic-review.jp/impact/article2577.html

小浜裕久「「ウォール・ストリート」と「メイン・ストリート」」『世界経済評論 IMPACT』2023 年 1 月 23 日，http://www.world-economic-review.jp/impact/article2822.html（a）

小浜裕久「あの頃，日本も元気だった」『世界経済評論 IMPACT』2023 年 7 月 3 日，http://www.world-economic-review.jp/impact/article3014.html（b）

小浜裕久「世界は分からないことばかり」『世界経済評論 IMPACT』2023 年 10 月 2 日.（c）

小浜裕久・浦田秀次郎『世界経済の 20 世紀―われわれは「賢く」なったか』日本評論社，2001 年.

小浜裕久・渡辺真知子『戦後日本経済の 50 年―途上国から先進国へ』日本評論社，1996 年.

小峰隆夫「日本における経済計画の役割」，香西・寺西（1993）所収.

小峰隆夫『平成の経済』日本経済新聞出版社，2019 年.

小峰隆夫「かつて経済計画という仕組みがあった（上）（小峰隆夫の私が見てきた日本経済史　第 86 回）」，公益社団法人日本経済研究センター，2020 年 11 月 18 日（https://www.jcer.or.jp/j-column/column-komine/20201118-2.html）.

小宮隆太郎『現代日本経済研究』東京大学出版会，1975 年.

小宮隆太郎「序章」，小宮・奥野・鈴村（1984）所収.

小宮隆太郎・奥野正寛・鈴村興太郎編『日本の産業政策』東京大学出版会，1984 年.

小宮隆太郎「日本企業の構造的・行動的特徴」，伊丹敬之・加護野忠男・伊藤元重編『リーディングス日本の企業システム 1　企業とは何か』有斐閣，1993 年.

今野敏『暮鐘　東京湾臨海署安積班』ハルキ文庫，2023 年.

香西泰『高度成長の時代―現代日本経済史ノート』日本評論社，1981 年.

香西泰「復興期」，小宮隆太郎・奥野正寛・鈴村興太郎編『日本の産業政策』東京大学出版会，1984 年.

香西泰「高度成長への出発」，中村（1989a）所収.

香西泰・寺西重郎編『戦後日本の経済改革―市場と政府』東京大学出版会，1993 年.

香西泰・伊藤修・有岡律子「バブル期の金融政策とその反省」『金融研究（日本銀行金融研究所）』第 19 巻第 4 号，2000 年 12 月.

小竹即一『電力百年史　後編』政経社，1980 年.

Koyama, Mark and Jared Rubin. *How the World Became Rich: The Historical Origins of*

Economic Growth. Cambridge, UK: Polity Press, 2022. (秋山勝訳『「経済成長」の起源―豊かな国，停滞する国，貧しい国』草思社，2023 年)

Krugman, Paul. *Peddling Prosperity - Economic Sense and Nonsense in the Age of Diminished Expectations*, New York, NY: W. W. Norton, 1994. (伊藤隆敏監訳，北村行伸・妹尾美起訳『経済政策を売り歩く人々』日本経済新聞社，1995 年)

Krugman, Paul. "Dutch Tulips and Emerging Markets," *Foreign Affairs*, July/August 1995.

Krugman, Paul. "What Happened to Japan? What Japan's Economy Can Tell Us About China," *The New York Times*, July 25, 2023.

Kuczynski, Pedro-Pablo and John Williamson, eds. *After the Washington Consensus: Restarting Growth and Reform in Latin America*, Washington DC: Institute for International Economics, 2003.

栗田健『日本の労働社会』東京大学出版会，1994 年.

黒田昌裕「戦後インフレ期における物価・物資統制」，香西・寺西（1993）所収.

久夛良木健「ヤバい学部長の教育再生宣言」『文藝春秋』2022 年 11 月号.

Kuznets, Simon. "Economic Growth and Income Inequality," *The American Economic Review*, Vol. 45, No. 1, March 1955. (Reprinted in Simon Kuznets, *Economic Growth and Structure: Selected Essays*, New York, NY: W. W. Norton, 1965)

Kuznets, Simon. "Quantitative Aspects of the Economic Growth of Nations: VIII. Distribution of Income by Size," *Economic Development and Cultural Change*, Vol. 11, No. 2, Part 2, January 1963.

Kuznets, Simon. *Modern Economic Growth: Rates, Structure, and Spread*. New Haven and London: Yale University Press, 1966. (塩野谷祐一訳『近代経済成長の分析』上・下，東洋経済新報社，1968 年)

Kuznets, Simon. "Modern Economic Growth: Findings and Reflections," *The American Economic Review*, Vol. 63, No.3, June 1973.

Leff, Nathaniel H. "Economic Development Through Bureaucratic Corruption," *American Behavioral Scientist*, Vol. 8, No. 3, November 1964.

Lewis, W. Arthur. "Economic Development with Unlimited Supplies of Labor," *Manchester School of Economics and Social Studies*, Vol. 22, No. 2, May 1954.

Lewis, W. Arthur. *Theory of Economic Growth*, London: George Allen and Unwin, 1955.

Lucas Jr., Robert E. "On the Mechanics of Economic Development," *Journal of Monetary Economics*, 22, North Holland, 1988. (Lucas 2002, chapter 1)

Lucas Jr., Robert E. *Lectures on Economic Growth*, Cambridge, MA.: Harvard University Press, 2002.

Maddison, Angus. *Monitoring the World Economy 1820-1992*. Paris: OECD, 1995. (金森久夫監訳『世界経済の成長史　1820～1992 年』東洋経済新報社，2000 年)

前川喜平『権力は腐敗する』毎日新聞出版，2021 年.

牧野邦昭『経済学者たちの日米開戦―秋丸機関「幻の報告書」の謎を解く』新潮選書，2018

年.

Makoff, Gregory. *Default: The Landmark Court Battle over Argentina's $ 100 Billion Debt Restructuring*, Washington, DC: Georgetown University Press, 2024.

Mauro, Paolo. "Corruption and Growth," *Quarterly Journal of Economics*, Vol. 110, Issue 3, August 1995.

南亮進『日本の経済発展（第3版）』東洋経済新報社，2002年.

宮島英昭「財閥解体」，法政大学産業情報センター・橋本・武田（1992）所収.

宮本又郎・阿部武司・宇田川勝・沢井実・橘川武郎『日本経営史－日本型企業経営の発展・江戸から平成へ』有斐閣，1995年.

宮下武平「傾斜生産方式－石炭・鉄鋼増産に集中」，有澤（1976）所収.（a）

宮下武平「片山内閣の登場－矛盾含んだ経済政策」，有澤（1976）所収.（b）

宮内義彦「日本経済，このままでは失われた40年に」『日経ビジネス』2022年9月12日号.

宮崎勇「"倍増"というアイディア－成長頭打ち論を克服」，有澤（1976）所収.

三和良一「財閥解体－三井・三菱，強い抵抗」，有澤（1976）所収.

三和良一「戦後民主化と経済再建」，中村隆英（1989a）所収.

森川英正編『ビジネスマンのための戦後経営史入門』日本経済新聞社，1992年.

Mulgan, Richard. "Aristotle on Legality and Corruption," in Manuhuia Barcham, Barry Hindess and Peter Larmour, eds., *Corruption: Expanding the Focus*, ANU Press, 2012.

Mungiu-Pippidi, Alina and Till Hartmann. "Corruption and Development: A Reappraisal," *Oxford Research Encyclopedia of Economics and Finance*, 29 July 2019.

Myrdal, Gunnar. *Asian Drama: An Inquiry Into the Poverty of Nations*, The Twenty Century Fund and Pantheon Books, 1968.（板垣与一監訳，小浪充・木村修三訳『アジアのドラマ－諸国民の貧困の研究』上・下，東洋経済新報社，1974年）

中村隆英編『「計画化」と「民主化」』岩波書店，1989年.（a）

中村隆英「概説　一九三七－五四年」，中村（1989a）所収.（b）

中村隆英『日本経済－その成長と構造（第3版）』東京大学出版会，1993年.

中村隆英『昭和恐慌と経済政策』講談社学術文庫，1994年.（a）

中村隆英「解題」，有澤（1994b）所収.（b）

中村隆英『昭和史（下）1945-89』東洋経済新報社，2012年.

中村隆英・大森とく子編『日本経済再建の基本問題』，有澤廣巳監修，中村隆英編集『資料・戦後日本の経済政策構想　第一巻』東京大学出版会，1990年.

中村隆英・宮崎正康編『傾斜生産方式と石炭小委員会』，有澤廣巳監修，中村隆英編集『資料・戦後日本の経済構想　第二巻』東京大学出版会，1990年.

NHK「文明の道」プロジェクト『NHKスペシャル　文明の道4－イスラムと十字軍』日本放送出版協会，2004年.

日本長期信用銀行『日本長期信用銀行十年史』日本長期信用銀行，1962年.

日本医師会「国民皆保険制度の歴史－世界に誇れる日本の医療保険制度」（https://www.med.or.jp/people/info/kaifo/history/）.

日本興業銀行編『日本興業銀行五十年史』日本興業銀行，1957 年.

日刊工業新聞社『にっぽん株式会社　戦後 50 年』日刊工業新聞社，1995 年.

西村吉正編『復興と成長の財政金融政策』大蔵省印刷局，1994 年.

野口悠紀雄『日本が先進国から脱落する日―"円安という麻薬"が日本を貧しくした!!』プレジデント社，2022 年.（a）

野口悠紀雄『円安が日本を滅ぼす』中央公論新社，2022 年.（b）

Nordhaus William D. "Alternative Methods for Measuring Productivity Growth," NBER Working Paper Series, Working Paper 8095, National Bureau of Economic Research, 2001.

Nordhaus, William D. "Baumol's Diseases: A Macroeconomic Perspective," *The B. E. Journal of Macroeconomics*, Vol. 8, No. 1, 2008.

North, Douglass C. *Institutions, Institutional Change, and Economic Performance*, New York, NY: Cambridge University Press, 1990.（竹下公視訳『制度，制度変化，経済成果』晃洋書房，1994 年）

尾高煌之助『労働市場分析―二重構造の日本的展開』岩波書店，1984 年.

尾高煌之助「二重構造」，中村隆英・尾高煌之助編『二重構造（日本経済史　6)』岩波書店，1989 年所収.

大川一司編『日本と発展途上国』勁草書房，1986 年.

Ohkawa, Kazushi and Henry Rosovsky. *Japanese Economic Growth: Trend Acceleration in the Twentieth Century*. Stanford, CA: Stanford University Press, 1973.

大川一司，ヘンリー・ロソフスキー『日本の経済成長―20 世紀における趨勢加速』東洋経済新報社，1973 年.

Ohkawa, Kazushi and Miyohei Shinohara, eds. *Patterns of Japanese Economic Development - A Quantitative Appraisal*, New Haven: Yale University Press, 1979.

Ohkawa, Kazushi and Gustav Ranis, eds. *Japan and the Developing Countries*, Oxford: Basil Blackwell, 1985.

Ohkawa. Kazushi and Hirohisa Kohama. *Lectures on Developing Economies - Japan's Experience and its Relevance*, Tokyo: University of Tokyo Press, 1989.

大川一司・小浜裕久『経済発展論―日本の経験と発展途上国』東洋経済新報社，1993 年.

Ojimi, Yoshihisa. "Basic Philosophy and Objectives of Japanese Industrial Policy," 1972. In OECD, *Adjustment for Trade: Studies on Industrial Adjustment Problems and Policies*, Paris: OECD, 1975.

岡崎久彦「地球を読む―衝突路線歩む米中」『讀賣新聞』2002 年 8 月 26 日，1，2 面.

岡崎哲二・吉川洋「戦後インフレーションとドッジ・ライン」，香西・寺西（1993）所収.

岡崎哲二・奥野正寛編『現代日本経済システムの源流』日本経済新聞社，1993 年.

Okazaki, Tetsuji and Masahiro Okuno-Fujiwara, eds. *The Japanese Economic System and Its Historical Origins*. Oxford: Oxford University Press, 1999.

大来佐武郎「電気脱線記」『セピア色の三号館　東京大学電気系同窓会・歴史アーカイブ』

12 号，昭和 43 年（1968 年）．

大来佐武郎『エコノミストの役割』日本経済新聞社，1973 年．

大来佐武郎『東奔西走　私の履歴書』日本経済新聞出版社，1981 年．

大来佐武郎「インタビュー大来佐武郎（聞き手：矢野智雄）」，経済企画庁（1988）所収．

大来佐武郎「傾斜生産構想」，『回想』，『有澤廣巳の昭和史』編纂委員会／編『有澤廣巳の昭
　　和史（全 3 冊）』東京大学出版会，1989 年，所収．

Okita, Saburo compiled. *Postwar Reconstruction of the Japanese Economy*, English transla-
　　tion of *Nihon Keizai Saiken no Konpon Mondai*, a report of the Special Survey Com-
　　mittee, Ministry of Foreign Affairs, Japan（September 1946），Tokyo: University of
　　Tokyo Press, 1992.

大河内一男編『資料戦後二十年史　4 労働』日本評論社，1966 年．

大蔵省財政史室編『昭和財政史―終戦から講和まで―19　統計』東洋経済新報社，1978 年．

O'Mara, Margaret. *The Code: Silicon Valley and the Remaking of America*, New York,
　　NY: Penguin Press, 2019.（山形浩生・高須正和訳『The CODE シリコンバレー全史
　　20 世紀のフロンティアとアメリカの再興』KADOKAWA, 2023 年）

大森とく子「解題」，中村・大森（1990）所収．

大西康之『東芝解体　電機メーカーが消える日』講談社現代新書，2017 年．

大野健一『産業政策のつくり方―アジアのベストプラクティスに学ぶ』有斐閣，2013 年．

大内力「農地改革―百八十七万𠔃の耕地を開放」，有澤（1976）所収．

Parthasarathi, Prasannan and Kenneth Pomeranz. "The Great Divergence Debate," in
　　Tirthankar Roy and Giorgio Riello, eds., *Global Economic History*, Bloomsbury USA
　　Academic, 2018.

Patrick, Hugh and Henry Rosovsky, eds. *Asia's New Giant: How the Japanese Economy
　　Works*, Washington DC: The Brookings Institution, 1976.（金森久雄・石弘光・貝塚啓
　　明監訳『アジアの巨人・日本』日本経済新聞社，1979 年）

Perkins, Dwight H. *East Asian Development: Foundations and Strategies*, Harvard Univer-
　　sity Press, 2013.

Perkins, Dwight H., Steven Radelet, David Lindouer, and Steven A. Block. *Economics of
　　Development*, 7th edition, New York, NY: W. W. Norton, 2012.

Ranis, Gustav. "Perspective for South-east Asian Development Strategies in a Changing
　　International Environment".（小浜裕久訳「国際環境の変化と東南アジア開発戦略」『ア
　　ジア経済』1979 年 10 月号）

Ray, Debraj. *Development Economics*. Princeton, NJ.: Princeton University Press, 1998.

Reinhart, Carmen M. and Kenneth S. Rogoff. *This Time is Different: Eight Centuries of
　　Financial Folly*, Princeton, NJ: Princeton University Press, 2009.（村井章子訳『国家は
　　破綻する―金融危機の 800 年』日経 BP, 2011 年）

労働問題研究会議編『史料で見る　戦後 32 年労働運動の歩み』，1977 年．

労働省編『労働行政史　第 2 巻』労働法令協会，1969 年．

Rodrik, Dani. "Goodbye Washington Consensus, Hello Washington Confusion? A Review of the World Bank's Economic Growth in the 1990s: Learning from a Decade of Reform." *Journal of Economic Literature*, Vol. 44, No. 4, December 2006.

坂崎善之『本田宗一郎遺談　人生はアマ・カラ・ピン』講談社，1995 年.

櫻田武・鹿内信隆『いま明かす戦後秘史　上』サンケイ出版，1983 年.

Saxenian, AnnaLee. "Brain Circulation: How High-Skill Immigration Makes Everyone Better Off," *The Brookings Review*, Vol. 20, No.1, Winter 2002.

Saxenian, AnnaLee. *The New Argonauts : Regional Advantages in a Global Economy*. Cambridge, MA: Harvard University Press, 2006.（本山康之・星野岳穂監訳，酒井泰介訳『最新・経済地理学』日経 BP, 2008 年）

Saxenian, AnnaLee and Charles Sabel. "Roepke Lecture in Economic Geography -Venture Capital in the "Periphery" : The New Argonauts, Global Search, and Local Institution Building," *Economic Geography*, Vol. 84, Issue 4, 2008.

Saxenian, AnnaLee. "The new Argonauts, global search and local institution building," in Philip Cooke, Mario Davide Parrilli and José Luis Curbelo, eds., *Innovation, Global Change and Territorial Resilience*. Cheltenham, UK: Edward Elgar, 2012.

世銀借款回想編集委員会『世銀借款回想』世界銀行東京事務所，1991 年 11 月.

「世界の歴史」編集委員会編『もういちど読む山川世界史』山川出版社，2009 年.

司馬遼太郎「人間の魅力―この国の将来像の構築のために」『文藝春秋』1995 年 10 月.

下河辺淳「定住構想と国土建設―第三次全国総合開発計画の作成作業にあたって」，建設省編『建設省三〇周年記念国土建設の将来展望』ぎょうせい，1979 年.

下河辺淳『戦後国土計画への証言』日本経済評論社，1994 年.

申順芬「日本における農地改革―日本政府と GHQ の折衝を中心に」『法政論叢』34 巻，1998 年.

篠田徹「日本的労使関係の成立」，森川（1992）所収.

篠原三代平「360 円レートへの仮説」『季刊　理論経済学』25 巻 1 号，1974 年 4 月.

塩野七生『ルネサンスとは何であったのか』新潮文庫，2008 年

白川方明『現代の金融政策―理論と実際』日本経済新聞出版社，2008 年.

城山三郎『官僚たちの夏』新潮文庫，1975 年.

城山三郎『もう，きみには頼まない―石坂泰三の世界』毎日新聞社，1995 年.

Skidelsky, Robert. *John Maynard Keynes: The Economist as Saviour - 1920-1937*, Vol. 2, Macmillan London Limited, 1992.

Solow, Robert M. *Growth Theory: An Exposition*, Oxford: Clarendon Press, 1970.

Stiglitz, Joseph E. *Whither Socialism?*, Cambridge, MA: The MIT Press, 1994.

Stiglitz, Joseph E. "More Instruments and Broader Goals: Moving Toward the Post-Washington Consensus," The 1998 WIDER Annual Lecture (Helsinki, Finland). 1998a (http://www.wider.unu.edu/).

Stiglitz, Joseph E. "Towards a New Paradigm for Development," 9th RAÚL PREBISCH

LECTURE, October 1998b, UNCTAD.

Stiglitz Joseph E. *Freefall: America, Free Markets, and the Sinking of the World Economy*, W. W. Norton, 2010.（楡井浩一・峯村利哉訳『フリーフォール－グローバル経済はどこまで落ちるのか』徳間書店，2010 年）

Straumann, Tobias. *1931: Debt, Crisis, and the Rise of Hitler*, Oxford: Oxford University Press, 2019.

須賀しのぶ『また，桜の国で』祥伝社文庫，2019 年.

田原総一朗「中山素平－鞍馬天狗が駆け抜けた戦後経済の修羅場（「戦後 50 年の生き証人」に聞く②）」『中央公論』1995 年 2 月（田原総一朗『「戦後 50 年の生き証人」が語る』中央公論社，1996 年に再録）.

高橋亀吉『高橋経済理論形成の 60 年』上・下，投資経済社，1976 年.

高橋毅夫「技術革新－活発な外国技術導入」，有澤（1976）所収.

高杉良『小説日本興業銀行（第一部～第三部）』講談社文庫，1990 年.（a），（b），（c）.

高杉良『小説日本興業銀行（第四部～第五部）』講談社文庫，1991 年.（a），（b）.

武田晴人『日本経済の事件簿－開国から石油危機まで』新曜社，1995 年.

武田晴人『談合の経済学－日本的調整システムの歴史と論理』集英社文庫，1999 年.

竹前栄治「二・一スト－労働運動高揚の象徴」，有澤（1976）所収.

竹内宏『昭和経済史』筑摩書房，1988 年.

寺西重郎「金融の近代化と産業化」，西川俊作・山本有三編『産業化の時代　下（日本経済史 5）』岩波書店，1990 年.

Thomas, Gordon and Max Morgan-Witts. *The Day the Bubble Burst*. London: Hamish Hamilton, New York, NY: Double Day, 1979.（常磐新平訳『ウォール街の崩壊－ドキュメント　世界大恐慌・1929 年』上・下，講談社学術文庫，1998 年）（1998a），（1998b）

Tinbergen, J. Appendix 6 "An Analysis of World Trade Flows," *Shaping the World Economy*, New York: Twentieth Century Fund, 1962.（大来佐武郎『世界経済の形成』竹内書店，1963 年）

Todaro, Michael and Stephen Smith. *Economic Development*, 13th edition, London: Pearson, 2020.（第 10 版の翻訳：森杉壽芳監修，OCDI 開発経済研究会訳『トダロとスミスの開発経済学　第 10 版』ピアソン桐原，2010 年）

戸堂康之『開発経済学入門』新世社，2015 年.

鶴田俊正「自由化対策の混乱－不買買った「特振法」」，有澤（1976）所収.

通商産業省編『産業合理化白書』日刊工業新聞社，1957 年.

通商産業省編『商工政策史　第十巻　産業合理化（下）［戦後編］』商工政策史刊行会（通商産業省官房調査課内），1972 年.

通商産業省通商産業政策史編纂委員会編『通商産業政策史第 10 巻』通商産業調査会，1990 年.

通商産業省通商産業政策史編纂委員会編『通商産業政策史第 8 巻　第 III 期　高度成長期（1）』通商産業調査会，1991 年.

内野達郎『戦後日本経済史』講談社学術文庫，1978 年.

UNCTAD. *Towards a New Trade Policy for Development: Report by the Secretary - General of UNCTAD*, UNCTAD, 1964.

魚住昭『特捜検察』岩波新書，1997 年.

Vogel, Ezra F. *The Four Little Dragons: The Spread of Industrialization in East Asia*, Harvard University Press, 1991. （渡辺利夫訳『アジア四小龍―いかにして今日を築いたか』中公新書，1993 年）

Vogel, Ezra F. *Deng Xiaoping and the Transformation of China*, The Belknap Press of Harvard University Press, 2011, Chapters 13-19: "The Deng Era, 1978-1989". （益尾知佐子・杉本孝次訳『現代中国の父　鄧小平』上・下，日本経済新聞社，2013 年）

Williamson, John ed. *Latin American Adjustment: How Much Has Happened?* Washington DC: Institute for International Economics, 1990a.

Williamson, John. "What Washington Means by Policy Reform," in Williamson (1990a). (1990b) （http://www.iie.com/publications/papers/williamson1102-2.htm）

Williamson, John. "Our Agenda and the Washington Consensus," in Kuczynski and Williamson (2003).

Williamson, John. "A Short History of the Washington Consensus," in Narcis Serra and Joseph E. Stiglitz, eds., *The Washington Consensus Reconsidered: Towards a New Global Governance*, Oxford University Press, 2008.

和田博雄「學者グループと吉田總理」，吉田茂『回想十年（第四巻）』東京白川書院，1983 年（1958 年 3 月，新潮社から刊行されたものの復原版）所収.

渡辺良機「言い値で売れる多品種"微量"生産「値引きを断れる力」が中小企業を鍛える」『日経ビジネス』2022 年 5 月 23 日号.

Wolf, Martin. *The Crisis of Democratic Capitalism*. London: Penguin Press, 2023. （小川敏子訳『民主主義と資本主義の危機』日本経済新聞出版社，2024 年）

World Bank. *The East Asian Miracle - Economic Growth and Public Policy*, A World Bank Policy Research Report, Washington, DC: World Bank, September 1993. （白鳥正喜監訳『東アジアの奇跡』東洋経済新報社，1994 年）

World Bank. *Assessing Aid - What Works, What Doesn't, and Why,* World Bank: 1998. （小浜裕久・冨田陽子訳『有効な援助―ファンジビリティと援助政策』東洋経済新報社，2000 年）

World Bank. *Globalization, Growth and Poverty: Building an Inclusive World Economy*, Washington, DC: World Bank, 2002.

山崎志郎『新訂日本経済史―近現代の社会と経済の歩み』放送大学教育振興会，2003 年.

山澤逸平・小浜裕久「商社活動と貿易拡大」，大川 (1986) 所収.

安場保吉『経済成長論』筑摩書房，1980 年.

米倉誠一郎「鉄鋼―その連続性と非連続性」，米川伸一・下川浩一・山崎広明編『戦後日本経営史　第Ⅰ巻』東洋経済新報社，1991 年所収.

米倉誠一郎「戦後の大型設備投資」，森川英正編『ビジネスマンのための戦後経営史入門』
　　日本経済新聞社，1992年所収.

Yonekura, Seiichiro. *The Japanese Iron and Steel Industry, 1850-1990*, London: Macmillan, 1994.

米倉誠一郎『経営革命の構造』岩波新書，1999年.

あとがき：経済発展の謎──終わりなき探求

途上国の旅とその教訓

「経済成長のことを考え出すと，他のことが考えられなくなる．（"Once one starts to think about economic growth, it is hard to think about anything else."）」そう言ったのはロバート・ルーカスで，ケンブリッジ大学に招かれて経済発展の理論の講義のときだ（Lucas 1988, p. 5）．わたくしはこれを読んだときに，この感覚は，多くの開発に携わる者に通じると大いに共感したことがある．われわれの場合も，経済発展について考えることが職業生活の大部分を占めてきたと言っても過言ではない．これは以前にも書いたことだが，経済発展の動因や因果関係を考えるのは，玉ねぎの皮を剝くようなものだ．真相を見つけようと表面の皮を剝くと次の皮が現れる，それを剝けばその次の皮が……と限りがない（Stiglitz 2010, pp. xvii–xviii, p. 150）[1]．そこで多くの研究が「経済発展の近因（approximate causes of growth）」などといったタイトルになる．

わたくしは，途上国の開発課題について調査し，議論し，そして行動する過程で，実に数多くの途上国，主としてアジアの国々を訪ね歩いてきた．そのような途上国の旅から学んだ教訓は，ひと口で言えば次のようなものだ．

今日の途上国の多くは第2次世界大戦後に政治的独立を遂げた後，今度は経済発展や貧困削減を第一義的な政治目的として掲げるようになった．ただ，その課題に対する向き合い方は，国によってさまざまだった．それぞれの国がおかれた地理的，歴史的環境が違えば，開発課題やそれにまつわる困難の性格も違ってくる．このように，それぞれの国の「地理と歴史」のために経済発展の軌跡もまた違った様相を示すようになる．地理は，農業に適した地形や気象の側面だけでなく，近隣の国々や経済大国のマーケットへのアクセスだけでなく，

---

1)　よく使われる比喩で，例えばギュンター・グラスには『玉ねぎの皮をむきながら』（2008），集英社というタイトルの自伝がある．

地政学的な関係にも大きな影響を持つ．また，歴史には，その国の成り立ちから始まって，現在に至る民族構成や近隣国からの文化的な影響，植民地時代の宗主国からの影響が含まれる．

このように，「地理と歴史」は経済発展の前提となる条件——これを初期条件と呼ぶ——を大きく変えるから，ある国がたどる経済発展の軌跡も変わってくる．政治状況が違い，歴史に根差す制度が違い，経済発展の初期条件が違えば，開発課題も経済発展の軌跡も変わってくることはよく理解できる．どの途上国も「地理と歴史」のしがらみを背負って，経済発展の途をたどっているのだ．

同時に，よく言われているように，歴史は繰り返さないが韻を踏む．それは時間的にも，あるいは空間的にも言えることだ．すなわち，ある一つの国で時系列的に同じような歴史的現象が見られるときもあれば，空間的に違った地点にある国々で，類似の歴史的事象が観察されることもある．現実に多数の国々の経済発展の軌跡をたどってみると歴史的に類似したパターンが現れる．これを歴史理論と呼ぶことも可能だ．もちろん理論といっても，普通われわれが理解するような，演繹的な論理展開をベースとする理論ではなく，歴史事象の構造的な比較研究から得られる理解のことだ．

「経済発展の曼荼羅」

比較史研究は，実は大変な作業だ．演繹的な理論研究の場合は，数少ない前提から始まって，数十個の変数間の因果関係を明らかにする作業だから，考察する対象の時空の範囲は限られている．しかし，歴史的な比較研究となると，比較の対象をどこまで広げるのか，例えば経済だけでなく社会や文化にまで広げるのか，あるいは理論の世界には現れない，時の政治指導者や政策担当者の性格や背景まで考慮するのか，そしてそこに何らかの因果関係を見出すのか，人を困惑させるような広がりを持った世界を扱うことになる．

ケインズは，かつて自らの経済学の師であるマーシャルに関してのエッセイの中で，「優れたエコノミストは，多面的な才能を持っていなければならない．……数学者，歴史家，政治家，哲学者の要素を合わせ持ち，同時に芸術家のように卓越しかつ純粋で，しかしまた時には政治家のように世俗的でなければな

あとがき：経済発展の謎──終わりなき探求　　269

らない」と述べているが，これは彼が，エコノミストが扱う世界の広がりをこのように多面的にとらえていたことを示している（Skidelsky 1992, pp. 410-411）．

　本書のタイトルに「経済発展の曼荼羅」という一見不可思議な言葉が入っているのは，経済発展の世界の広がりと多面性を示唆している．もともと仏教の密教に由来する曼荼羅にはいくつもの種類があるらしいが，一般的に日本では大日如来を中心に据え，周りにいろいろな仏，菩薩，明王を配置して，それによって宇宙の本質を映し出し，仏の悟りの境地を示している．いわば密教の世界観を一枚の絵に託したものだ．われわれが想像する経済発展の曼荼羅は，経済成長を中心に置き，それにまつわる要因，動因，制約条件，成立条件等々の事象をその周りに配したものだ．想像をたくましくすればするほど周りを取り囲む諸仏，菩薩，明王の数は多くなる．もちろん，われわれは非力で，われわれが経済発展の議論でカバーできる仏，菩薩，明王の範囲は限られている．とても経済発展の曼荼羅全図を描くことはかなわない．それは承知のうえで，われわれの志を示す目的で曼荼羅という言葉を使っているのだ．

歴史，その反復と踏韻

　経済発展の歴史，そしてその反復と踏韻から浮かび上がってくる共通のパターンがある．それは極端に単純化するとおおよそ次のようだ．

　まず，われわれが使っている新古典派の成長理論によれば，経済成長の原動力は，労働投入の増加，資本形成，技術進歩の３つの要素に分解できる．最初の２つはある程度「目に見える」，すなわち統計等によって可視化できるが，問題は第３の要素，技術進歩だ．ミクロ的には技術進歩は観察できる．例えば，蒸気機関，内燃機関あるいは電力というような明らかに革新的な技術進歩は理解できる．しかし，もっと広義の制度や政策までも含む技術進歩となると数量的に把握するのが困難になってくる．例えば株式会社という企業形態の普及，銀行制度や証券市場の創設が長期の経済発展に与える影響は明らかに見えるが，それを数量化するのは難しい．そこで，現在の経済学では，この「技術進歩」を成長会計のうえでは剰余として計測する手法が定着している．そして，そうした手法による研究では，一般的に技術進歩の経済成長に対する貢献は非常に大きく，経済成長といえば技術進歩とほぼ同義と言っても過言でないほどだ．

実に悩ましいのは，これほどの大きな比重を持つ「技術進歩」の中身がはっきりしないことだ．宇宙物理学の世界では，宇宙全体に占めるダークマターやダークエネルギーの割合が非常に大きいことがわかっているが，さてそのダークマターやダークエネルギーの本体は何かとなると，よくわかっていないらしい．成長理論における技術進歩もまた一種のダークマターだ．その本体に迫るには，マクロの世界を離れて，経済や社会の構造とダークエネルギーの変化に——すなわちミクロの世界に——足を踏み入れる必要があるようだ．

ペティ・クラークの法則と「ルイスの転換点」

技術進歩というものの，技術の問題だけではないかもしれないので，いまでは「全要素生産性」という言葉を使うことが多い．途上国の経済発展の初期段階では，農業などの第1次産業が経済に占める割合が圧倒的に大きい．そこに，産業革命が起こり，第2次産業が成長すると，全経済の生産性は飛躍的に上昇するのは歴史的な常識だ．経済成長の過程で第2次産業の比重が高まるのはペティ・クラークの法則と呼ばれるが，最も古くかつシンプルな構造的経済成長理論だといってもよい．もしこの法則が正しいとすれば，経済発展の軌跡は，即工業化の勃興，隆盛，そして停滞と衰退の歴史とほぼ同じで，その遠因，近因，動因，条件等々を解明することによって，経済発展の謎の解明に近づけることになる．

もっとも，この法則は歴史のパターンを問題にしているので，経済における第1次産業と第2次産業の因果関係を示しているわけではない．その因果関係は，1950年代にアーサー・ルイスが定式化した工業化による成長モデルに示されている（Lewis 1954）．彼のモデルによると，途上国の初期条件の一つは，農業部門に存在する余剰労働力だ．この廉価な労働力をベースに製造業が発展すれば，経済全体の生産と生産性は上昇する．製造業部門の生産性が農業部門よりも高い状態が続く限り，そして製造業部門の経済全体に占める割合が増加し続ける限り，仮に製造業部門の生産性が向上しないにしても，経済全体の生産性は上昇する．そしてそれは，農業部門の余剰労働力が枯渇するまで続く．

ルイス・モデルが描く工業化過程は実にシンプルに見えるが，このモデルを現実の経済に映してみると，実際には大変な経済・社会構造の変化を伴う成長

あとがき：経済発展の謎──終わりなき探求　　271

過程であることがわかる．大規模製造業の産業立地は都市部だから，農村部から都市部への大規模な人口移動が起こる．「ALWAYS：三丁目の夕日」に描かれたような若者の集団就職が起こり，都市化現象とともに人々の生活パターンは変わってくる[2]．表面的な消費パターンだけでなく，より社会の深層に達する文化的な変化も現れる．政府が提供する公共インフラやサービスに対する需要も増大し，政府自体の変化も求められる．近代成長の初期の経済成長加速は，ほとんど産業革命と同義と考えられるが，このような大規模かつ多面的な経済と社会の変化はまさに革命と呼ぶにふさわしい．

　ルイスの工業化過程は，農村の余剰労働力が工業部門に移動し続ける限り続く．しかし，余剰労働力の供給には限りがある．その供給が途絶えたときに，何が起こるのだろう．この転換点を現実にピンポイントするのは容易でないかもしれないが，そのような「ルイスの転換点」が存在することは間違いない．

産業の高度化と「デニソン効果」

　ルイスの転換点を通過した後，工業化はどこに行くのだろう．製造業内部の構造が変わらなくても工業部門の生産性が上昇するケースも十分考えられる．例えば，工業化の初期に盛んになる食品加工や繊維・縫製業内で，より資本集約的な機械化や自動化が起こるケースだ．これをノードハウスは「純粋な生産性上昇」と呼んだが，廉価な労働力を比較優位のベースとするこれら産業は，遅かれ早かれ後発国からのシビアな国際競争にさらされることになるから，ここにも限界がある（Nordhaus 2001）．

　そこで，工業化のモメンタムを失わずに経済発展を続けるためには，より高度な，すなわち技術水準の高い，より資本集約的な産業を育成し，拡大することが必要条件になってくる．このことは通常産業の高度化とか具体的には重化学工業化とかの標題で議論されるが，例えば繊維業が主力の製造業がより資本集約的な鉄鋼，造船，自動車や化学工業へと，さらに電気機器，エレクトロニクスへと発展していく過程だ．ノードハウスは，このような軽工業から重化学

2）　西岸良平の昭和30年代を舞台とした漫画『三丁目の夕日』を原作とする2005年日本テレビ他製作の映画．

工業への移行から生じる生産性向上を，最初にそれを指摘したデニソンの名前をとって，「デニソン効果」と呼んでいる[3]．

　経済発展にとって工業化が重要なのは，農業などの第1次産業と違って，製造業部門では「デニソン効果」の可能性が高いからだ．もちろん農業部門でもゴムの栽培からオイルパームに転換することによって生産性を上昇させるなどの例はあるが，製造業部門では，ルイス過程に特徴づけられる初期工業化で育成された労働力や経営資源が産業の高度化に容易に適用できるのがその理由だ．しかし同時に，そのためには適切な投資環境が整っていなければならない．これは非常に厳しい条件で，長期にわたってデニソン効果を実現するために，産業の高度化を継続的に進めるのは並大抵のことではない．廉価な労働力という強力な比較優位条件なしに，次々と新分野の産業に進出していかなければならないからだ．

　ルイスの転換点以降の工業化過程を「デニソン効果のフェーズ」と呼ぶことにしよう．ルイスの転換点以前の工業化過程に比較して，このフェーズの工業化の進展はより困難だと考えられる．ルイスの転換点以前の工業化は，廉価な労働力という強力な比較優位をベースとする，いわば手の届くところにある果実をもぐような過程であるとすれば，それ以降の工業化の進展は，普段の人的資本のアップグレーディング，絶えざる新技術の導入，そのための直接および間接投資等々を必要とするからだ．そのためには，産業政策の名前で呼ばれるような，政府の介入が必要かもしれない．1975年に出版された城山三郎の小説『官僚たちの夏』は，結局廃案となった「特振法」という産業政策をめぐる通産省と産業界の確執を描いている（城山1975）．また，韓国ではすでに1960年代に機械工業，造船業，電子工業，石油化学工業などの育成のための個別の「工業育成法」が制定されている．典型的なインダストリアル・ターゲッティングを目的とした産業政策だ．

　最近，多くの新興市場国で「早すぎる脱工業化」が起こっているという議論がある．そしてそれは，中所得国の罠の原因の一つだとする論者がいる[4]．わ

---

3) デニソンは，Edward F. Denison, assisted by Jean-Pierre Pouillier (1967), *Why Growth Rates Differ: Post-War Experience in the Western Countries*, The Brookings Institution で，膨大な西欧諸国の実証研究にもとづいてこの概念を提唱した．

あとがき：経済発展の謎──終わりなき探求　　273

たくしは，中進国の罠はすべての途上国が陥る可能性のある罠だと思う．初期
の工業化過程が成功したからといって，それが先進国群の所得水準に達するま
で自然に継続する保証はどこにもないからだ．第7章で論じられている台湾の
工業化過程の中弛み，すなわち製造業比率（対GDP）のピークアウトとその後
の復活は中所得国の罠の典型的な事例で，台湾の製造業はいわゆるE＆E革
命（電気機器とエレクトロニクス）の後にさらなる工業化の進展が滞ったが，
半導体産業という新分野の開拓に成功することによって罠から抜け出した．
「デニソン効果」が現れたのだ．なぜ台湾でそのような構造変化が実現したか，
「今後の研究課題」としたい．

脱工業化と「ボーモル効果」

　もう一度ペティ・クラークの法則に戻ってみよう．この法則によると，製造
業を中心とする第2次産業のGDPに占める割合は，経済発展の進展とともに
高まるが，ある点でピークアウトして，それ以降は減少に転じる．同時にそれ
と並行して比重が高まってくるのが第3次産業と呼ばれるサービス部門だ．ど
のような条件の下で脱工業化への転換点が現れるかは，それぞれの国の事情に
よって違ってくるが，今日までの多くの先進国の経験では，ほとんどの国が早
かれ遅かれ脱工業化への転換点を迎える．ペティ・クラークの法則の第1の工
業化への転換点は，広い意味での技術進歩という供給側の要因によるものだっ
た．これと対照的に第2の転換点である脱工業化は，一人当たりの所得上昇に
伴う需要構造の変化が主たる原因と考えられる．生活水準が高くなると，モノ
に対する需要が満たされて，限界的な需要は政府の各種サービスを含む公共財
やエンターテインメント等の文化的サービスに向かうことは，直観的にもよく
理解できる．その結果として，製造業は成長の限界に達する．また同時に，グ
ローバライズされた世界では，先進工業国にキャッチアップしてくる新興国で
製造業が盛んになり，先進国の製造業はシビアーな競争にさらされ，衰退の道
をたどる．
　脱工業化過程の問題点は，経験的にサービス部門の生産性上昇が，製造業部

4）例えば最近では，Kharas（2024），p. 74.

門の生産性上昇に比べて鈍いことだ．この傾向は，すでに 1960 年代にそれを指摘したボーモルの名前をとって「ボーモル効果」あるいは「ボーモル病」と呼ばれる（Nordhaus 2008）．サービス部門は，その名が示すように基本的に労働集約的だ．そしてまた，サービス部門の生産性の上昇率は製造業の生産性の上昇率に比較して低いことが知られている．その結果，サービス部門の生産物，すなわちサービスの相対価格はモノに比較して高くなる．このことは経済成長にとって大きな意味を持っている．なぜなら，サービス部門の相対価格の上昇は，サービス部門が GDP に占める割合を高めると同時に，サービス部門の低い生産性上昇率が足枷となって，経済成長率が低下するからだ．脱工業化は同時にまた経済成長率の低下あるいは停滞をもたらすというのがボーモルの結論だ．ボーモルは，高等教育，医療，文芸・工芸，ファッション産業，高級レストラン，等々の例を挙げてこの仮説を説得的に説明している（Baumol 1967）．

経済発展の条件

経済発展の歴史は，工業化過程に注目して「産業革命」,「ペティ・クラークの法則」,「ルイスの転換点」,「デニソン効果」,「ボーモル効果」などのキーワードで図式的に理解できる．これらのキーワードは，工業化の始まりと隆盛，高度化，そして最後に脱工業化のフェーズの特徴をよく描いているからだ．このどのフェーズの変化をとっても，それは大きな経済構造変化を意味し，かつまた社会形態の変化を伴うまさに革命と呼んでよいような社会変動だ．新しい制度が作られ，新しい社会階層が生まれ，政治体制にも変化は及ぶ．経済的・社会的・政治的な勝者と敗者が現れ，それが原因で大きな政治抗争が起こる場合もあれば，また国際社会との紛争の原因になることもある．

これまでの経済発展の歴史の特徴的なことは，国よってはこのような変化が起こらない，いわば発展の挫折が見受けられることだ．どの国もがスムーズに産業革命を起こすことができるわけではない．発達不全の工業と低生産性の農業とが併存して，貧困がはびこる社会もある．ひとたび工業化の初動に成功したとしても，産業の高度化が進展せず，早すぎる脱工業化に陥る国もある．さらに，産業の高度化に成功した後，長期の停滞を経験する国もある．

ことほど左様に，どの国も独自の「地理と歴史」という初期条件から出発し，

あとがき：経済発展の謎──終わりなき探求　　275

経済発展の次々に現れるフェーズに必要とされる構造変化や制度構築に成功したり，失敗したりしながら，独自の軌跡を残しながら発展を続けていく，終わりのないプロセスが経済発展なのだ．

　それでは，工業化過程の変化の動因あるいは条件は何だろう．国によって差異があることを認めたうえで，何らかの共通項のようなものがあるはずだ．今までの膨大な研究から導きだされた経済発展あるいは工業化の条件を要約すると次のような項目になる[5]．

（1）基礎的な教育を施された，よく訓練されたあるいは訓練可能な，健康な労働力の存在．
（2）基礎的な交通，港湾，通信などのハードなインフラストラクチャーおよび経済法制，企業制度，市場機構，金融制度，資本市場等のソフト・インフラが整っていること．
（3）政治的，社会的およびマクロ経済的な安定が確保されていること．
（4）海外市場との交流を可能にする開放経済体制がとられていること．
（5）発展の初期に一定の農業基盤が確立されていること（例えば「緑の革命」の成功），あるいは天然資源のベースが存在すること．

　工業化の主役は民間の企業であることは疑いない．しかし，その活力が工業化のために方向づけられ，かつ効率的に活用されるために必要な条件がここに挙げられた条件だ．ここに挙げられたのは項目で，その内容となるとそれぞれの国とその発展のフェーズによって違ってくる．例えば，工業化の初期に必要とされる教育は，比較的単純な工場労働に必要な基礎教育だが，産業の高度化が進むほど，中等教育や高等教育が必要になってくる．ハードやソフトのインフラでも同じことがいえる．

　重要なのは，ここに挙げられた項目はすべて政府が主体的に供給しなければいけないことだ．政府の能力自体が問題となってくるのだ．そこで，

5）　ここでは，膨大な研究成果を集約した文献だけを挙げる．World Bank（1993），Growth and Development Commission（2008），Asian Development Bank（2020）．

(6) 経済発展を志向する強い政府（いわゆる「開発国家（"Developmental State"）」が存在すること，そのうえで，国家機構をよく機能させる官僚組織があること．

(7) 政府とそれを支える官僚機構（テクノクラート）が確かな経済発展のビジョンを持っており，それが国民に共有されていること．

という追加的な条件が付け加わる．

　これらすべての条件が経済発展のための必要条件かというと，その疑問に対する確たる答えはない．また，これが十分条件かという問いに対しても同じ答えしか与えることができない．しかし，これまでの研究の蓄積から出てきた経済発展のために重要な条件がこのように多数に上るということは，経済発展成功のマジック・フォーミュラ（魔法のような手法）は存在しないこと，経済発展に成功してきた国は，ここに挙げられたような課題に時間をかけて現実的な方法で，実践的に取り組んできた（"Doing the right things – taking time and pragmatically !"）ことを意味するのではなかろうか．

　しかし，ここに挙げた複数の条件の中で，最後に挙げた政府についての追加条件（6）と（7）はことさらに重要だと思われる．なぜなら，経済発展のための条件は，放っておいて自然に成立することはまれで，その成立のためには何らかの政府の介入が必要になる．追加的に示した条件は，その政府自体が良く機能するための要件だからだ．（1）から（5）までの条件，すなわち教育と保健，インフラ，マクロ経済の安定，開放体制，農業基盤といった条件は，民間の企業や市場の力に任せておいて自然に成立するものではない．政治指導者あるいは指導者階級が，既得権益の反対を抑え込んででも経済発展の目的を追求するという政治目的に強くコミットしており，さらにその国の経済発展のビジョンが指導者層に共有されなければならない．そのビジョンは具体的な政策や制度に設計されて，実行に移される必要があるが，それを担うのがテクノクラートであり，官僚組織である[6]．

　民主制であるか否かにかかわらず，政権交代の可能性は常にある．上に述べたような国の経済発展のビジョンと戦略や政策が国の指導者層や有力者のグループに共有され，一定の政策努力が持続的に実行されるためには，理想的には

政府の上層部に経済発展のビジョンを国是として定着させ，そのビジョン実現のための政策設計と実行計画を策定する部署があるのが良い．政府の首脳部に直結するは開発計画委員会（インド）や経済企画院（韓国）や開発計画庁（シンガポール，フィリピン）などがそれだが，現在ではこれらの機構の多くは多分に形骸化している感は否めない．

*　*　*

途上国の多くは──今日高所得国になっている国々を含めて──それぞれの「地理と歴史」を負って経済発展の途をたどってきた．それぞれの「地理と歴史」に特有の開発課題があり，またそれぞれの発展のフェーズに現れる問題もある．ある国はそうしたチャレンジを克服するのに成功し，またその他の国は挫折を経験してきた．経済発展の途は，すべての国がたどらなければならない過程で，その途に終わりはない．経済発展の軌跡を追い，その条件や動因を探る開発経済学の旅もまた同じだ．

長い間，わたくしは小浜さんに誘われて経済発展の謎を探す旅を続けてきた．途上国のいくつかに一緒に旅をしたことも数度にとどまらない．本共著はこれで5冊目のその旅の結果だ．月1回の原稿を議論する「昼の部」も，またそのあとの他の友人を交えた「夜の部」と称する夕食会も，実に想い出深い経験だった．原稿執筆の大宗を担ってくれた共著者の小浜さんには感謝のしようがない．また，すべての会合に参加し，われわれに激励と協力を惜しまなかった勁草書房の宮本詳三氏に深甚の感謝をささげたい．

2024 年 6 月
浅沼信爾

---

6)　ステファン・ダーコンは最近の著書（Dercon 2022）で，経済発展の成功・不成功のカギを握るのは，国の指導者層を形づくる産業界のリーダー，政治家，軍の指導者たちのエリート・グループの間に，経済発展を推進しようとする暗黙の社会契約が存在するかどうかだ，と論じている．経済発展の目的に対するコミットメントがあり，かつそれを阻害するような既得権益を排除できるからだ．

索　引

数字・アルファベット

12 条国　152

14 条国　152

1980 年代経済社会の展望と方針（1983-90 年度）　135

1 ドル＝360 円の単一為替レート　151

360 円レート　94, 95

8 条国移行　160

ALWAYS：三丁目の夕日　271

Asian Development Bank（ADB）　218

Brain Circulation　222, 225

Brain Drain　222

centralized corruption　236

convergence hypothesis　213

core-periphery model　224

Corruption Perceptions Index（腐敗・汚職認識指数）　233

Corruption 指標　232

CVCC エンジン　40, 188

DAC（Development Assistance Committee：開発援助委員会）　42

decentralized corruption　236

EEC　183

EU　183

friend-shoring　51

From Brain Drain to Brain Circulation（頭脳流出から頭脳循環へ）　222

GATT 11 条国　160

GHQ　25, 75, 81, 82, 95, 122, 125

Governance 指標　232

Growth is good for the Poor　23

IMD の世界競争力ランキング　185

IMF　199, 202, 244, 249

inclusive growth　110

Industry Targeting　203

J. グルー次官　111

KKN　236

Korupsi, Kolusi, Nepotisme　236

LSE（London School of Economics and Political Science；ロンドン大学政治経済研究院）　178

LTCM（Long-Term Capital Management）　177

Maddison Project Database　48, 214-216

Modern Monetary Theory（MMT）　184

ODA（政府開発援助）　42, 43

OECD 加盟　160

open industrial policy　224

Picking-the-Winner　203, 224

private dynamism　197

Raul Prebisch　35

rent-seeker　52

Risky tango in Tokyo　243

shared growth　110

Size distribution　28

Size distribution of income　28

Transparency International　232

Worldwide Governance Indicators（WGI）　233

β-convergence　213

ア行

アイサード，ウォルター　12

アクトン卿　230, 231

アジア経済成長　16

アジア通貨危機　177

アジアの巨人　9

アジアの世紀　11, 20

280 索 引

アニマル・スピリッツ　37, 39, 52
有澤廣巳　27, 58, 65, 76, 77, 81, 83, 154, 198
アルゼンチン　ii, iii, 26, 35, 41, 49, 60, 85, 241, 243-247, 249
暗黒の木曜日（Black Thursday）　60, 66
石坂泰三　149
石橋湛山　57, 149
石原莞爾　57
一ドルブラウス　15
一挙安定論　100
一帯一路構想　19
伊藤博文　193
糸へん景気　103
稲葉秀三　80, 81
井深大　212
岩倉使節団　194
インデクセーション　238
インフレ税　199, 238
植田日銀　186
ウォール街を占拠せよ　51
ウォール・ストリート　50, 180
ウクライナ　233
失われた10年（Lost Decade）　142, 181
失われた20年　181
失われた30年　49, 142, 176, 181, 185, 243
鰮飩屋の釜　249
ウルフ，マーチン　v
エチレン30万トン基準　38, 206, 209
エリザベス女王　178
エロア資金　101
縁故主義（ネポティズム）　52
欧州石炭鉄鋼共同体　183
大来佐武郎　25, 55-59, 76, 79, 138, 196
大隈重信　193
大野健一　198
尾高煌之助　174
オープン・イノベーション　224

カ行
改革開放政策　10
改革の順番（sequecing）　200

開銀　207
開拓使官有物払下げ事件　193
開発国家（Developmental State）　11, 18, 276
開発国家論　144
開発主義　108
開放体制　163
価格差補給金　89
核燃料サイクル　238
ガーシェンクロン，アレキサンダー　35, 214
過度経済力集中排除法（集排法）　114
金へん景気　103
カバーロ，ドミンゴ　248, 249
株の持合い　116
ガリオア資金　101
カルタゴ的講和　62
カレンシー・ボード　248
川崎製鉄　37, 208
為替リスク　247
官業払下げ　191-194
雁行形態　9
雁行形態的産業発展　15
漢江の奇跡　9
官僚機構（テクノクラート）　276
官僚組織　276
機会に満ちた国（Land of Opportunities）　14
企業家精神　40, 114, 212
気候変動　17
基軸通貨　6
技術進歩　269, 270
機能的分配（Functional distribution）　28
極東委員会（Far Eastern Commission）　82
局面移行　206
近代論　201
近代経済成長　28, 193
キンドルバーガー　60
金融緊急措置令　87
クズネッツ，サイモン　28, 35, 241, 243, 245
クズネッツ曲線　31
クズネッツの逆U字仮説　27, 29, 128, 138

クズネッツの逆 U 字曲線　28
グラントエレメント（贈与相当分）　42, 43
クローニー・キャピタリズム　191, 193
クローニー資本主義　52
グローバリゼーション　3, 6, 12, 13, 34
黒田日銀　186
経済安定 9 原則　100
経済安定本部（安本）　26, 57, 73, 77, 78, 81
経済企画院　26
経済企画庁　130, 179
経済危機緊急対策　87
経済計画　129, 136
経済社会基本計画（1973-77 年度）　135
経済社会発展計画（1967-71 年度）　134
経済発展の初期条件（initial conditions）　35
経済発展の曼荼羅　269
経済民主化政策　109
傾斜生産方式　79, 81-83, 91, 93, 100, 151
ケインズ　62
ゲルニカ　66
権威主義体制　51
高位中所得国（upper-middle income countries）
　41
工業育成法　272
興業意見　196
工業化　169
工業化政策　197
工業化率　216
工業振興政策　193
工作機械輸入補助金　208
工場払下概則　196
公職追放令　114
高所得国（high income countries）　42
高性能工作機械の試作に対する補助金　208
構造的問題（solvency）　199
高度経済成長の奇跡　9
高度成長　241
高度成長期　152
後発性の利益（latecomers' advantage）　214
講和条約　69
国際競争力　147

国際競争力強化　152
国民皆保険　166
国民経済研究協会　81
国民所得倍増計画（1961-70 年度）　130, 135,
　137
後藤誉之助　57, 58, 76
ゴードン，ロバート　14
米よこせデモ　75
コロン劇場　242, 246
今後の経済政策の基本的考え方　128
コンディショナリティ　129

サ行
財政インフレ　93
財閥解体　110, 111, 114, 115, 120
サブサハラ・アフリカ　214
サブプライム・ローン　177
サムライ債　247
産業革命　34, 214, 225, 274
産業構造高度化　152
産業合理化　107
産業合理化政策　151
産業政策　145, 149, 150, 152, 197, 198, 202, 272
産業の高度化　271
サンフランシスコ講和会議　205
サンフランシスコ講話条約　66, 68, 127
塩野七生　3
資源の呪い（resource curse）　243
試作補助金　208
指示的計画（indicative plan）　132
四小龍　15
四小龍の奇跡　9
失業保険法　120
ジニ係数　28
篠原・小島論争　205
篠原三代平　198, 205
司馬遼太郎　63
資本自由化　160, 161, 164
資本主義体制　51
資本取引自由化基本方　160
資本・労働比率　175

社会的能力（social capability）　108, 214

重化学工業化　152

収束仮説　213

収斂仮説　213

純粋な生産性上昇　271

将来の貿易・資本の自由化　212

昭和50年代前期経済計画（1976-80年度）　135

初期条件　35, 268

職業安定法　120

殖産興業　196

殖産興業政策　193, 194

食糧不足　75

食糧不足問題　73

食糧メーデー　75

所得弾力性基準　153, 205

ショールズ, マイロン　177

ジョンストン報告書　101

ジョンソン, チャーマーズ　144

シリコンバレー　222, 224

白物家電　187

新円切換え　87

新経済社会7カ年計画（1979-85年度）　135

新経済社会発展計画（1970-75年度）　135

人口オーナス（負担）　17

人口ボーナス　17, 35

新古典派の経済成長理論　32

新長期経済計画（1958-62年度）　134

趨勢加速（trend acceleration）　37

スーパー・コモディティ・サイクル　16

スカルノ　236

スズ　225, 226

スティグリッツ　202

頭脳還流　222

頭脳循環　222

頭脳流出（Brain Drain）　224

スハルト　236

住金事件　208

スミソニアン合意　179

スリランカ　ii

生活大国5カ年計画（1992-96年度）　136

生産管理闘争　123

生産性上昇率基準　153, 205

成長会計（growth accounting）　33

成長・効率と公正の同時追求（growth and equity）　30

成長と発展委員会　11

世界銀行借款　144

世界とともに生きる日本（1988-92年度）　136

世界の工場アジア（Factory Asia）　15

石炭委員会　79

世銀借款　145

ゼロ金利政策　237

戦後インフレ　86

戦後日本経済再建の基本問題　58

戦後問題研究会　55

戦時補償　89

全日本産業別労働組合会議（産別会議）　120

全要素生産性（TFP, Total Factor Productivity）　33, 270

ソニー　40, 103, 169, 207, 212

ソフト・インフラ　180, 275

ソ連の崩壊　10

タ行

第1次資本自由化　160

第1次石油危機　177

第2次自由化　161

第2次石油危機　177

第2次輸出代替　107

第2次輸入代替　107

第3次自由化　161

第4次自由化　161

第5次自由化　161

太平洋国家　13

太平洋戦争　66

大量消費革命　34

高橋亀吉　76, 77, 149

兌換法　248

竹馬経済　101

脱工業化　273

多様性の中の統一　19
単一為替レート　95, 101
中間安定論　100
中国の夢（Chinese Dream）　19
中所得国の罠　272
チューリップ・バブル　178
長期のエネルギー政策　238
長州五傑　40
長州ファイブ　40
朝鮮特需　102, 105
地理と歴史　267
つなぎ融資　199
低位中所得国（lower-middle income countries）
　41
低所得国（low income countries）　41
ティンバーゲン，ヤン　12
テクノクラート　276
テチント　248
デニソン効果　271, 272, 274
デニソン効果のフェーズ　272
デフォルト　i, 244, 246
デフォルト・リスク　247
天安門事件　iv
天然ゴム　225, 226
天然資源　iii, 242, 243, 275
ドイツ賠償問題　62
ドイモイ（刷新）政策　10
東京証券取引所（東証）　116
投資のスパート　37
特振法（特定産業振興臨時措置法）　38, 149,
　162, 209, 210, 272
特定工作機械輸入補助金　208
特定産業振興臨時措置法案（特振法）　156,
　159
都市化　34
ドッジ・ライン　85, 94, 95, 99, 102, 125
トヨタ　103
トランジスターラジオ　186, 207
ドル化　249

ナ行

中村隆英　65
中山素平　149
南米のパリ　242
ニクソン・ショック　178
西山弥太郎　37, 39, 208
二重構造　173, 174
日本株式会社論　206
日本経済再建の基本問題　75, 76, 138
日本労働組合総同盟（総同盟）　120
ネポティズム　49
農地改革　110, 116, 117
ノードハウス　271
野口悠紀雄　186
ハイパーインフレ　63, 65, 85, 238, 248
パクス・アメリカーナ　3-5
パクス・ブリタニカ　4
パクス・ロマーナ　4
朴正煕　iv
発展局面　ii
発明　225
ハードなインフラストラクチャー　275
バブル景気　179
バブル崩壊　176, 178
パーム油　226
バルカン　ii
東アジアの奇跡　10
ピカソ　66
ビッグ・スリー　188
ヒトラー　61, 64-66
貧困　21, 23
貧困削減　22
貧困率　21, 22
ファンジビリティ（fungibility）　43
フィッシャー，アービング　178
ブエノスアイレス　242, 244, 246, 248
富国強兵　196
物価庁　77
物価統制令　87
復金インフレ　93
復金債　184

復金融資　84, 91-93
復興金融金庫（復金）　79, 92, 93, 207
腐敗・汚職，癒着・談合，縁故主義　236
不平等条約　196
プラザ合意　179
ブラジル経済危機　177
プランテーション　225, 226
フリードマン，トム　21
ブレトンウッズ体制　178
プロフィット・シーキング（profit-seeking）
　50, 52, 210
ペティ・クラークの法則　iii, 166, 169, 217,
　270, 273, 274
ベルリンの壁　iv
ペロニズム　246
貿易・為替自由化計画大綱　154
貿易・資本自由化　153
貿易自由化　154, 162, 164
貿易主義　108
貿易の重力理論（Gravity Theory of Trade）
　12
ボーダレス・エコノミー　151
ボーモル効果　273, 274
ボーモル病　274
ポスト・ワシントン・コンセサス　201
北海道開拓使　193
ポツダム宣言　84, 184
ポピュリズム　247, 249
香港シャツ　15
ホンダ　ii, 38, 41, 169, 188, 212, 247, 248
本田技研工業（ホンダ）　40
本田宗一郎　38, 39, 159, 210, 212
ポンド・スターリング　5

マ行
前川喜平　231
前川レポート　136
前田正名　196
マクロ経済スライド　238
マザー・マシーン　207
マスキー法　41, 188

マダム・テンパーセント　236
松方財政　196
松方デフレ　196
マディソン　5, 241, 244
マートン，ロバート　177
マレーシア　49
見返資金　97, 101
見返資金制度　94, 97
三木次官佐橋大臣　159
緑の革命（Green Revolution）　11
民間のダイナミズム　206, 212
明治14年の政変　193
明治維新　39
メイン・ストリート　50, 180
メルコスール（南米南部共同市場）　248
持株会社整理委員会　112
盛田昭夫　212

ヤ行
山一特融　149
輸出志向工業化　49, 197
輸出主導型工業化　9
輸出主導型成長　144, 145
ゆで蛙　140, 249
輸入自由化促進　154
輸入代替工業化　197
輸入補助金　208
幼稚産業　211
幼稚産業保護論　203
預金封鎖　87
吉田茂　26, 27, 59, 79, 80, 82-84, 123
吉田茂の昼飯会　78, 79
余剰労働力　270, 271
ヨルダン　ii

ラ行
ラストベルト（rust belt）　16
ラテンアメリカ債務危機　199
リアル・アプリシエーション　248, 249
利益誘導型政治　237
リクルート事件　229

リーマン・ショック　177
流動性（liquidity）の問題　199
臨時物資需給調整法　88
類型的特徴　iii
類型的特徴・差異　ii
ルイス，アーサー　270, 271
ルイスの転換点　270-272, 274
ルイス・モデル　270
ルーカス，ロバート　267
ルーズベルト，フランクリン　61
歴史理論　268
連合国軍最高司令官総司令部　25
レント・シーキング（rent-seeking）　50, 52,
　210
労災保険法　120

労働基準法　120
労働組合法　120
労働市場の転換点　140, 141
労働の民主化　110, 119
ロシア経済危機　177
ロッキード事件　229
ロビイング　232

ワ行
ワイマール共和国　61, 64, 65, 76
ワイマール憲法　64
ワシントン・コンセンサス　198-201
われわれの無知の指標（measure of our igno-
　rance）　33

著者紹介

浅沼　信爾（あさぬま　しんじ）

1961 年　一橋大学経済学部卒業

（株）東京銀行，世界銀行エコノミスト，クーンローブ投資銀行（後にリーマンブラザース）極東代表事務所代表，世界銀行計画・予算局長，同アジア第 1 局局長，S. G. ウォーバーグ（現 UBS 銀行）取締役兼ウォーバーグ証券東京支店長，千葉工業大学教授，一橋大学国際・公共政策大学院（アジア公共政策プログラム）教授・客員教授および国際協力機構（JICA）客員専門員を歴任

著書　『国際開発援助』東洋経済新報社，1974 年；*Yen for Development,* Council on Foreign Relations Press, 1991（共著）（ed. by Shafiqul Islam）；*Widjojo Nitisastro's 70 Years: Theory, Policy and Practices (Essays on the Economic Development of Indonesia, 1966-1990)*（共著）（eds. Moh. Arsjad Anwar, Aris Ananta, and Ari Kuncoro, "External Debt Management: Indonesia's Experience in 1975-1985", (Chapter 5), 1998, Kompas, Jakarta；『近代経済成長を求めて―開発経済学への招待』勁草書房，2007 年（小浜裕久と共著）；『途上国の旅：開発政策のナラティブ』勁草書房，2013 年（小浜裕久と共著）；『ODA の終焉：機能主義的開発援助の勧め』勁草書房，2017 年（小浜裕久と共著）；『幕末開港と日本の近代経済成長』勁草書房，2021 年（小浜裕久と共著）など

訳書　『ブレトンウッズ体制の終焉―キャンプ・デービッドの 3 日間』勁草書房，2024 年（小浜裕久と監訳）

小浜　裕久（こはま　ひろひさ）

1974 年　慶應義塾大学大学院経済学研究科修士課程修了

現在　静岡県立大学名誉教授

著書　*Lectures on Developing Economies―Japan's Experience and its Relevance,* Tokyo: University of Tokyo Press, 1989（with Kazushi Ohkawa）；『日本の国際貢献』勁草書房，2005 年；*Industrial Development in Postwar Japan,* London: Routledge, 2007；『近代経済成長を求めて―開発経済学への招待』勁草書房，2007 年（浅沼信爾と共著）；『ODA の経済学（第 3 版）』日本評論社，2013 年；『途上国の旅：開発政策のナラティブ』勁草書房，2013 年（浅沼信爾と共著）；『ODA の終焉：機能主義的開発援助の勧め』勁草書房，2017 年（浅沼信爾氏と共著）；『幕末開港と日本の近代経済成長』勁草書房，2021 年（浅沼信爾と共著）など

訳書　『エコノミスト　南の貧困と闘う』東洋経済新報社，2003 年（共訳）；『傲慢な援助』東洋経済新報社，2009 年（共訳）；『援助じゃアフリカは発展しない』東洋経済新報社，2010 年（監訳）；『ブレトンウッズ体制の終焉―キャンプ・デービッドの 3 日間』勁草書房，2024 年（浅沼信爾と監訳）など

経済発展の曼荼羅

2024年10月20日　第1版第1刷発行

著者　浅沼　信爾
　　　小浜　裕久

発行者　井村　寿人

発行所　株式会社　勁草書房
112-0005 東京都文京区水道2-1-1　振替 00150-2-175253
（編集）電話 03-3815-5277／FAX 03-3814-6968
（営業）電話 03-3814-6861／FAX 03-3814-6854
大日本法令印刷・松岳社

©ASANUMA Shinji, KOHAMA Hirohisa 2024

ISBN978-4-326-50504-3　Printed in Japan

JCOPY 〈出版者著作権管理機構 委託出版物〉
本書の無断複製は著作権法上での例外を除き禁じられています。
複製される場合は、そのつど事前に、出版者著作権管理機構
（電話 03-5244-5088、FAX 03-5244-5089、e-mail: info@jcopy.or.jp）
の許諾を得てください。

＊落丁本・乱丁本はお取替いたします。
ご感想・お問い合わせは小社ホームページから
お願いいたします。

https://www.keisoshobo.co.jp

アジア開発銀行／澤田康幸 監訳
アジア開発史 A5 判　4,400 円
政策・市場・技術発展の 50 年を振り返る 50484-8

ピーター・マッコーリー／
浅沼信爾・小浜裕久監訳，アジア開発銀行訳
アジアはいかに発展したか A5 判　4,400 円
アジア開発銀行がともに歩んだ 50 年 50451-0

浅沼信爾・小浜裕久
幕末開港と日本の近代経済成長 A5 判　4,070 円
50489-3

浅沼信爾・小浜裕久
ODA の終焉 A5 判　3,520 円
機能主義的開発援助の勧め 50440-4

浅沼信爾・小浜裕久
途上国の旅 A5 判　4,070 円
開発政策のナラティブ 50386-5

浅沼信爾・小浜裕久
近代経済成長を求めて A5 判　3,080 円
開発経済学への招待 50296-7

————————————————————— 勁草書房刊
＊表示価格は 2024 年 10 月現在．消費税（10％）が含まれています．